Als je lijf je lief is

P102

P137

Als je lijf je lief is

EIGENTIJDSE JEUGD/DE GRAANKORREL

lannoo

inhoud

HOOFDSTUK 3

Ontdekkingstocht naar binnen

inhoud

Over het thema VAN HET DUBBELBOEK

Hallo Hautekiet!

Iedere woensdagmiddag voorziet de presentator Hautekiet in zijn radioprogramma Hallo Hautekiet *telefoontjes van-meestal-jonge bellers van commentaar met gewaagde humor, scheldtirades en schuine opmerkingen. Zijn programma werd in 1995 zelfs bekroond als beste radioprogramma. Als persoon en presentator heeft hij zowel bittere criticasters als vurige fans.*

Kassucces

Waarom *Hallo Hautekiet* bij de Vlaamse jeugd een kassucces is geworden? 'Ik geef onder andere iedere beller een open microfoon,' zegt Hautekiet. 'Op mijn luisteraars heeft mijn programma uiteraard verschillende uitwerkingen. Sommigen worden er vrolijk van en anderen ergeren zich soms dood aan het oeverloos gelul.'

Voetnoten

'Ik vind,' aldus Jan Hautekiet, 'dat je als jonge gast vandaag misschien méér dan vroeger voetnoten nodig hebt.'

Normen

'Volwassenen hebben de verantwoordelijkheid hun ervaringen mee te delen. Als volwassenen wringen wij ons vandaag in duizenden bochten om de jongeren vooral niets in de weg te leggen. Onze ouders daarentegen gaven ons heel wat normen mee. Ze moesten dan wel zo tolerant zijn om te verdragen dat wij ons tegen hen verzetten, maar wij hadden tenminste iets. De nieuwe generatie heeft niet genoeg houvast.' Aldus jeugdgoeroe Hautekiet.

Een nieuwe 'open microfoon'

Voor het schrijven van de twee boeken *Als je lijf je lief is* en *Van jou mogen houden*, opgevat als een dubbelboek

rond het thema 'groeien in relatiege-voeligheid', gaven wij aan alle jongeren die op zoek zijn een 'open microfoon'. Zij stuurden ons hun vragen, proble-men, spanningen, bedenkingen, visies en ervaringen bij de vele topics en items.
Tijdens de brainstormweekends werd hun inbreng beluisterd, uitgediept, bediscussieerd. Hun leeftijdsgenoten voorzagen die inbreng van bedenkin-gen, vragen en nieuwe doordenkers.

Voetnoten voor deze tijd

De vele volwassenen die het dubbel-boek mee hebben bedacht en geschre-ven, hebben zonder opdringerigheid, maar ook zonder beschaamdheid, hun ervaringen meegedeeld en ook hun visies gegeven. De medewerkers die in beide boeken voetnoten plaatsen, zijn niet bang, ook al is het niet populair of gaat het tegen de stroom in, om vanuit een menselijke en evangelische bewo-genheid krachtige waarden en appelle-rende normen aan te reiken, in de vorm van kritische kanttekeningen, prikkels en confrontatie-ideeën. Ze zoeken geen goedkoop succes, maar voelen zich verantwoordelijk voor zichzelf en ook voor de anderen.

Houvast

Zij reiken hun voetnoten aan vanuit een overtuigde en doordachte visie op menselijke groei en relaties, in hun volle zin begrepen. Niet als te nemen of te laten, maar meer als een uitda-ging, een houvast om deze zelf opnieuw te ontdekken en in het leven te integreren, op eigen maat gesneden. Waarden zijn wegwijzers, ze zijn niet zelf de weg naar het volle leven. Elke mens staat voor de opgave vrij die weg te ontdekken en te gaan. Normen zijn bedoeld als stapstenen en lichtbakens. Soms zijn ze als sterren in de nacht, waar je je op kunt richten om niet te verdwalen. Soms werken ze als stop- of knipperlichten, die wijzen op risico's en gevaar, of op een doodlopende weg.
Het is aan de lezers om evenwichtig en kritisch, zich persoonlijk of samen met anderen met de voetnoten, waarden en normen te confronteren en zo te groei-en naar een zinvol relatieleven.
Allen staan wij voor de opgave om zélf ons eigen leven en onze relaties gestal-te te geven. Maar dit betekent allesbe-halve willekeur of ons op ons louter subjectief aanvoelen laten meedrijven. Door ons eerlijk en open te confronte-ren met waarden en normen, breken wij uit de beklemming van ons eigen zelfgenoegzaam individualistisch cir-keltje. Wij verbinden ons met de erva-ring en wijsheid van vorige generaties, niet om ze klakkeloos en ondoordacht over te nemen maar om ze te verwer-ken tot een nieuwe en sprankelende levenskracht. Zo kunnen wij ze op onze beurt weer aan de volgende generatie doorgeven.

Dank

De Graankorrel, animatieteam van het initiatief Eigentijdse Jeugd dankt de duizenden jongeren die middels brainstormweekends, interviews, enquêtes, getuigenissen, brieven en gesprekken, aan dit dubbelboekgebeuren hebben meegewerkt.

Graag willen wij de verschillende volwassenen noemen die op de een of andere manier instonden voor de voetnoten: Jos Biesmans, Roby en Gaby De Mol, Lieve Desmet, Rita Gesquière, Raf Lemmens, Désirée Meex, Nicole Grysolle, Jan Schoukens, Myriam Thijs, Luk Van Bergen, Linda Vandevivere, Snick Joël, Geert Vercarre, Frank Verkennis.

Levenselixir

De boeken *Als je lijf je lief is* en *Van jou mogen houden* zijn geen lesboeken, noch zomaar leesboeken, maar 'leefboeken'. Ze zijn gegroeid uit het leven en daarom ook speciaal bedoeld voor allen die willen groeien in relatiegevoeligheid als voorwaarde tot relatiekwaliteit. Ze zijn geschreven met voor ogen al degenen die niet alleen dromen maar zich ook dagelijks inzetten om van hun leven een 'geestig avontuur' te maken.
Geniet met volle teugen!

ROBERT KINO
DE GRAANKORREL
EIGENTIJDSE JEUGD

De aardbeving van de liefde!

Jonge mensen, die nog niet dood zijn
van verveling of door drugs,
dromen van een nieuwe wereld.
Ze zijn in een wereld geworpen
die de hunne niet is.
Deze wereld, waarin ze moeten leven,
is gebouwd op de ondeugden van de
sterksten.
Een wereld zonder 'hart'.

In het huidige leefklimaat
is God afwezig
en komt het godsprobleem
niet meer aan bod.
De openbare opinie en de publieke
atmosfeer zijn volkomen areligieus.
'Niet geloven' is voor een massa
mensen de normale levenshouding
geworden.
Daarom zijn volgens mij de waarden
'mens' en 'liefde' gedevalueerd beneden alle geld- en beurswaarden.
En als God verdwijnt dan verdwijnt de
liefde, want God is liefde.
Maar ook: als de liefde verdwijnt,
dan verdwijnt God...

Aan alle horizonten Mc Donalds en
Quicks en duizend handen grijpen
gretig naar chips, pepsi, cola
en andere dooie dingen.
En 's avonds liggen mensen dood
voor de 'lichtbak', voor de show
van de leegte.

Deze wereld is

een feërieke wereld,

maar het is een schijnwereld

een rotwereld!

De jeugd zou vrij zijn,
gezien de vrije opvoeding
en het verwijderen van alle taboes.

De jeugd zou vrij zijn,
gezien het wegvallen van alle gezag
en het openstellen van alle middelen
en mogelijkheden
om tot volle ontplooiing te komen.

Vanwaar dan zoveel verslaving
en afhankelijkheid,
zoveel vlucht en radeloosheid
en zoveel zelfdoding bij jonge mensen?

Jongeren zijn afgesneden
van hun wortels.
Ze weten niet meer
hoe ze groeien moeten.
Ze hebben geen geschiedenis meer,
geen godsdienst meer,
geen idealen meer, niets dat oproept
tot een hoger genieten.
Jongeren ervaren, misschien wel
onbewust, dat de hedendaagse
waarden, die hun langs alle media
worden opgedrongen,
slechts 'schijnwaarden' zijn.

Het enige wat hen redden kan

en 'zin' kan geven aan hun leven

zijn goede gezonde relaties.

Heel het leven is niets anders
dan relatie, relatie tot jezelf, tot je
medemens, tot de natuur en heel
belangrijk: relatie tot God.

Maar jonge mensen worden dagelijks
geconfronteerd met mislukte relaties.
Huwelijken vallen uiteen,
vriendschappen worden verbroken,
mensen snijden zichzelf weg
uit een uitzichtloos bestaan.
Ondanks alle liefdesverklaringen
tot in de dood houden mensen
het bij elkaar niet meer uit.
Er is zoveel onvrede en menselijke
onmacht. Velen worden wanhopig.
Het leven heeft voor hen geen zin meer.
Dan komen ze in het land van verdo-
ving en drugs terecht, waar ze vrijen
met de dood.

Toch zit diep in ieder mens
dat onsterfelijke heimwee naar
het verloren paradijs,
naar een beetje geluk hier op aarde.

Daarom is het goed te luisteren
naar jezelf en naar elkaar.

De twee boeken *Als je lijf je lief*

is **en** *Van jou mogen houden*,

verbonden door het thema

groeien in relatiegevoeligheid,

zijn een unieke kans!

Ze laten je weten wat anderen
denken en ervaren,
hoe ze hun eigen leven zien
en wat ze van de toekomst verwachten

Sluit vriendschap met jezelf!

Je mag en moet hardnekkig werken
aan je eigen geluk,
want als je zelf niet
echt gelukkig bent,
kun je ook anderen
niet gelukkig maken.
Van jezelf leren houden
zonder het daarbij te laten
is een wonderbare levenskunst
die te leren valt.
Je vindt daartoe beloftevolle
uitdagingen in het eerste boekdeel
Als je lijf je lief is.
Sluit vriendschap met jezelf!

Beminnen en bemind worden

Geluk heeft ook alles te maken
met 'beminnen' en 'bemind worden',
met relatie.
Zonder relatie ben je een grote nul!
Je kunt niet leven zonder een blije en
gezonde relatie met alles om je heen.
Sluit niet alleen
vriendschap met jezelf,
maar ook met je medemens,
met de natuur, met God.

De liefde van de vriendschap
voert je naar het licht, naar vrede
en diepe vreugde.
Deze liefde maakt nooit brokken.
Ze wil niet bezitten voor zichzelf.
Wie bezitten wil en nemen voor
zichzelf alleen, vernietigt degene die hij
beweert lief te hebben en doodt de
vriendschap.

Het tweede boekdeel
Van jou mogen houden
zet je op het spoor van de liefde
en van relatie mét toekomst.

Bouwen aan een wereld

waarin eenvoudige mensen

zich thuis voelen!

Jonge mensen moeten werken
aan een nieuwe wereld,
waarin gewone eenvoudige mensen
zich thuis voelen,
waar relaties weer standhouden
en trouw aan elkaar geen leugen is.
Daarom is God van belang.
God is de diepere samenhang
van alles wat leeft en adem heeft.
Hij is gave en verlangen
en roeping tot liefde.
Daarom moeten we opnieuw
God zoeken en in ons eigen leven
een plaats geven.
Als we ogen en oren hebben voor het

wonder zien we God in duizend dingen
naar ons toekomen.
Vooral in Jezus is God ons nabij.
Vriendschap sluiten met Jezus
en bidden is zo belangrijk.
Jezus zal je leren echt lief te hebben.
Hij zal je leven zin geven.

De aardbeving van de liefde

Onze wereld heeft meer dan ooit
behoefte aan mensen,
vooral aan jonge mensen
die nog geloven in God
en zich laten overweldigen
door de Geest van liefde
die in ons allen leeft
en tot leven wil komen.

Jonge mensen, die zorgen voor
een soort geestelijke aardbeving:
de aardbeving van de liefde.

PHIL BOSMANS

Een sterk rustgevend gevoel

'Een sterk "rustgevend" gevoel kan mij overkomen als ik iemand zie die een speciale betekenis heeft voor mij, iemand waar ik naar opkijk en die ik respecteer en die dat ook met mij doet. Zo schep je een band met iemand zonder dat je er verliefd op bent. Dit is voor sommigen misschien moeilijk te begrijpen, maar als je bijvoorbeeld problemen hebt met je ouders wordt het misschien al iets duidelijker. Je zoekt een soort van "vervangouder", een man of vrouw die het deeltje dat je thuis moet missen op de een of andere manier kan opvullen. Iemand waarbij je altijd terecht kunt met alles, zelfs met de allerkleinste, dagelijkse dingen. Iemand die nooit zal zeggen tegen jou: "Laat me met rust, ik wil je nooit meer zien!" Zo iemand kun je een echte vriend of vriendin noemen, en dit is voor mij dikwijls veel meer waard dan een relatie met een jongen.' NELE BOLLEN, 16 J.

HOOFDSTUK 1

Groeien in tederheid

TEDERHEID VIERDIMENSIONAAL

Jongeren willen slagen in relaties

Een van de uitgesproken of onuitgesproken verlangens van vele jongeren is groeien en slagen in hun relaties. Zij verwachten er enorm veel van. Zij investeren er ook veel energie en tijd in. Zij verlangen er hartstochtelijk naar lief te hebben.

Maar eerlijk en open over relaties praten is voor hen een zeer kwetsbaar en delicaat gebeuren. Meermaals loopt het uit op moppen, blasé-gesprekken of grootspraak.

De reden is niet dat het hen niet interesseert of dat zij er niet over dromen, maar wel dat zij zich niet goed en veilig voelen.

Velen hebben het moeilijk om onbevangen en sereen over gevoelens, verwarring en hun zoeken te praten.

Dat vraagt enerzijds respect voor hun houding, maar anderzijds ook de nodige betrokkenheid om hen, zonder hen te manipuleren of hen iets op te dringen, uit te nodigen en kansen te bieden om de waarde van diepgaande gesprekken of 'dieptegesprekken' te ontdekken en hun groei in relatiegevoeligheid te stimuleren en wortels te geven.

Relaties met kwaliteitslabel

Om aan de relatiedroom van jongeren tegemoet te komen organiseert De Graankorrel elke dinsdag en vrijdag in zijn Nationaal Centrum te Dilbeek (Brussel) een impulsdag voor jongeren met als krachtlijn *Groeien in relatiegevoeligheid*.

Die eendaagse animatiedag is ontworpen voor laatste- en voorlaatstejaars van het hoger secundair onderwijs.

Programma

Na de begroeting start de dag met het basisprogramma *Relaties met kwaliteitslabel*. Via concreet materiaal kunnen de deelnemers ontdekken dat groeien in relatiegevoeligheid een spel maar geen kinderspel is. En ook dat het niet zozeer gaat over methodes en trucjes, die een antwoord geven op de 'hoe'-vraag, maar veeleer om de groei in diepte en kwaliteit van de beleving, waarin de gevoelens een belangrijke rol spelen.

In de confrontatieprogramma's *Relatiegevoelig worden* komen de relaties met de nabije ander aan bod, met de klemtoon op 'groeien in tederheid' en 'relatie mét toekomst'. De relatiedag wordt afgerond met een meditatie *Tekens van tederheid*, waarin enkele religieuze, christelijke symbolen naar het leven van jongeren vertaald worden.

Spel met woorden

Uit het basisprogramma lichten wij het woordenspel *Tederheid*.

Verloop

Fase 1: partnerspel

☞ Spelenderwijs vormen de aanwezigen groepjes van twee. De rollen worden verdeeld: partner 1, partner 2.
☞ Partner 1 neemt een stift.
☞ Partner 2 ontvangt een blad.

Fase 2: schrijfronde

☞ Aan partner 1 wordt gevraagd op het blad het woord 'tederheid' te schrijven.
☞ Partner 2 leest het woord en schrijft er spontaan onder wat dat woord bij hem of haar oproept, aan wie of waaraan het woord 'tederheid' doet denken, wat hij/zij erin ziet enzovoort.
☞ Nu is het de beurt aan partner 1 om eronder te schrijven wat hij/zij in het woord 'tederheid' ziet, wat dit woord oproept...
☞ Dan schrijft partner 2 opnieuw een ander woord op waaraan 'tederheid' hem of haar doet denken. En dan weer partner 1. Dit heen en weer gaande spel met woorden duurt enkele minuten.

Illustratie

Een greep woorden uit de schrijfronde van vijftig jongens, voorlaatstejaars uit Sint-Paulus Gent.

■ mama ■ vrienden ■ knuffelen ■ seks ■ spontaniteit ■ Robijn wasmiddel ■ warmte ■ grote borsten ■ relatie ■ pintje bier ■ troost ■ muziek ■ iemand vertrouwen ■ bloemen ■ romantiek ■ teennagels ■ lief zijn ■ vrijen ■ gezelligheid ■

Véronique ■ sneeuw ■ zintuigen ■ gevoelens mogen uiten ■ sympathie ■ aapje ■ storm ■ kussen ■ gezin ■ vriendin ■ hechte band ■ geen idee ■ sentimenteel ■ tenger ■ zachte kleren ■ niet verbaal weer te geven ■ schoonheid ■

Fase 3: gespreksronde

Om de beurt kunnen de partners aan elkaar vragen hoe het te verklaren is dat hij/zij bij 'tederheid' bijvoorbeeld het woord 'pintje bier', 'gezin', 'aapje' enzovoort neerschreef.

Fase 4: confrontatie

De animator geeft nu een breed uitgewerkte visie op het grondwoord 'tederheid'.
Het is een visie - geen gemoraliseer, geen opgestoken verwijtend vingertje - die uitnodigt en uitdaagt tot persoonlijke en gemeenschappelijke confrontatie. Gedurende de aanbreng nemen de aanwezige jongeren de nodige notities als geheugensteuntje voor de stille verwerking (zie verder fase 5).

Confrontatie-ideeën

Om zelf of in de groep over door te denken en kritisch te bespreken.

Een veelkleurige regenboog

Tederheid is een 'teer', kwetsbaar woord. In week- en jeugdbladen, op tv en via allerlei media duikt 'tederheid' regelmatig op als een wachtwoord, waarmee men reageert op een eenzijdige stoere en mannelijke beschaving van prestatie, technocratie, business, afstand en haast, efficiëntie, berekening, computers, tele- en internetwerken.

Een kwetsbaar woord

De hunkering naar tederheid is niet toevallig, maar heeft te maken met bepaalde trends in onze samenleving. Het zoeken naar tederheid lijkt voor sommigen een vluchtreactie op de ongenadige hardheid van onze ingewikkelde, economisch gedomineerde en daardoor vereenzamende maatschappij. En er is ook de 'verruwing' die doet verlangen naar tederheid. Dagelijks worden we geconfronteerd met allerlei vormen van brutaliteit en agressiviteit in de manier waarop mensen met elkaar en met gemeenschappelijke goederen omgaan (metro, telefooncel, trein en tram, fietsen stelen...).

En je mag zeker je ontroering niet tonen, want dan ben je kwetsbaar. Jongeren, en vooral jongens, durven vaak hun ontroering niet te uiten. Zelfs kinderen worden 'geoefend' om sterk te lijken, en dat terwijl achter de façade van stoere kracht vaak veel zwakheid en onzekerheid schuilgaan.

Ze verklaren me voor gek omdat ik zo enthousiast ben. 'sommigen verklaren me voor

gek omdat ik zo optimistisch en enthousiast door het leven ga. Voor mij kunnen klei-

ne dingen, bijvoorbeeld attenties, goed nieuws, mooi weer... me in de wolken brengen

en me goed doen voelen! Eén zo'n moment zal ik nooit vergeten: we waren met een

groep op kamp in de Westhoek. Het begon avond te worden en we hadden even tijd

om nog een korte wandeling te maken. Wat we toen samen meemaakten was zalig.

We bekeken de wolken en droomden weg, we voelden ons in het aards paradijs. samen

met je beste vrienden het gevoel hebben dat je wegvliegt. We noemden het onze

"godservaring". Moeilijk om te beschrijven, maar zalig! Het is een moment waarover

nu nog gesproken wordt, ook al is het al een hele tijd geleden.'

LIESBETH HALEWYCK, 19 J.

Een krachtig woord

Tederheid is allesbehalve een sentimenteel verkleinwoordje: geen flauwe, goed verkopende liefdoenerij, vol 'softe' pastelkleuren die enkel vertedering oproepen.
Tederheid is een krachtig en dynamisch woord met een veelzijdige en diep verankerde betekenis. Tegen alle eenzijdigheden en elk misbruik in verwijst tederheid naar 'betrokkenheid' en 'kwaliteit van nabijheid'.
Tederheid is lichamelijk en gevoelsmatig, maar ook geestelijk: het is een manier van zijn en optreden waarin de hele mens betrokken is.
Respectvolle, erkennende, waarderende en bevestigende aanwezigheid, die het 'andere' en de 'anderen' in hun kwetsbaarheid schroomvol benadert en in hun sterkte bevordert en stimuleert.

Kwaliteit van nabijheid

Tederheid is mooi: prachtig en levengevend. Ze heeft te maken met al wat kwaliteit van verhouding en nabijheid is, in de breedte en de diepte.
In de volle zin begrepen kunnen we in de tederheid vier krachtlijnen ontdekken: kwaliteit van relatie met onszelf, met één ander, met een groep en met de ruimere gemeenschap, met de natuur, de wereld en de hele kosmos, met wat ons overstijgt en de totaal Andere.

Als je lijf je lief is!

Tederheid is zelftederheid en gezonde zelfbevestiging: een positieve verhouding tot onszelf opbouwen, zowel in ons gevoelsleven als lichamelijk, ook op het vlak van ons karakter en onze persoonlijkheid, positief onze gaven én grenzen aanvaarden, zonder pretentie of valse bescheidenheid.
Van onszelf houden, zonder anderen buiten te sluiten: vrij van elke verslavende afhankelijkheid.

Zelftederheid

Zelftederheid is leven en houden van het leven dat je gegeven is, als een geschenk om met volle teugen te genieten. Zelftederheid is houden van je kunnen en kennen, ontdekken wat er in je hart en verlangen leeft aan onvermoede krachten en talenten, aan idealen, wensen en dromen. Zelftederheid is schroomvol je binnenkant verkennen: je licht- en schaduwzijden vermoeden en gaandeweg leren aanvaarden als jouw bronnen van leven! Tederheid is dansen en lachen en zingen: de vreugde van het geschonken leven vieren! Leven is een fantastisch gebeuren! *(naar Phil Bosmans)*

We krijgen onszelf cadeau

Tederheid is ontroerd kunnen zijn over het 'andere' in onszelf.
Het andere ligt niet enkel buiten ons, maar ook in onszelf: er is datgene in ons dat we niet zelf maken en ontwerpen, datgene wat ons gegeven wordt: ons lichaam en ons karakter, onze talenten en onze gevoelswereld.
We zijn niet de schepper van onszelf, maar we krijgen onszelf cadeau, op de eerste plaats ons eigen leven.

We hebben onszelf niet verwekt of ontworpen. We zijn ontstaan ondanks onszelf. Dit is het grote wonder: alles begint met een geschenk, het geschenk van het leven. Tederheid bloeit dan ook open tot dankbaarheid in het besef van een ontvangen gave.

Getuigenis

Van jou mogen houden

Tederheid is ook kwaliteit van nabijheid bij de ander: in respect, openheid en waarachtigheid, in positieve verdraagzaamheid en bevestiging de ander tegemoettreden.
Vooreerst is er de nabije ander die wij mogen ontmoeten in kameraadschap,

Zo'n optreden geeft mij steeds weer energie

'Een bijzonder belevingsmoment vind ik tijdens het optreden van mijn favoriete groep, en ook erna vind ik dat altijd een geweldig spektakel. En zo'n optreden geeft mij steeds weer energie. Vooral als ik na het optreden even kan babbelen met de muzikanten. Soms leef ik echt van het ene optreden naar het andere toe, omdat ik niet elke week kan uitgaan en in een discotheek kan rondhangen. Mijn gezondheid laat dat niet toe. Maar als de groep die ik graag hoor in onze buurt een optreden geeft dan leef ik mij echt uit, ook al moet ik er achteraf een hoge prijs voor betalen. Ik denk dan: "Dat kunnen ze me niet meer afpakken!" Buiten de muziek, die een hele grote rol speelt in mijn leven, is er ook de geboorte van een kind en het zien spelen van kindjes wat mij echt gelukkig maakt. Ik ben echt gek van kindjes, je krijgt er veel liefde van en als je hen een complimentje geeft zijn ze zo gelukkig en trots.

Soms heb ik het zomaar als ik wat zit te denken, dan kan het zijn dat ik me plots echt gelukkig voel.'

ANNELIES VAN HERREWEGEN, 17 J.

vriendschap, in verliefdheid en groei in liefde. Tederheid is de geheime onderstroom van alle liefde, die mensen met elkaar verbindt.

Laat een glimlach

dan vooroverbuigen

Als ik morgen struikel

wil dan niet alleen je pas vertragen,

maar hou dan even halt.

Laat een glimlach dan

vooroverbuigen,

zoals je doet naar vreemde mensen

die je voor het eerst in

het leven ziet.

Als ik morgen struikel

overval me niet met harde woorden

en vraag niet steeds

of het pijn heeft gedaan,

maar help mij erom lachen

en laat ons samen verdergaan.

Want zonder jouw hand

die voorzichtig mij steunt

ben ik nergens!

JAN DE VUYST

Verbondenheid reikt heel ver

Tederheid reikt echter verder dan de nabije, individuele, intieme ander, op wie wij met ons hart en ons hele wezen betrokken zijn. Tederheid is ook kwaliteit van relatie met de groep, de gemeenschap, de samenleving. Tederheid is kwaliteit van engagement tegenover de verre en de toekomstige anderen: in de derde en de vierde wereld, niet alleen in onze eigen cultuur maar ook in andere culturen, godsdiensten en levensovertuigingen. Tederheid is een grondhouding die ál onze verhoudingen met anderen mag en moet doordringen. Kwaliteit van aanwezigheid op maatschappelijk vlak betekent groeien in solidariteit, rechtvaardigheid en vrede. Samenleven is veel méér dan elkaar de ruimte geven en alleen maar opletten dat we elkaar in het beleven van onze vrijheid geen schade berokkenen; het is een beschaving creëren die gegrondvest is op de mensenrechten, dit wil zeggen: op een diepe eerbied voor elke mens, zonder aanzien van persoon, geslacht, kleur, sociale afkomst, cultuur of godsdienst, geboren of ongeboren, gehandicapt, levenskrachtig of oud, dement of ongeneeslijk ziek...

Gevoelig voor het milieu

Tederheid is ook kwaliteit van onze omgang met de wereld en de natuur: niet alleen 'heersend' en gebruikend (of misbruikend en vervuilend) met de natuur en ons leefmilieu omgaan, maar ook 'behoedend'. Dat is in onze tijd van milieuvervuiling en misbruik van dieren een relatiekwaliteit, die meer dan ooit een profetische betekenis krijgt.

Telkens we elkaar zagen, voelde ik me echt goed in mijn vel

'Vier jaar geleden gingen we samen, mijn vader en moeder, mijn zus en ik, naar Oostenrijk. Daar heb ik voor het eerst een jongen leren kennen die mij echt begrijpt. Toen besefte ik nog niet dat een goede vriend hebben zo zeldzaam is, maar nu we geen contact meer hebben, besef ik pas echt goed wat hij voor mij betekende. Die tien dagen hebben we geen dag zonder elkaar doorgebracht, maar hebben we gepraat en zelfs prachtige stille momenten gekend. Nu ik hem niet meer zie denk ik elke dag aan hem als de jongens op school mij beledigen. Ik weet immers dat hij mij nog steeds zou verdedigen en dat hij mij ook respecteert zoals ik ben. Pas nadien besefte ik dat ik meer voelde dan gewoon vriendschap, maar ik weet dat het daarvoor nu te laat is. Telkens als we elkaar zagen voelde ik me echt goed in mijn vel. Ik weet één ding met zekerheid en dat is dat ik hem en onze tijd in Oostenrijk nooit zal vergeten.'

LINDSAY BOCKSTAEL, 18 J.

Wat een geluk
dat ik een stuk ben van de wereld.
En dank u wel:
ik kan in drie dimensies leven.

Wat een geluk!

En gelukkig maar
dat ik in de natuur kan neuzen.
Want met de dingen stoeien
vind ik reuze.

Wat een geluk!

In de brandnetels neerzinken,
in de kikkerdril verdrinken,
trek mij er uit. Ik krijg de kans
alles een nieuwe beurt te geven.
En ik grijp de kwast
en geef een kleurtje aan het leven.

Wat een geluk!

Ik zet insecten in de verf
en ik schilder zelfs mezelf:
het gaat de kwast af.
Maar aan mijn bonte tint
moet ik nog wel eventjes wennen.

Wat een geluk!

Een zwaluw kijkt
en zit te mompelen in de wolken!
't Is al muziek hier die ik wed
je kunt niet zonder.
Het geluid gonst in je oor
en alle mussen tjilpen in koor
hetzelfde lied.

O, wat een geluk
dat ik een stuk ben van de wereld.
En dank u wel
dat ik het leven uit kan leven.

Wat een geluk!

E.J.-C.D. 9701 'KRIEBELS IN MIJN LIJF' BIJ DIT BOEK
ZIE OOK HET LIED 'IN HET BEGIN' OP DEZELFDE E.J.-C.D.

Gevoelig voor wat ons overstijgt

Omdat ik veel van dieren houd
'Een sterk tederheidsmoment beleef
ik als ik ga paardrijden in de natuur.
Dan voel ik me volledig één met de
natuur en met mijn paard. Het geeft
me een gevoel van: niets kan mij
raken. Dat komt misschien wel omdat
ik veel van dieren houd. Ik doe geen
vlieg kwaad, noch letterlijk noch
figuurlijk. Ik voel me als een gelijke
van de dieren. Ik zie ze als mijn
gelijkwaardige. Ik zal nooit denken
dat een dier minderwaardig is.'
ANNELIES VAN DEN EECKHAUT, 17J.

Tederheid reikt nog verder en vertolkt de behoedzame aanwezigheid bij het diepe dragende geheim van onszelf, de ander en van het hele universum. Tederheid is ook kwaliteit van aanwezigheid bij wat ons overstijgt: bij het mysterie van al wat is en leeft, bij de onuitputtelijke bron van zijn, beweging, leven en liefde, waardoor alles met alles verbonden is en tot eenheid 'geheel-d' wordt.

Als wij openkomen voor dit 'onderhuidse' geheim, komen wij ook de totaal Andere op het spoor: Degene die liefdevol aan de oorsprong staat van alles en ook alles begeleidt naar een onvermoede toekomst van herstel en voltooiing: een nieuwe hemel en een nieuwe aarde, een gemeenschap van genezen en 'verrezen' mensen, voorgoed verbonden in, met en door de goddelijk Andere, onnoemlijk Nabije.

De geheime oorsprong van de liefde

Het is een wens en een verzoek van de liefde: dat haar geheime oorsprong en haar verborgen leven geheim blijven. Dat niemand nieuwsgierig, brutaal en storend zou binnendringen om te zien wat men toch niet zien kan, en waarvan men de vreugde en de zegen door nieuwsgierigheid kan verliezen.
Zoals het diepe meer dat in zijn verborgen bronnen zijn oorsprong heeft, die géén oog heeft gezien, zo heeft de liefde tussen mensen haar nog diepere grond in Gods liefde.
Wanneer in de diepte geen bron zou zijn, dan zouden noch dat kleine meer, noch de liefde van de mens bestaan.
Zoals het diepe meer een donkere oor-

sprong heeft in de diepe bron, zo heeft de liefde tussen mensen haar raadselachtige oorsprong in de liefde van God zelf! (*Sören Kierkegaard*)

Ons rakelings nabij

De volledig Andere, schroomvol Nabije laat zich ervaren in ons lichaam en geweten, in de natuur en in vele mensen om ons heen, maar in het bijzonder heeft Hij zich tastbaar laten voelen en zien in Jezus van Nazaret, Gods vleesgeworden tederheid.
Als een kind kwam Hij, hulpeloos en zonder macht.
Als zoon van een arme timmerman: onopvallend groeide hij op in bevalligheid. Hij ging zoals alle mensen door het water van de doop. Hij was een zwerver die onderwees met gezag.
Hij nam kinderen op de schoot, zat aan bij vrienden en uitgestotenen, sprak verlossend tot laat in de nacht, raakte bevrijdend mensen aan, zieken en gestorvenen. Hij had een open oog voor het leven van de natuur. Hij liet kracht van zich uitgaan, sterke betrokkenheid. Hij liet vriendschap voelen en genezende genegenheid. Door zijn spreken, doen, lijden en sterven toonde hij dat God ons rakelings nabij is.

Op dat moment voel je dat er meer is
' Waar ik heel sterk van genoten heb, was mijn stille tocht in Oostenrijk tijdens de krokusvakantie. Rustig genieten, de vogels horen fluiten, de bergen vol sneeuw, zalig. Op dat moment voel je dat er meer is. Dan denk je aan schepping, aan oorsprong, aan mensen en aan God. Leven, voluit, dat voel je dan, "Leven" met een goddelijke hoofdletter. En dat er heel wat in dat leven zit, dat het de moeite waard is, voel je zeker ook wanneer een vriendin je een kaartje stuurt omdat ze je zo dankbaar is voor je luisterend oor, voor je aanwezigheid... Dat gevoel dat je voor iemand iets meer bent, dat je echt mens kunt zijn, dat ze je aanvaarden, dat gevoel doet je zweven.'

ANNEMIE DILLEN, 17 J.

Groeien in tederheid, vierdimensionaal

Fase 5: stille verwerking

In de visietekst werd tederheid omschreven als 'kwaliteit van nabij- heid' en werden vier accenten aange- bracht:
☞ nabijheid bij onszelf
☞ nabijheid bij de ander
☞ nabijheid bij de natuur
☞ nabijheid bij wat ons overstijgt.

Ieder probeert deze visie in eigen taal en vorm te herschrijven. Tevens schrijft men bij deze persoonlijke visie de eigen vragen en bedenkingen. Voor de verdere uitdieping van elk accent van tederheid kunnen de onderstaande vragen de nodige hulp bieden. Ten slot- te zoekt ieder bij de vier dimensies (zichzelf, de ander, de natuur, wat ons overstijgt) uit zijn persoonlijke erva- ringswereld een heel concrete illustratie.

Hoe gevoelig ben ik voor mezelf?

■ Hoe sta jij tegenover jezelf, met name tegenover jouw lichaam: voel jij je thuis in eigen huid? In welke zin wel, niet? Waarom?
■ Noteer al het positieve dat jij in je lichaam ervaart.
■ Noteer al wat je graag anders zou zien.
■ Daal even af in je innerlijk en noteer je dromen, idealen, sterke én zwakke karaktertrekken.
■ Wat betekent voor jou groeien in tederheid tegenover jezelf?

Hoe gevoelig ben ik voor de ander?

■ Noteer één naam van iemand of een groep waarvan je op dit ogenblik de noodzaak voelt dat deze relatie in kwaliteit zou moeten groeien.
■ Wat betekent deze persoon of deze groep voor jou in je leven?
■ In welke zin kun jij concreet, haal- baar groeien in tederheid voor die persoon of die groep?

lees verder blz 26

Ik leef van kop tot teen

Ik adem, groei,
ik spreek, beweeg,
ik hoor en zie,
ik schreeuw en zing.
Ik loop en ga,
ik dans en spring,
ik speel en werk,
ik lach en ween.
Ik leef van kop tot teen.

Ik droom, verlang,
ik weiger, wil,
ik geef, ontvang,
ik dank, verwijt.

Ik voel en denk,
ik bid en lijd,
ik vloek en vecht,
ik haat, bemin.

Ik leef van kop tot teen.
Maar hoe je groeit
en hoe je leeft,
hoe je denkt en hoe je wilt,
geef aan je leven
een eigen kleur
zoals een bloem
een roos wordt
door haar vorm en geur!

E.J.-C.D. 9701 'KRIEBELS IN MIJN LIJF'BIJ DIT BOEK
ZIE OOK HET LIED 'DE RODE LOPER' OP DEZELFDE E.J.-C.D.

ik mis zelfwaardering

'In werkelijkheid voel ik mij een heel onzeker iemand. Ik weet echter dat ik helemaal niet zo overkom en dat brengt bij mij heel wat spanningen teweeg. Men verwacht van mij méér dan ik aankan. Ik wil iemand zijn waar iedereen van houdt, waar men een beetje naar opkijkt. Iemand die van alles wel iets weet. Maar mijn zwakke kant -laksheid bij het studeren- is een voortdurende spelbreker. Ik mis zelfwaardering.'

GETUIGENIS UIT HET BRAINSTORMWEEKEND *IK HEB DE KRIEBELS IN MIJN LIJF*

sinds ik een relatie heb met Daisy...

'Sinds ik een relatie heb met Daisy, verwaarloos ik de relatie met mijn ouders. Ik heb bijvoorbeeld geen begrip meer voor hun visie, hun bezorgdheid. Ik denk hoofdzakelijk aan mezelf en Daisy, mijn vriendin. Ik doe alles om mijn relatie met Daisy optimaal te maken. Dit gaat ten koste van mijn tederheid voor mijn ouders. Zij krijgen van mij niet de aandacht en het begrip die ze verdienen. Ik hou van hen, maar tegenwoordig heb ik geen tijd meer voor hen. Hieraan moet iets gebeuren.'

GETUIGENIS UIT HET BRAINSTORMWEEKEND
WAT GEEFT VLEUGELS AAN DE MENS?

Ik werd verkracht

'Ik werd verkracht en dat heeft heel wat bij mij stukgemaakt. Ik vind mijn draai niet meer in mijn eigen lichaam. Die verkrachting zit nog sterk in mij. Ik ben van mijn lichaam vervreemd. Het lijkt of het niet meer van mij is. Heel pijnlijk. Ik wil weer van mijn lichaam leren houden, maar dat lukt niet goed. Er zitten zoveel negatieve herinneringen in me.'

GETUIGENIS UIT HET BRAINSTORMWEEKEND *STAPSTENEN*

Jij bent iets speciaals

'Ik ben assistent-jeugdleider bij De Grabbelpas. We vormen samen een toffe groep, toch voel ik aan dat er iets ontbreekt. Gelukkig is er Stefaan. Hij is heel belangrijk voor mij. Daarmee bedoel ik dat ik graag met hem omga en ook graag met hem praat. Wij zijn nog maar drie weken samen, dus wat onze relatie betreft denk ik dat die nog moet groeien. Het gevoel van: jij bent iets dat ik niet meer kan missen, iets speciaals, is er al. Ik kan ook met alles bij hem terecht, ook met mijn problemen van De Grabbelpas.'

GETUIGENIS UIT
HET BRAINSTORMWEEKEND
LAAT JE LIEFDE VRIJ

Anytime you need a friend

MARIAH CAREY

(handwritten: onder King / You've got a hand)

If you're lonely
And need a friend
And troubles seem
Like they never end
Just remember to keep the faith
And love will be there

Anytime you need a friend
I will be there
Never to be alone again
So don't you fear

Even if you're miles away
I'm by your side
So don't you ever be lonely
Love will make it allright

When the shadows are
closing in
And your spirit diminishing
Just remember you're
not alone
And love will be there
To guide you home

Anytime you need a friend
I will be there
Never be alone again
So don't you fear
Even if you're miles away
I'm by your side
So don't you ever be
lonely

Love will make it allright
If you just believe in me
I will love you endlessly
Take my hand
Take me into your heart
I'll be there forever
I won't let go
I'll never let go

Anytime you need a friend
I will be there
Never be alone again
So don't you fear
Even if you're miles away
I'm by your side
So don't you ever be
lonely
It's allright

wanneer je
een vriend nodig hebt

Als je je eenzaam voelt
en je hebt behoefte aan een vriend
en het lijkt alsof er maar geen
einde aan je problemen komt
blijf dan zelf vertrouwen.
Liefde zal er zijn.

Wanneer je een vriend nodig hebt
zal ik er voor je zijn.
Je hoeft nooit meer alleen te zijn.
Wees maar niet bang.
Al ben je mijlenver bij mij vandaan
dan nóg ben ik dicht bij jou.

Je hoeft je nooit meer eenzaam
te voelen. Liefde maakt alles goed.

Als je je ingesloten voelt
door het duister van de nacht
en je de moed verliest,
bedenk dat je nooit alleen bent.
De liefde zal er altijd zijn
om je de weg naar huis te wijzen.

Wanneer je een vriend nodig hebt
zal ik er voor je zijn.
Je hoeft nooit meer alleen te zijn.
Wees maar niet bang.
Al ben je mijlenver bij mij vandaan
dan nóg ben ik dicht bij jou.
Je hoeft je nooit meer
eenzaam te voelen.
Liefde maakt alles goed.

Je hoeft alleen maar in mij te geloven
en ik zal altijd van je houden.
Pak mijn hand vast
en open je hart voor mij.
Ik zal er altijd voor je zijn,
ik laat je niet los,
ik zal je nooit in de steek laten.

Wanneer je een vriend nodig hebt
zal ik er voor je zijn.
Je hoeft nooit meer alleen te zijn.
Wees maar niet bang.
Al ben je mijlenver bij mij vandaan
dan nóg ben ik dicht bij jou.
Je hoeft je nooit meer
eenzaam te voelen.
Het is goed.

E.J.- C.D. 9701 'KRIEBELS IN MIJN LIJF' BIJ DIT BOEK .
ZIE OOK HET LIED 'DE RODE LOPER' OP DEZELFDE E.J.-
C.D.

Hoe gevoelig ben ik voor de natuur?

- Noteer wat jij verstaat onder 'natuur'.
- Waarom vind jij de natuur belangrijk?
- Hoe kan men groeien in tederheid voor de natuur?
- Hoe denk jij persoonlijk – concreet, haalbaar – deze droom te realiseren?

De geheime tuin

Jeroen presenteerde ook de film *The Secret Garden* (De geheime tuin). De tienjarige Mary, een verwend nest, verliest tijdens een aardbeving haar ouders en wordt naar Engeland gestuurd. Daar zal ze opgevoed worden op het kasteel van haar mensenschuwe oom. Het leven op het kasteel wordt gedicteerd door een norse huis-

Mijn paradijservaring

Tijdens de brainstormsessie 'Een regenboog van tederheid' gaf Jeroen Vanhee (19 jaar) zijn persoonlijke visie op de natuur. Ziehier een fragment uit zijn ervaringsgetuigenis.

'Het moment waarop de natuur voor mij zoiets als het mooiste was wat er bestaat, dat was_—_om daar enkele weinigzeggende termen op te plakken—tussen het derde studiejaar lager onderwijs en het derde jaar secundair onderwijs. Toen ervoer ik het groen vooral van buiten uit: ik stond er in bewondering voor, net zoals een godvruchtig priester op een verschijning zou reageren. En dat die vergelijking niet zomaar overdreven is, vertel ik je nu. Misschien kennen jullie Zuid-West-Vlaanderen. Geef toe: wat je daar ziet, zijn wegen, huizen, industrie. Wegen, huizen en nog eens industrie. Bijna geen bossen meer. En juist dáár woon ik... Gelukkig wonen mijn ene stel grootouders in het natuurrijke Oost-Vlaanderen (Herzele) en eenmaal per maand gingen we daar op bezoek. (Zo weinig? De reden daarvan was weekendwerk van paps). Een uur na aankomst bij mijn grootouders... waren neef, broer en ik "verdwenen"... voor de rest van de namiddag. 's Avonds werden drie groen-en-zwart gecamoufleerde puberkes "teruggezien". Ginder, dat was mijn paradijs. Ik was daar heel graag. Dat was mijn Tahiti, mijn Utopia, waarvan ik eens in de maand kon of - beter gezegd - mocht genieten. Regen of geen regen, dat hield ons niet tegen. Want een dag ginder zonder natuurpret was een mislukte dag. Een kleine anekdote in verband met die paradijsgedachte: vroeger hadden we thuis kippen en eenden. Door bijbouwen moesten die weg. En ik zie mezelf nog altijd bij de trailers zitten, terwijl ik die beestjes grassprietjes toestopte, tegen hen mompelend: "jullie, jullie mogen naar het paradijs," (want we gingen ze allemaal in de weiden van onze Oost-Vlaamse grootvader loslaten), "en ik moet hier blijven." Waarom mogen zij wel, en ik niet? Is dat eerlijk?'

houdster. Algauw blijkt dat dezelfde huishoudster het een en ander voor Mary wil verbergen, want het meisje mag bepaalde delen van het domein niet betreden: de geheime tuin, die werd afgesloten na de geheimzinnige dood van haar tante en een kamer waaruit soms ijzingwekkend gehuil klinkt.

Zoals elk ondernemend kind blijft Mary echter niet bij de pakken neerzitten. Ze tracht de geheimen te ontsluieren en door haar levensdrang zal ze opnieuw zin brengen in het verwelkte bestaan van het kasteel en zijn bewoners.

Hoofdfiguren

☛ **Mary**: op het eerste gezicht een stuurs en arrogant meisje, onbemind, ongewenst, verpest door haar omgeving.

☛ **Colin**: een zeer verwend, bedlegerig ventje. Hij is ervan overtuigd dat hij niet kan lopen, dat buitenlucht hem kwaad zal doen en dat hij binnenkort zal sterven.

☛ **Dickon**: de ongegeneerde en gezonde boerenjongen. Hij heeft een bijna mystieke affiniteit met de natuur. Zijn groene vingers en de lente zullen heel wat rotzooi bij o.a. Colin en Mary omtoveren. Hij zal Mary helpen om de verwaarloosde tuin om te toveren tot een paradijs.

Recensieflitsen

'In deze film leert men dat pijn, eenzaamheid en angst te overwinnen zijn door liefde, vertrouwen en onderlinge hulp.' L.P.

'The secret garden: *een prachtig metaforisch sprookje, waarin een mysterieuze tuin symbool staat voor het verloren paradijs en voor een ideale wereld.'* G.v.A.

'Het is cinema met een echte boodschap van hoop en licht.' G.v.A.

'The secret garden *is een wondermooie en ontroerende fabel over de zin van het leven, een zin die schuilt in de eenvoud en in de harmonie van de mens met de natuur.* The secret garden: *een niet te missen Thing of Beauty en A Joy Forever voor liefhebbers van waardevolle en diepmenselijke cinema.'* R.P.

'The secret garden: *een film van Francis Ford Coppola over de helende werking van de natuur op de mens.'* D.M.

'*Een sprookje waarin de natuur niet alleen zichzelf tot leven wekt maar ook getroubleerde* geesten tot rust brengt en verdrukte emoties laat openbloeien.'* J.T.

(* getroubleerd: in de war, gekweld, worstelend met zichzelf en allerlei problemen)

Info

De geheime tuin
(Warner Home Video SCV 19000, ca. 96')
Voor verdere informatie en besprekingen van de film kun je terecht bij:
DOCIP, Haachtsesteenweg 35, 1030 Brussel.

Hoe gevoelig ben ik voor wat mij overstijgt?

■ Geloof jij dat er een Oerkracht, God of iets dergelijks bestaat?
  ☐ JA
  ☐ NEEN
  ☐ IK WEET HET NIET
  ☐ IK HOOP HET

■ Indien je 'ja' hebt geantwoord, wat betekent dat voor jou? Indien je het zou wensen, hoe stel jij je het voor?

■ Indien je 'ja' hebt geantwoord, hoe kun je deze relatie uitbouwen? Indien je geantwoord hebt 'ik hoop het', wil je dan zoeken naar het bestaan van die Oerkracht, God...? Hoe? Waar? Met wie?

Getuigenis

Ik geloof heel sterk in een innerlijke liefde...

'Ik geloof heel sterk in een "kracht" in "mezelf" en ook in andere mensen, die soms mezelf kan doen overstijgen boven mezelf. Ik bedoel daarmee dat ik dan—soms—grenzen kan verleggen: van mezelf of wie ik graag mag naar volkomen belangeloos, en zelfs graag, naar anderen gaan. Voor mij komt het ook over als iets heel anders dan mijn normale begaan zijn met mezelf en mijn omgeving. Het is iets méér dan mezelf: het overtreft mij en toch is het iets van mij, want het komt uit mij en ik kan het naar boven laten komen (of negeren). Ik ervaar het niet als een persoon, ergens apart van mij, los van al wat mij omgeeft. Ik geloof wel heel sterk in een innerlijke Liefde die ik ook herken in mensen die zichzelf christen noemen. Ik noem mezelf christen in de zin dat ik dezelfde liefde kan ervaren en beleven als zij. Als men over de drie-eenheid spreekt in het christendom—de Vader, de Zoon en de Geest—dan is voor mij de Geest, die "ingesteldheid" de meest concrete ervaring. Daarvan weet ik dat er iets is. In mezelf, maar veel sterker nog in andere mensen die ik soms bezig zie, en waarvan ik stil word als ik voel wat in hen leeft.'

GETUIGENIS UIT HET BRAINSTORMWEEKEND *EEN SPRANKEL HOOP*

Een ongewone afspraak

Op zeker dag ontving ik een brief. Mijn vriend nodigde mij uit voor een vergadering.
Hij was vorige week geweest, schreef hij, en raadde mij sterk aan dit ook eens mee
te maken.
Op de afgesproken dag vertrok ik. Maar groot was mijn verwondering:
de plaats van afspraak was in het open veld. Geen huis, geen zaal, geen stoel of bank
te zien. Bovendien was ik daar helemaal alleen.
Geen enkele andere luisteraar of zelfs de spreker kwam opdagen.
Eigenaardig! Had ik mij dan vergist in dag, plaats of uur?
Het was nu al voor de derde maal dat ik de uitnodiging woord voor woord herlas.
Straat, plaats, dag en uur: alles klopte.
Was dit weer een van die eigenaardige bevliegingen van mijn vriend?
In ieder geval begreep ik het niet.
Gelukkig was het een prachtige warme zomerdag en maakte ik van de nood een
deugd. Op mijn rug in het ware gras keek ik naar de schaarse avondwolkjes,
die zich schijnbaar haastten om nog voor het donker thuis te zijn.
Enkel het geruis van duizenden verse eikenbladeren vulde de eeuwenoude stilte
die op deze plaats woonde.
Het was een stilte die ik nog nooit ervaren had.
Je kon haar zien en voelen. Als je luisterde, kon je haar zelfs horen.
Hoelang ik daar lag, wist ik niet. In ieder geval was het al donker geworden
en zag ik mezelf niet meer. Het was een onbeschrijflijk gevoel.
Ik voelde geen grens meer tussen mezelf en het gras, tussen mezelf en de nacht.
Het was alsof ikzelf dat gras, die warmte, die wind, het leven en de nacht was.
Plotseling zag ik alles zoveel bewuster, ruimer en dieper.
En in een fractie van een seconde begreep ik ook de uitnodiging van mijn vriend.
Immers, de titel van de vergadering was: 'Als de stilte spreekt, hoor je de echo van
Gods Woord'.

DE GRAANKORREL

Ik voel een beetje god

Ik voel me fijn,
'k voel me lekker,
'k voel me wonder goed.
Goeiemorgen, goeiemorgen God.

Laat je licht over de tafels
en de stoelen gaan
en zet de kamer in vuur en vlam;

Jij versiert het hele huis
met je zonnestraal.
'k Hoor de eerste lenteregen
op het raam.

God, ik voel me dronken worden
als ik aan je denk.
God, wat goed dat Jij er bent!

Alles is zo mooi,
zo mooi, zo wondermooi!
Is het allemaal voor ons?
Stel je voor!
Met mijn handen en mijn voeten
raak ik alles aan.

Ik voel me fijn,
ik voel me goed,
ik voel
een beetje God als ik lach,
een beetje God als ik dans
een beetje God
omdat de dag weer begint.

O God, ik voel een beetje God
als ik dit liedje zing,
een beetje God omdat ik leef,
ik leef!

E.J.-C.D. 9701
'KRIEBELS IN MIJN LIJF' BIJ DIT BOEK

Fase 6: getuigenis

De aanwezigen gaan in een kring zitten. Ieder krijgt nu de kans om een of meerdere van de illustraties bij de vier accenten van tederheid naar voren te brengen.

Tijdens deze fase kan men ook aan degene die de visie op tederheid verwoordde de opgekomen bedenkingen, vragen of reacties kwijt. Zij kunnen ook dienen om aan alle aanwezigen voor te leggen als vertrekpunt voor een gesprek waarin goed 'doorgeboomd' wordt.

Reacties op de animatiedag
Groeien in tederheid

Bedankt voor jullie "dag van tederheid". Het heeft me de ogen geopend. Ik weet nu ook wat tederheid betekent. Vroeger dacht ik steeds dat ik dat niet nodig had. Maar nu ik weet dat het kan, en dat het goed is, mis ik het enorm.
Spijtig dat mijn lief dit niet eens meemaakt. *'De relatiedag bij jullie heeft mezelf bevestigd in wat ik ben. Dit is een heerlijk gevoel, al is het wel heel moeilijk om dat door te geven.'*
'Ik heb ontdekt dat een relatie opbouwen geen kinderspel is.' *'Voor de eerste keer heb ik leren bidden vanuit het concrete leven.'* 'Graag de data van de uitdiepingsweekends. Wij komen terug!'
'Ik heb een heel andere kijk gekregen op tederheid. Ik zag het veel te eng.'
'Voor mij als godsdienstleerkracht biedt zo'n sessie heel wat invalshoeken om nadien verder uit te werken.'

'Ik kende mijn klasgenoten amper. Ik kwam erachter dat we met dezelfde vragen en idealen rondlopen.'
'Ik heb mezelf positiever leren zien en aanvaarden.'
'Op onze school hebben wij ook een initiatief rond relatievorming. Zo'n impulsdag rond tederheid vind ik een waardevolle aanvulling omwille van zijn heel eigen benadering, de voorbereidingsopdracht en verwerkingsmogelijkheden na afloop.'
'Ik als volwassene heb er persoonlijk ook veel aan gehad!'

Ieder mens

Met het initiatief *Ieder Mens* ontving De Graankorrel in zijn Centrum ook jongeren uit jeugdgevangenissen en jeugdtehuizen. Ook mentaal gehandicapten en mensen uit randgroepen werden niet vergeten.

Met de actieve en creatieve medewerking van een zeventigtal jongeren uit alle Vlaamse provincies werd voor hen een boeiende, zinvolle bijeenkomst van één dag opgebouwd. In het programma-aanbod zat onder meer een aangepast confrontatie-item over *Groeien in tederheid*.

Eén uit de vele brieven met reacties:
'Dag. Hier is dan een briefje van A...,
die nog twee maanden en twee weken
in de gevangenis moet verblijven. Ik
heb het initiatief Ieder Mens mee
mogen beleven en schrijf jullie dit brief-
je omdat ik een vraag voor jullie heb.
Dat relatieboek voor en door jongeren
om te groeien in tederheid, is dat gratis
of moet je daarvoor een kostprijs beta-
len? Want ik zou dit boek graag willen
hebben. Want ik ben nog jong: 23 jaar.
En mijn adres van de gevangenis...'

Tip van...

Aan elke sessie in het Centrum De Graankorrel gaat een eenvoudige maar rake voorbereidingsopdracht vooraf. Nadien wordt iedereen uitgenodigd voor een evaluerende, uitdagende, stimulerende navormingsopdracht.
Dit schriftelijk materiaal is voor de initiatiefgroep van het Centrum De Graankorrel en voor alle bezoekers die nadien aan de sessies deelnemen zeer inspirerend: even onmisbaar als zuurstof.

Tip van Joachim

'In onze gespreksgroep las Hilde bij de verwerking een fragment uit haar dagboek. Ik mocht nadien dit dagboek even doorbladeren. Ik vond het zo boeiend dat ik ook ben begonnen een schrift aan te leggen. Geen dagboek, maar een map waarin ik mijn sterke ervaringen neerschrijf. Bij pijnlijke ervaringen doet het deugd het eens van mij af te kunnen schrijven. Bij toffe ervaringen geniet ik er dubbel zoveel van. Een aanrader!'

Een huis waar vriendschap heerst

Op zoek naar duurzame vrede
vocht ik met de vraag:
wat zou het zijn,
waar schuilt het geheim,
wat houdt ons bijeen?

Als een ster aan de hemel
heeft een woord,
een woord in de nacht
met kiemende kracht,
totaal onverwacht
dit lied meegebracht:
'Het geheim van diepe vreugde
schuilt in de wind,
schuilt in het vuur!
Volg Zijn Geest
die werelden verbindt,
voel de vonk die overspringt.'

Van deze woorden
ging zo'n warmte uit
dat ik meende,
verkondig dit luid:
'Je huis wordt een thuis,
je vriendschap een feest
als Zijn Geest er in leeft.
Je huis wordt een thuis,
je vriendschap een feest
als Zijn Geest in ons leeft.'

Ja, in een huis
vol van Zijn geest,
klopt een ritme
dat harten beweegt.
De tafel staat klaar,
de maaltijd gereed,
je voelt je welkom.

Want daar waar Zijn Geest
je hart infiltreert
trilt de grond
en de hemel vibreert.
Je voelt je bemind,
je weet je vriend
als Zijn Geest je omgeeft!

Als Zijn Geest...
als Zijn Geest...
als Zijn Geest...
als Zijn Geest ons omgeeft!

Ja, wij mochten beleven
hoe Zijn Geest,
omringd door de nacht
met scheppende kracht,
totaal onverwacht
hechte vriendschap creëert.

Hoe Zijn Geest...
hoe Zijn Geest...
hoe Zijn Geest...
hechte vriendschap creëert!

Ja, in een huis,
vol van Zijn Geest,
heerst een vriendschap
die harten geneest,
je proeft atmosfeer,
geen mens meer verweesd,
je ademt lente.
Want daar waar Zijn Geest
je hart infiltreert,
trilt de grond
en de hemel vibreert.
Je danst in de wind,

je herbegint
als Zijn vuur je bespeelt.

Als Zijn Geest...
als Zijn Geest...
als Zijn Geest...
als Zijn vuur ons bespeelt!

Als Zijn Geest...
als Zijn Geest...
als Zijn Geest...
als Zijn Geest
onze blik oriënteert,
JA, ALS ZIJN GEEST
ons verstand inspireert,
JA, ALS ZIJN GEEST
onze wil dirigeert,
JA, ALS ZIJN GEEST
ons gevoel infiltreert,
JA, ALS ZIJN GEEST

heel ons leven beheerst
waait frisse wind,
groeit er vriendschap
die grenzen verbreekt.
Ons huis blijft een thuis
ons leven een feest,
als Zijn Geest in ons heerst
... oh ja, als gist in het deeg,
... als gist, als gist,
... als gist in het deeg,
... met vuur, met vuur,
... als Zijn Geest in ons leeft
... ja, als gist in het deeg.

E.J.-CD 9701 'KRIEBELS IN MIJN LIJF' BIJ DIT BOEK

HOOFDSTUK 2

Amai, mijn lieve lijf

Inleiding

Opgroeiende jongeren hebben meer vragen en problemen met zichzelf en hun lichamelijkheid dan ze op het eerste gezicht willen toegeven. Op onverwachte ogenblikken, in gesprekken, midden een discussie, in een agressieve of depressieve bui, komen de grote en kleine ongemakken naar boven.

Op verzoek van verschillende jongeren hielden wij een brainstormweekend *Amai, mijn lieve lijf*!
De aanwezige jongeren werd gevraagd alle mogelijke verzuchtingen die ze hebben of ooit hadden op te schrijven.

Als je lichaam je parten speelt

Hier is een greep uit de verzuchtingen:

■ 'Ze noemden mij "de dikke patat".' ■ 'Vanwege mijn zweetvoeten heb ik ontslag genomen als leider van de Chiro.' ■ 'Hij was een kast van een vent, maar had een garnaal van een piemeltje.' ■ 'Ik was maar 1,15 m lang.' ■ 'Mijn broer had een wijnvlek midden in zijn gezicht.' ■ 'Toen zijn werkgever merkte dat hij een travestiet was, werd hij met een smoes de laan uitgestuurd.' ■ 'Zijn long werd tijdens een vechtpartij in het Anderlecht stadion geraakt. Sindsdien heeft hij last van zijn ademhaling.' ■ 'Zij werd als mongooltje geboren en door haar ouders in de steek gelaten.' ■ 'Hij wilde niet met mij uitgaan omdat ik acne heb.' ■ 'Ik heb felrood haar en word voortdurend uitgelachen.' ■ 'Hij had verkeerde metalen gebruikt om zijn tepels te piercen. Een ontsteking heeft zijn lichaam geschonden. Hij durft niet meer mee gaan zwemmen.' ■ 'Ik heb borsten als meloenen. De jongens willen ze onder het dansen steeds aanraken.'

Ik had zo graag
een nieuw hoofd gekregen,
want met het oude
heb ik altijd al zo'n last.
't Is al zo dikwijls
tegen muren aangelopen.
Als je goed kijkt,
dan zie je hier nog wel een barst.

Ik had zo graag
een nieuw hoofdje gekregen,
een nieuw gezichtje
zou me echt wel niet misstaan.
Mijn oude hoofd
heb ik al zoveel maal verloren:
als iets te moeilijk wordt
dan hangt het als een zak.

Een nieuwe snoet

Toe, geef mij een paar nieuwe ogen
zodat ik niets meer
uit het oog verlies.
En leg ook wat kleuren in mijn ogen,
want tegenwoordig
zie ik alles toch zo grijs.

Terwijl je bezig bent
geef mij een nieuwe neus:
een nieuwe neus
zou mij verdorie niet misstaan.
Mijn oude neus heb ik
al overal ingestoken,
mijn oude neus heb ik
steeds voorbijgepraat.
Dus als jij een wonder kunt doen:
geef mij dan maar een nieuw fatsoen.

Een nieuwe tong
kan ik ook gebruiken,
want met de oude
is er heus iets aan de hand.
Ze is zo scherp, zo lang
en soms zo smerig
en het gebeurt ook wel

eens dat ze dubbel praat.
Een nieuwe mond
kan ik best gebruiken,
zo'n mond die nog zingen
kan en fluiten,
die op zijn tijd zijn mondje houdt
als 't moet,
als er iets te zeggen valt,
dat ie dat ook doet!

Ik zou zo graag eens willen slapen
op twee oren,
twee nieuwe oren, jongens, jongens,
dat wordt knap!
Want mijn oude hebben zorgen,
zoveel zorgen,
en wat ze horen klinkt
zo droevig en zo slap.

En mijn tanden zijn zo goed
als gans versleten.
Ik heb er te dikwijls
en te hard op gebeten.
Ik heb ze te vaak laten horen,
laten zien:
een nieuw gebit zou
fantastisch welkom zijn!
Dus als jij een wonder doet,

geef mij dan maar een nieuwe snoet!

E.J.- C.D. 9701 'KRIEBELS IN MIJN LIJF' BIJ DIT BOEK

Hou je lichaam aan de praat met supertip nr. 1

Lach je gezond

Om prettig te leven heb je een gezond gevoel van humor nodig. Het maakt je mooier. Het helpt je je problemen tegemoet te treden, te relativeren. Humor brengt je dichter bij de ander. Met heel je lichaam lachen is de beste medicijn. Het is een kostbaar elixir dat de huid doet glanzen en het hart verfrist. Het heeft een kosmische uitwerking op je hele wezen, lijf en ziel.

Breng humor in je leven

In de brainstormsessie *Je glimlach of je leven*, een onderdeel van de vakantie-actie *Geniet met volle teugen* brachten alle deelnemende jongeren van 16 jaar en ouder een cd, video-fragment, een mop, een cursiefje of leuke humoristische persoonlijke ervaring mee.

De item moest wel een element zijn dat de deelnemers in een benarde situatie, in stresstoestand of in confrontatie met een negatief lichaamsgegeven, tijdens drukte of in tegenslag, erbovenop had geholpen of althans een lichtpuntje had betekend in die donkere situatie (bijvoorbeeld de confrontatie met negatieve lichaamservaring). Tijdens het Vrij Podium kon ieder die het wenste zijn of haar materiaal met de bijbehorende situatie voorstellen, vertellen of brengen. Er werd geluisterd, gekeken, geproefd, genoteerd. Het werd de start voor een humorverzameling.

Enkele illustraties

- Een fragment uit de film Mask, met de Amerikaanse komiek Jim Carrey.
- Een verborgen camera-grap met Helmut Lotti uit de VTM-video Kan dit?
- IJskreem voor de Leeuw: een telefrats van Walter Capiau.
- De videoreeks Mr. Bean.

Item 1
Over mijn lijf!

Gedurende een vijftal jaar heeft De Graankorrel samen met een correspondentieploeg van om en nabij de driehonderd jongeren wekelijks in de *Gazet van Antwerpen* en het jongerenblad *Joepie* een jongerenrubriek verzorgd.

De jongeren mochten hun vragen spuien, items voorstellen en hun ervaringen aan die van anderen toetsen. De dossiers in het centrum De Graankorrel met de talrijke en sterke respons liegen er niet om. Sommige inzendingen en reacties brachten ouders, verantwoordelijken en zelfs redacteuren in verwarring.

Volwassenen hebben jongeren mondig gemaakt en mogen nu niet verwonderd zijn dat zij een mondje inspraak verlangen. Voor deze item *Amai, mijn lieve lijf!* hebben wij alle

> *Voel je lichaam*
>
> *ben je mens*
> *wees dan mens*
> *tot het uiterste*
>
> *leef je*
> *leef dan ook goed*
>
> *drink het licht*
> *proef het geheim*
> *voel je lichaam*
>
> *verwonder je*
>
> *verwonder je*
> *over het gewoonste*
>
> BOUMA, H., EN DESSENS, E.,
> GEWOON EEN WONDER, KAMPEN, KOK, 1985, P.62.

correspondenten opnieuw aangesproken en hun medewerking gevraagd.

Wachten

Je kunt ook de jeugdroman lezen van Marita de Sterck, *Wachten*, Averbode, Altiora, 1995, 61 p.

Je lijf en je leven

Voor de uitwerking van het thema *Amai, mijn lieve lijf!* willen wij vertrekken van de vragen die jongeren in verband met hun lichaam en lichaamsbeleving stellen in hun zelfontdekking en groei naar relatiebekwaamheid. Vandaar onze oproep: stuur ons de vragen en problemen die jijzelf of leeftijdsgenoten stellen omtrent hun groeiende lichamelijke zelfbeleving.

Hieronder vind je een reeks van de meest opvallende vragen die wij mochten ontvangen. Ze werden geselecteerd door een groep van vijftig jongeren op het brainstormweekend *Ik leef van kop tot teen* in het Centrum De Graankorrel. Het is natuurlijk onmogelijk ze allemaal uit te werken. Het antwoord op heel wat vragen is trouwens te vinden in goede voorlichtingswerken, waarin het seksuele leven van de mens open en gedocumenteerd uiteengezet wordt. In de confrontatie-ideeën, die je verder aantreft, steken allicht aanknopingspunten die je een stukje kunnen vooruithelpen in de zoektocht naar een gezonde en positieve lichaamsbeleving. Indien jij andere thema's zou hebben geselecteerd, dan mag je ons die natuurlijk opsturen. In de komende brainstormweekends worden ze dan verwerkt.

Zonder je te schamen

Natuurlijk wil je graag weten met welke vragen andere jongeren zitten. Ga echter een stap verder en lees de vragen als direct tot jou gericht. Laat je gedachten de vrije loop, zonder je te schamen.

NOTA

Door het hele boek heen zul je dergelijke 'prikkels' vinden. Het zijn persoonlijke vragen, uitdagingen en uitnodigingen, direct tot jou gericht.
Hiermee gaan we in op de suggestie van Luk Van Bergen: 'Ik weet dat ik een vragenjager ben, maar weet van mezelf dat ik als jonge mens met miljoenen vragen zat. Hoe meer men mij vroeg, hoe meer ik stilaan van mezelf gaf. Nu weet ik, dat aangezet worden om in jezelf te kijken, zeker niet slecht is.'

Vragen van jongeren over lichaamsbeleving

1. Is het normaal dat ik afkerig sta tegenover mijn geslachtsorganen? Ik schaam mij ervoor. Hoe kan ik ze positief leren bekijken?
2. In 'Flair' heb ik iets gelezen over een G-plek. Ik wilde graag weten waar die van mij zit.
3. Mijn borsten zijn als twee krenten. Ik voel mij er minderwaardig door. Is plastische chirurgie een oplossing? Hoe kan ik me meer vrouw voelen?
4. Ik heb een hekel aan mijn menstruatie en alle poespas die ermee samenhangt. Soms zou ik wel een jongen willen zijn.
5. Ik ben beschaamd over mijn lid, ik denk dat het niet tot de normale reeks behoort. Ik voel dat als een remming.

6. Ik vraag me af of de verhalen die mijn vriendinnen op de speelplaats vertellen, wel allemaal echt zijn. Ik denk dat die meisjes indruk willen maken. Zijn er nog meisjes die dezelfde ervaring hebben?
7. Ik denk dat ik homo ben. Ik durf er met niemand over te praten, want mijn klasgenoten maken er alleen vieze grappen over. Hoe kan ik mezelf leren aanvaarden?
8. Een jaar geleden heb ik een ernstig ongeluk gehad. Door de operatie heb ik al mijn hoofdhaar verloren. Men heeft mij een pruik aangepast, in afwachting van de mogelijke nieuwe haargroei. Ik vind die pruik heel gênant. Mensen bekijken me, klasgenoten en cafévrienden maken er grapjes over. Mijn gedrag in de groep is er sterk door veranderd. Ik durf bijvoorbeeld met vele zaken niet meer mee te doen uit angst dat mijn pruik zal afvallen of dat ze haar zullen aftrekken. Wat moet ik doen? Hoe moet ik reageren? Begrijpen de anderen dan niet wat dat voor mij betekent? Was dat ongeluk al niet erg genoeg!
9. Ik transpireer enorm en verspreid een allesbehalve fris geurtje. Is deodorant of een anti-transpiratiemiddel een oplossing?
10. Ik heb een afkeer van mezelf gekregen. Vanwege mijn grote hazenlip kom ik nogal onappetijtelijk over, zodat ik geen succes heb bij de meisjes en eigenlijk ook geen vrienden heb. Daarom ga ik hoofdzakelijk met volwassenen om.
11. Ik heb een vette huid en een vriendin gaf me de raad piercing toe te passen. Ze kan me wel niet goed uitleggen waarin dat bestaat. Zij had het in een weekblad gelezen.
12. Het gebeurde op een ontmoetingsavond van de jeugdbeweging. Er was

een kusjesdans. Ik koos zoals iedereen een meisje uit en kuste haar. Ze
zei kortaf: je adem stinkt. De hele
avond heb ik niet meer gedanst. Toen
mijn vriend vroeg waarom ik niet meer
meedeed, heb ik het verteld. Hij zei:
misschien komt het van de tandplak.
Hij gaf me de raad op pepermuntjes te
zuigen. Maar is dat wel een oplossing?

13. Is het waar dat de besnijdenis de
gevoeligheid van de eikel vermindert
en het seksueel contact daardoor langer kan duren?

14. Dat men 'piercing' doet in neus en
oren, desnoods in de tepels... maar
waarom in de penis of de schaamlippen? Zorgt dat misschien voor een
extra opwinding?

15. In de media heeft men het verschillende keren gehad over het dalend
kwaliteitsgehalte van het sperma, o.m.
door nauwsluitende jeans of andere
gespannen zittende kledij. Klopt dat of
is het een fabeltje?

16. Wij zagen onlangs met een paar
vrienden een pornofilm. De mannen
hadden telkens een enorme zaadlozing. Bij ons is het slechts een paar
druppels. Hoe kan dat?

17. Ik ben 17 en heb nog geen seks
gehad met een meisje (en dat ben ik
voorlopig ook nog helemaal niet van
plan!). Wel heb ik geregeld natte dromen. Is dat normaal op mijn leeftijd?
Ik vind het wel vervelend. Mijn moeder
maakt nog steeds mijn bed op. Is masturbatie overdag een oplossing?

18. Ik vind dat er te veel schuttingwoorden worden gebruikt als er
gepraat wordt over seksualiteit en erotiek. Vinden zij die die woorden
gebruiken dat zo opwindend? Is dat
nu wel nodig?

19. Als jonge mensen in het geniep

naar pornovideo's of dito boekjes kijken, is dat uit nieuwsgierigheid of bij gebrek aan sekservaringen?

20. Ik hoop dat je mij niet te nieuwsgierig vindt. Maar geregeld lees ik in vrouwenbladen artikelen over seks en relaties en daar komen soms woorden in voor, zoals bijvoorbeeld auto-erotiek, die ik niet goed begrijp. Ik denk dat ik niet de enige zal zijn.

21. Men zegt dat masturberen een privé-aangelegenheid is die niemand kwaad doet. Is het voor ons meisjes niet de manier om te leren hoe een orgasme te krijgen, zodat we dat later aan onze partner kunnen leren?

22. Ik ben lichamelijk gehandicapt en het is precies alsof mijn omgeving de indruk geeft dat ik ook geestelijk niet helemaal in orde ben. Mag ik dan niet zijn wie ik ben?

23. Ik ben verschrikkelijk onhandig geworden sinds ik in mijn 'groei' gekomen ben, zoals ze dat thuis zeggen. Hoe meer ik mijn onhandigheid probeer te verbergen, des te meer breek ik van alles. Als ik de indruk heb dat ze naar me kijken is dat al voldoende om mij faalangst te bezorgen.

24. De laatste tijd hoor je op tv geregeld spreken over anorexia (magerzucht) en boulimia (dwangmatige eetlust) bij meisjes. Is dat weer iets nieuws, waar ze ons bang mee willen maken? Is het dan niet tof met je lijn bezig te zijn?

25. Mijn moeder is lesbisch en ging na twaalf jaar huwelijk met een andere vrouw samenwonen. Mijn zus en ik wonen bij mijn moeder en die andere vrouw. Soms zit ik met de vraag hoe het komt dat mijn moeder er zo lang over gedaan heeft om te ontdekken dat ze lesbisch was. Hoe heeft ze zo lang haar gevoelens kunnen onderdrukken?

Een toffe ontmoeting met jezelf

Als je aandachtig de vragen hebt gelezen, dan heb je gemerkt dat ze meestal over problemen gaan waar jongeren mee worstelen.

Maar je kunt de vragen ook lezen als een aanzet om niet alleen over de nadelen van alles en nog wat na te denken, maar ook om positieve dingen over jezelf te ontdekken.

Loop de vragen daarom nog eens opnieuw door en probeer elke vraag positief te herformuleren of een vraag toe te voegen die je stimuleert in een positieve richting over jezelf na te denken.

Zo antwoord je niet alleen negatief op je eigen twijfels, maar ook positief. Het wordt een toffe ontmoeting met jezelf!

Opdracht

Vind jij het moeilijk om over lichaamsbeleving te spreken?

Vind jij het zelf moeilijk om over lichaamsbeleving te spreken in het dagelijks leven? Of ervaar jij bij leeftijdsgenoten dat zij het daarmee moeilijk hebben? Waarom wel of waarom niet?

Hier zijn enkele reacties op de opdracht, die aan de deelnemers van het brainstormweekend *Droom jij ook van een vredesfeest?* als voorbereidingsopdracht werd toegestuurd.

Met vriendinnen over lichaamsbeleving spreken

'Met enkele goede vriendinnen kan ik goed over lichaamsbeleving praten. Ik zal daarover echter niet bij iemand die ik nog maar pas ken beginnen. Ik denk dat leeftijdsgenoten daar onder elkaar goed over kunnen praten. Je moet elkaar dan wel kunnen vertrouwen, omdat het vaak over persoonlijke dingen gaat.'
GRIET, 19 J.

Toch nog taboes?
'Met een goede vriendin, zelfs met mijn ouders kan ik heel goed praten over mijn lichaam (met al zijn gebreken). Natuurlijk vertel je zulke dingen niet aan zomaar de eerste de beste. Toch denk ik dat er bij leeftijdsgenoten nog wel wat taboes heersen. Hoewel jongeren vaak stoer doen, schamen ze zich heel snel. Vooral ten opzichte van het andere geslacht.'
HEIDI, 16 J.

Geen drempelvrees meer
'Voor mij persoonlijk bestaat er nog een zeker taboe om over lichaamsbeleving te praten. Ik merk wel dat er bij veel leeftijdsgenoten geen drempelvrees meer bestaat. Ik wil wel er alleen maar met echte vrienden over spreken. In een groep kameraden zal ik daar zelden het woord over nemen. Ik denk dat ik vooral onzeker ben met betrekking tot mijn geslachtsorganen en seksualiteitsbeleving, waarmee ik nog niet echt ervaring heb gehad.'
GUST, 19 J.

Ik durfde er met mijn ouders nooit over te spreken
'Met mijn ouders heb ik nooit durven spreken over lichaamsbeleving en dat soort zaken, hoewel ik ervan overtuigd ben dat ze wel openstonden voor zo'n gesprek. Maar mijn lichaam, en alles wat ik daarbij en daarmee beleefde, was gewoon te persoonlijk om dat te delen met mijn ouders. Met vriendinnen heb ik ook nooit kunnen spreken over het eigen lichaam. Eigenlijk heel vreemd, want we vertelden elkaar wel de kleinste details over wat we met jongens deden (wat op die leeftijd tussen 15 en 18 nog niet veel was). Maar over onze eigen belevingen met ons lichaam spraken we niet. Ik denk niet dat meisjes dat gauw doen, maar nu veralgemeen ik misschien wel.'
22 J.

Ik heb er niet zo'n behoefte aan erover te praten
'Ik heb vrienden en vriendinnen genoeg waarmee ik echt goed kan praten. Met enkele kan ik gerust over problemen of dergelijke onderwerpen praten. Maar ik denk dat ik er zelf niet zo'n behoefte aan heb.

Als we praten, komen we soms wel eens op lichaamsbeleving. Ik geloof niet dat het mijn vrienden of mezelf afschrikt. Als vrienden erover beginnen, zal ik mij zeker openstellen of tenminste proberen erover te praten.'
BJÖRN, 17 J.

Ik schaam mij

'Ik vind het moeilijk over lichaamsbeleving te spreken, want ik schaam mij ervoor. Daardoor durf ik op trouwfeesten niet te dansen. Men vindt dat mijn (zware) borsten te veel op en neer gaan, of zelfs dat ik ze te veel op en neer láát gaan.'
VICKY, 20 J.

Je krijgt het gevoel dat je vragen normaal zijn

'Ik vind niet dat persoonlijke lichaamsbeleving iets is waar je regelmatig over moet praten. Maar in mijn vriendenkring kan ik het altijd wel kwijt. Daar wordt het soms wel eens ter sprake gebracht. Dat vind ik heel goed. De mening en wijsheid van anderen of van medeleerlingen kan soms al voldoende uitleg verschaffen en je het gevoel geven dat je vragen normaal zijn.'
MAJA, 17 J.

Ik gebruik wel schuttingwoorden

'Ik denk dat ik het er moeilijk mee zou hebben, maar ik heb heel weinig behoefte om over lichaamsbeleving te praten. Als ik er al eens over praat, gebruik ik schuttingwoorden omdat het zulke persoonlijke dingen zijn. Ik denk ook dat de invloed van thuis hierin wat meespeelt.'
TIM, 19 J.

Omdat het voor hen iets te persoonlijk is

'Ikzelf vind het niet moeilijk om over lichaamsbeleving te spreken, maar mijn leeftijdsgenoten wel. Ze vermijden dat onderwerp, omdat het voor hen iets te persoonlijk is. Ik ben nogal vrij opgevoed en niemand thuis schaamt zich over zijn lichaam. We zullen dan ook nooit de badkamer sluiten. Het liefst zijn we allemaal samen in de badkamer.'
ANASTASIA, 18 J.

Dat uit zich op fuiven

'Ik heb er geen moeite mee om over mijn lichaamservaringen te spreken. Maar ik vind wel dat sommige klasgenoten er veel moeite mee hebben. Dat uit zich dan bijvoorbeeld op fuiven, wanneer ze de hele tijd aan de toog of aan de kant staan!'
TJÖRVEN, 17 J.

Je wordt ook zelf een beetje hard

'Ik heb een holle rug en mij maakten ze vaak uit voor janet of mietje of noem maar op. Ik hoor dat trouwens nog elk jaar op kamp, op het speelplein en vroeger zelfs in eigen familiekring. Dat komt hard aan. Je wordt zelf ook een beetje hard. Je klapt dicht en je durft niets meer te doen of te zeggen. Je probeert alles te camoufleren, maar dan valt het nog meer op.'
DIRK, 20 J.

Ik kan altijd bij mijn zus terecht

'Als ik er echt over wil praten, kan ik altijd bij mijn zus terecht, en ook wel bij een paar goede vriendinnen.'
WANDA, 16 J.

Kriebels in mijn lijf

'k Heb twee benen,
'k heb twee armen,
'k heb de kriebels in mijn lijf.
'k Kan geen twee minuten stil zijn,
met plezier weet ik geen blijf.
Ik wil dansen, ik wil springen,
waardoor ik verdriet verdrijf.
'k Voel me soms een marionetje
zonder touwtjes aan zijn lijf.
'k Zing dit liedje voor de mensen,
'k spring een touwtje met een kind.
'k Maak de gekste bokkensprongen
op het ritme van de wind.
'k Voel de adem in mijn longen,
'k voel getintel in mijn been,
'k wil de wereld gaan verrassen
met een lied van kop tot teen!

'k Zou zoveel willen vertellen:
wie ik ben en waar ik woon,
wat ik voel, waarvoor ik leef,
de gekste dingen die ik droom.
Maar mijn woorden missen kleur.
Ik ben geen schilder, geen poëet.
Daarom zing ik met mijn lichaam,
daarom dat ik danser heet.
Ik probeer iets te vertellen,
ik probeer op mijn manier
met mijn armen en mijn benen
en met heel veel, heel veel zwier:
't zijn mijn ogen die vertellen,
't is mijn blik die jou ontmoet.
Met mijn lichaam iets vertellen,
ja, dat kan ik reuzegoed!

E.J.-C.D. 9701 'KRIEBELS IN MIJN LIJF' BIJ DIT BOEK

Item 2
Nooit voorgoed geboren

Om onszelf in de zoektocht naar een gezonde en positieve lichamelijke zelfbeleving de beste kansen te geven, is het goed even achteruit te blikken naar de groei die jonge mensen doormaken. Van daaruit kunnen we de uitdagingen in onze huidige belevingswereld aanpakken, met het oog op de toekomst.

Ze zwijgen me dood

In haar jeugdroman *Ze zwijgen me dood* (Leuven, Infodok, 1986, 127 p.) schetst de bekende Zweedse schrijfster Inger Skote het verhaal van Veronika, Nickan genaamd. Nickan voelt zich opgesloten in een glazen ei. De eerste dag al in de nieuwe school namen de klasgenoten afstand van haar. Maar waarom, waarom? Nickan komt er niet uit. Wordt ze uitgestoten of sluit ze zichzelf op? In een directe, aangrijpende taal vertelt Nickan hoe ze vecht om het 'glazen ei' te breken, hoe ze contact zoekt met iemand die gewoon naar haar wil luisteren...

'Wat ben ik mezelf beu! Ik word er ook lelijk van, van al dat -Bah, wat doet het er toe? Niemand ziet me immers. Toen ik daarnet op weg was naar de badkamer deed ik iets compleet krankzinnigs. Ik kroop in elkaar op de grond tegen onze oude zwarte piano aan en keek naar het wazige spiegelbeeld van mezelf. Toen ik klein was speelde ik dat het mijn tweelingzusje was die daar woonde, in een kamer die identiek dezelfde was als de onze, maar dan wel in spiegelbeeld. Maar dat is al lang geleden. Nu legde ik mijn hand tegen de blinkende zwarte wand en keek naar die slonzige, snikkende persoon daarbinnen. - "Kom eruit!" zei ik plotseling. "Kom eruit, zodat ik met iemand kan praten..."' (p.9-10).

Op de drempel
tussen twee werelden

Jong-zijn is zich op de drempel bevinden tussen twee werelden: men maakt de overgang van de kindertijd naar de wereld van de volwassenen. We kunnen het het best vergelijken met de geboorte, wanneer het kind van de moeder wordt gescheiden door het doorknippen van de navelstreng, maar ingrijpender nog door het voorgoed verlaten van de moederkoek of placenta. De moederkoek bezorgt het kind vóór zijn geboorte al wat het voor zijn overleven nodig heeft en zij filtert tevens heel wat gevaarlijke stoffen die in het bloed van de moeder circuleren, uit de vloeistof.
De overgang van de kindertijd naar de jeugd is als een tweede geboorte die zich geleidelijk, soms met horten en stoten, voltrekt.
Niemand wordt volwassen zonder stap voor stap de bescherming van het gezin te verlaten, zoals men eens de beschermende placenta moest verlaten. Dit verlaten gebeurt niet één keer, maar verschillende keren, tot we voorgoed onze eigen weg gaan.

Mijn lievelingsknuffel
' Ik word door andere meisjes uitgela-
chen omdat ik nog met een knuffel-
dier slaap. Ik kan het niet helpen dat
ik niet zonder mijn lievelingsknuffel
kan, want ik heb hem al vanaf mijn
geboorte. Ik vertel hem ook al mijn
geheimpjes en zoek er altijd troost
bij. Ik durf te wedden dat wie daarom
lacht, 's avonds zelf nog met een
knuffeldier gaat slapen. Maar ik kan
het niet langer verdragen, want al
gauw word ik nog als een kind
beschouwd. Wat moet ik daarop zeg-
gen? Ben ik er echt te oud voor?'
ANJA

Mijn navelstreng wordt
nog jaarlijks doorgeknipt
' De overgang naar volwassenheid is
niet eenmalig, maar gebeurt telkens
opnieuw. De navelstreng wordt de
eerste keer bij de geboorte doorge-
knipt, en een tweede keer – zinne-
beeldig – bij de overgang van kinder-
tijd naar jeugd. Maar dat is helemaal
niet de laatste keer. De navelstreng
wordt opnieuw doorgeknipt wanneer
je voor je studie op kot gaat, of wan-
neer je thuis wegtrekt en zelfstandig
gaat wonen, of samen met een part-
ner het leven intrekt. Iemand getuigt:
"Ik ben nu 23 jaar en mijn navel-
streng wordt nog jaarlijks doorge-
knipt!"'

Mijn tweede, derde, vierde... geboorte

Heb jij reeds zo'n tweede, derde, vierde, kortom zo'n nieuwe geboorte
ervaren, waarbij je het oude vertrouwde leven hebt moeten verlaten en de
sprong in het onbekende hebt moeten
durven wagen? Welke waren die
'nieuwe-geboorte-ervaringen'?
Wanneer en onder welke omstandigheden maakte je ze mee? Hoe heb je
die 'nieuwe' geboorten beleefd?
Waarin bestond de uitdaging? Hoe
heb je die uitdaging aangekund?

Toen werd ik de raadgeefster
van mijn moeder
' Mijn vader is overleden toen ik
zeven was. Toen werd ik de raadgeef-
ster van mijn moeder. En dat ben ik
nog steeds als ze iets nieuws gaat
kopen, want ze wil er zeker van zijn
dat het goed is. We krijgen langzaam-
aan meer een vriendinnenrelatie.'
KRISTEL, 21 J.

Eerder afstandelijk
' Momenteel is de relatie thuis eerder
afstandelijk. Mijn ouders zitten in een
echtscheidingsprocedure. Vroeger
kwam ik op vrijetijdsvlak (fietsen,
wandelen) goed overeen met mijn
moeder, maar op emotioneel vlak zijn
we tegenpolen.'
LIEVEN, 16 J.

Ont-ouderen

Om zelfstandig te worden en nieuwe relaties aan te gaan moet je 'je vader en moeder verlaten', zoals het ook in de bijbel staat (Gn 2,24). Dit is geen gemakkelijk groeiproces, omdat het vaak met spanningen en wrijvingen gepaard gaat. Enerzijds kunnen wij onze thuis, onze 'nest', niet missen.

*Ik probeerde hen
te overtuigen van mijn gelijk
' Vroeger, als we thuis een menings-
verschil hadden, probeerde ik mijn
ouders altijd te overtuigen van mijn
gelijk. Maar mijn ervaring is dat je de
aard van iemand niet kunt veranderen. Later begon ik dan ook meer
naar het gezichtspunt van mijn vader
te luisteren en hij voelde zich dan
begrepen. En het wonderlijke is nu
dat hij soms mijn gezichtspunt over-
neemt, zonder ruzie.'*
BERT, 18 J.

Maar anderzijds moeten wij ook uit het 'nest' om onze vleugels te kunnen uitslaan.

Bovendien is het ook een mythe dat het thuis altijd beter is, dat een gezin de plaats bij uitstek is waar mensen harmonieus samenleven. Hoeveel misverstanden, conflicten, achter-docht en zelfs geweld zijn er soms niet! Redelijkheid en hartelijkheid kunnen afwisselen met bittere verwij-ten of met een gezag dat onredelijk wordt uitgeoefend. Ouders zijn geen volmaakte mensen, zoals een gezin nooit volstrekt ideaal is.

Niet meer op een kinderlijke manier van je ouders houden, is hen eren. Je staat voor de uitdaging een nieuwe verhouding tot je ouders te vinden. Je eigen weg gaan, betekent immers niet dat je hen verwerpt of dat je brutaal tegen hen bent. Je zoekt een nieuwe manier om van hen te houden, zodat ook zij kunnen ontdekken hoe zij van jou op een volwassen manier kunnen houden.

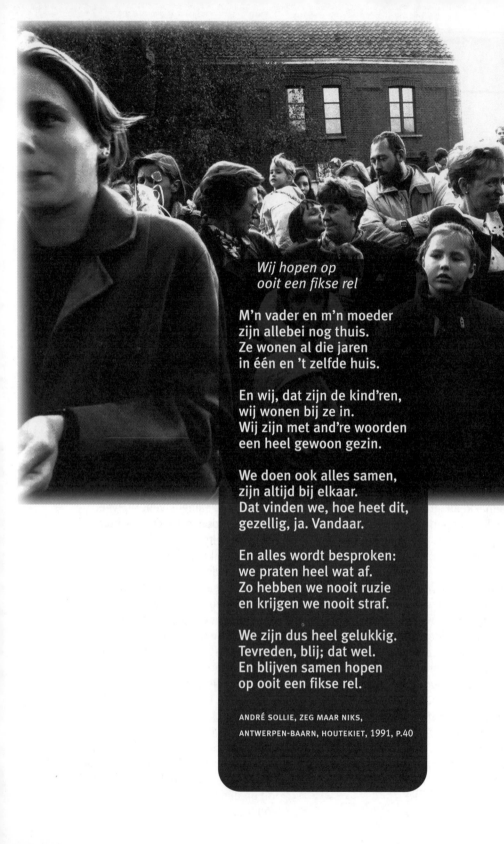

Wij hopen op
ooit een fikse rel

M'n vader en m'n moeder
zijn allebei nog thuis.
Ze wonen al die jaren
in één en 't zelfde huis.

En wij, dat zijn de kind'ren,
wij wonen bij ze in.
Wij zijn met and're woorden
een heel gewoon gezin.

We doen ook alles samen,
zijn altijd bij elkaar.
Dat vinden we, hoe heet dit,
gezellig, ja. Vandaar.

En alles wordt besproken:
we praten heel wat af.
Zo hebben we nooit ruzie
en krijgen we nooit straf.

We zijn dus heel gelukkig.
Tevreden, blij; dat wel.
En blijven samen hopen
op ooit een fikse rel.

ANDRÉ SOLLIE, ZEG MAAR NIKS,
ANTWERPEN-BAARN, HOUTEKIET, 1991, P.40

Hoe zit het thuis?

Beschrijf in het kort jouw relatie met je ouders?
Hoe verloopt ze momenteel: stroef, harmonieus, gespannen? Wat staat er in jullie gezin centraal? Waar heb je thuis het meeste moeite mee?

Als je dit eerst uitgeschreven hebt, kan je jouw ervaring leggen naast de onderstaande confrontatie-ideeën en de verschillende getuigenissen van jongeren die je op de volgende bladzijden vindt.

Getuigenis

Uiteindelijk barst ik dan uit...
'Nu kan ik al wat beter over mijn gevoelens met mijn moeder praten, wat ik vroeger nooit kon. Ik ben een nogal gesloten type en kan er moeilijk over praten. Ik krop alles op en uiteindelijk barst ik dan uit, met het gevolg dat mijn moeder dan tegen me zegt: "Waarom heb je het me niet eerder verteld?"'
TAMARA, 18 J.

Mijn vader staat niet zo open voor kritiek
'Met mijn moeder kan ik wel wat beter overweg dan met mijn vader. Dat komt doordat mijn vader niet zo openstaat voor kritiek. Bij mijn vader geldt vaak het presteren. Dat is ook wel enigszins te begrijpen. Hij wil het beste voor mij. In een ruzie kunnen we het nooit volledig uitpraten en dat vind ik wel spijtig.'
BRAM, 17 J.

Ze hoeven ook niet echt alles te weten!
'Bij ons thuis kan er open over alles gepraat worden. We vertellen elkaar heel wat, maar toch vind ik het soms moeilijk om over bepaalde problemen of diepere gevoelens te praten. Ze hoeven ook niet echt alles te weten.'
NELE, 18 J.

Ik zal mijn ouders niets meer toevertrouwen
'Het gaat nu tamelijk goed, maar ik zal mijn ouders niets meer toevertrouwen omdat ze mijn problemen aan mijn zus doorvertellen. En die kan niet zwijgen, zodat ik nog meer problemen krijg.'
ELS, 18 J.

Ze weten niet echt wat er in mij leeft
'De relatie met mijn ouders is niet zo goed. Zij weten niet echt wat er in mij leeft en waar ik me mee bezighoud. Vooral mijn vader niet. Met hem kan ik totaal niet praten, we hebben ook vaak meningsverschillen. Met mijn moeder kan ik wel praten, maar dit gebeurt slechts zelden. Daardoor zijn er thuis heel wat spanningen. Gelukkig heb ik een aantal goede vrienden met wie ik heel goed kan praten.'
KAREL, 17J.

Her-ouderen

Als deze nieuwe verhouding groeit, kun je ook dankbaar worden zonder je schuldig te moeten voelen. Je ouders 'eren' betekent je wortels erkennen. Dankzij onze ouders hebben wij allemaal een geschiedenis die ver, heel ver in de diepte van de generaties teruggaat. Indien je je wortels leert waarderen, zonder ze te idealiseren of op te hemelen, zul je winnen aan evenwichtigheid. Om je wortels in ere te houden hoef je niet alle spanningen angstvallig te vermijden, of hoef je ook niet klakkeloos gewoonten over te nemen. Ze kunnen wel het uitgangspunt vormen voor nieuwe ontdekkingen en eigen zingevingen. Vernieuw jezelf en blijf openstaan voor de wereld. Maar weet wel waar je bij hoort, en waar je uit gegroeid bent.

Er zijn tegenwoordig zoveel mensen, zoals onder meer adoptiekinderen, die naar het verleden kijken en die er soms bijna obsessioneel proberen achter te komen wie hun moeder en vader zijn. Ze voelen dat ze hun eigen waarheid en zin verliezen als ze niet weten waar ze vandaan zijn gekomen. Laat jezelf niet beroven van je tradities, je gezin, je familie, je wortels. Houd zelfs het familiegerecht in ere dat je moeder vroeger kookte, zodat later je kinderen weten hoe het smaakt... Zo moet je het geheugen van de zintuigen redden.

Mijn ouders en ik hebben een stevige relatie
'Mijn ouders en ik hebben een stevige relatie. Er is altijd al een goede communicatie tussen ons geweest en alleen al daardoor voel ik me gesterkt om problemen aan te pakken. Mijn thuis is een echte steun voor mij.'
STIJN, 17 J.

Ze zijn soms veel te goed voor mij
'Mijn relatie met mijn ouders is eigenlijk heel goed. Er vallen af en toe wel eens verkeerde woorden, maar dit hoort erbij, denk ik. Het enige wat ikzelf moet doen is niet zo koppig zijn als ik iets niet mag. Mijn ouders zijn soms veel te goed voor mij. In bepaalde situaties verdien ik iets niet en dan krijg ik het toch. Ik hoop dat deze relatie altijd mag blijven voortduren. Ze zijn lief, ze staan altijd open, zijn meelevend en ze staan zogoed als altijd voor mij klaar.'
GRIET, 17 J.

Al was ik niet verwacht
'Ik weet dat mijn ouders heel veel van me houden, ook al was ik niet verwacht. Ik kan altijd met mijn problemen bij hen terecht en zij zullen er altijd voor me zijn. Natuurlijk zijn er ook bij ons thuis wrijvingen, maar in welk gezin zijn deze groeipijnen niet?!'
ALEXANDER, 16J.

Ik kan steeds op hen rekenen
'Kortgeleden ben ik erachter gekomen dat ik een heel speciale band heb met mijn ouders. Ik dacht dat de meesten zo'n band hadden, want we

zijn dat zo gewend dat ik er nooit bij had stilgestaan. Met mijn ouders kan ik echt over alles praten, ze weten gewoon alles van mij. Ze maken zich snel zorgen, en telkens als ik verdrietig ben, komt mijn moeder mij troosten. Ik kan steeds op mijn ouders rekenen. We zoeken samen naar een oplossing als er problemen zijn. Mijn moeder is er steeds als ik eens wil praten en ze laat daarvoor ook haar werk staan, ook al is ze vaak uitgeput door de lange dagen die ze moet werken. Soms gebeurt dat ook op zondag.'

LINDSAY, 19 J.

Vragen staat vrij
' Nu is mijn relatie met mijn ouders vrij goed. Dat was vroeger wel anders. Ik kan en mag aan hen vragen wat ik wil vragen. Mijn moeder zegt altijd: "Elk voorstel is er één!" Elk voorstel, elke vraag is bespreekbaar en bediscussieerbaar. Wat nog niet betekent, dat ik mijn zin krijg...'

BRAM, 17 J.

Laat de sterren niet uitdoven

Ouders en grootouders zijn ook niet het begin van alles. Ze verbinden ons wel met de wijsheid en de ervaringen van het verleden, al worden die door elke generatie opnieuw onderzocht en vaak scherp bekritiseerd, toch zijn ze onmisbaar om de richting en de zin van ons leven te vinden. Oudere familieleden laten ons delen in hun waarden en inzichten als mogelijke bakens voor de toekomst. Maar wij hoeven zeker niet alles klakkeloos van hen over te nemen, want hun 'waarden' kunnen ook schijnwaarden zijn, die de weg naar de toekomst afsluiten. Jonge mensen staan voor de uitdaging om open te staan voor de dragende, menselijke waarden die hun ouders, voorouders en de gemeenschap hen aanreiken, om deze respectvol én eigentijds te vertalen en te beleven. Zo kunnen zij deze waarden dan ook zelf weer doorgeven aan de volgende generatie. Zonder in verstarring en gemakkelijk traditionalisme noch in lichtzinnige, voortvarende nieuwlichterij te vervallen. Elke generatie staat voor de kans en de opgave om het kaf van het koren te scheiden en de blijvende waarden niet te laten uitdoven. Deze waarden zijn immers als sterren, waaraan wij ons kunnen oriënteren om in de nacht het spoor niet bijster te worden.

Leesportefeuille:
Hoe rooi ik het met mijn ouders?

Leesportefeuille over de zoektocht van jonge mensen naar een 'nieuwe' verhouding tot hun ouders. Samengesteld door prof. Rita Gesquière (KU-Leuven), deskundige in jeugdliteratuur.

William Bell,
Geen handtekening,
Averbode/Apeldoorn,
Altiora, 1994, 160 p.
Ed Frank,
Geen wonder dat moeder met de goudvissen praat,
Hasselt, Clavis,
1995 (5de druk), 148 p.
Hadley Irwin,
Twitty Rhys Hec:
een meisje van zestien,
Baarn, Hans Elzenga, 1982.
Gie Laenen,
Tot het donker wordt,
Tielt, Lannoo, 1981.
Els Launspach,
Het zwarte schip,
Haarlem, J.H. Gottmer, 1996, 155 p.
Myriam Pressler,
Zeg toch eindelijk eens wat,
Den Haag, Leopold, 1983, 121 p.
André Sollie,
Zeg maar niks,
Antwerpen/Baarn, Houtekiet, 1991,
50 p.,(zuurzoete gedichten voor een jong publiek).
Cynthia Voigt,
Niemand anders dan ik,
Haarlem, J.H. Gottmer, 1994
(3de druk), 225 p.

Uitgaan

Allerlei krachten stuwen jongeren voort en door de beloften van 'leven' die ze suggereren, voelen zij de behoefte om 'uit te gaan'. Zij verlangen ernaar de oude cocon die wat verstikkend geworden is, te verlaten en nieuwe 'ruimten' te ontdekken, waar zij zich vrij kunnen voelen en kunnen experimenteren. Uitgaan is het sleutelwoord dat zeer goed de dynamiek van jong-zijn uitdrukt.

Tegelijk voelt men zich onzeker wanneer men het veilige nest probeert te verlaten. Men moet de vertrouwde levenswijze opgeven om naar een nieuw leven toe te gaan. Hierbij komt men in een niemandsland terecht waar alles nog onbekend en verward is. Daarom voelt men instinctief aan dat men voor deze 'uit-tocht' de steun van de thuisbasis toch nog nodig heeft om de stap in de vreemde 'buitenwereld' te wagen. Maar wanneer die steun zich toont, wordt men bang dat men precies door die emotionele bijstand gevangen zal blijven. Eigenlijk wil men ondersteund worden zonder vastgehouden noch 'uit-gestoten' te worden.

Getuigenis

Ik heb het moeilijk met mezelf
' Ik voel me de laatste tijd heel ongemakkelijk. Mijn ouders thuis en de leerkrachten op school kijken precies anders naar mij dan vroeger. Is er dan zoveel aan mij veranderd? Ik heb het momenteel moeilijk met mezelf. Het is heel vermoeiend te moeten leven in onzekerheid en twijfel over jezelf. Ik zit in een soort overgang, zonder goed te weten waar naartoe. Ik wil

soms gewoon spontaan en uitgelaten doen, zoals vroeger, maar dat valt dan dik tegen... Want dan voel ik afkeurende blikken in mijn rug. Het is precies alsof ze zeggen: "Doe niet zo flauw, je bent toch geen kind meer...!"'

KRISTOF

Als je met jezelf overhoopligt

Wat doe jij als je met jezelf overhoopligt, omdat je te maken krijgt met allerlei veranderingen in lijf en hart? Vlucht je dan 'achteruit' door opnieuw 'kind' te worden en je als kind te gedragen, ook al ben je al 18 of 20 of 23? Of durf je het allemaal onder ogen te zien, met de vaste wil een nieuw evenwicht te vinden? We grijpen allemaal zo nu en dan wel eens terug naar het kind in onszelf, uit angst voor de last van de verantwoordelijkheid die het leven van ons eist. Maar telkens moeten we weer verder, zonder vals zelfbeklag.

Als een onbeschermde kreeft

Je kunt het vergelijken met wat kreeften doormaken. Wanneer ze van schaal of omhullend 'pantser' veranderen, verliezen ze eerst hun oud omhulsel, zonder dat ze onmiddellijk een nieuw omhulsel hebben. Gedurende de tijd die ze nodig hebben om een nieuwe bescherming te vervaardigen, blijven ze zonder verdediging. In die tussentijd zijn ze zeer kwetsbaar en verkeren ze in groot gevaar. In de buurt van de onbeschermde kreeft ligt er altijd wel een zeepaling op de loer die hem wil verslinden.

Hetzelfde overkomt jonge mensen. Een ruimer en aangepast 'omhulsel' vervaardigen vraagt tijd en kost veel zweet en tranen. Ondertussen is men zeer kwetsbaar. Voor jonge mensen kan het 'gevaar' komen van het kind dat ze waren en dat ze krampachtig willen vasthouden, omdat ze bang zijn de bescherming van hun 'liefste omgevers' te verliezen. Daardoor kunnen ze het zichzelf moeilijk maken als ze moeten doorgroeien naar de volwassene die ze zullen en moeten worden. Dit betekent niet dat men het 'kind' in zich moet doden, maar wel dat men het 'kind' in zich bewaart zonder 'kinderachtig' te worden. Het is de kunst vanuit zichzelf positief door te groeien.

Getuigenis

Ik voel me soms zo troosteloos
' Ik heb gisteravond in mijn bed zo erg gehuild dat mijn ogen er rood van zagen. Ik voelde me triest en nerveus, maar ik weet niet waarom. Ik zou de

*dagen willen tegenhouden, ik zou zo
ver van hier willen zijn. Niets zit me
nog lekker. Ik hang tussen twee stoelen. Ik slaag er maar niet in mezelf
een beetje moed in te spreken. Ik
voel me 's avonds soms zo troosteloos. Dan zou ik willen dat mijn ma
me weer in slaap wiegt zoals vroeger,
toen ik nog tien was. Maar dat doet
ze natuurlijk niet meer, want ik ben al
lang geen kind meer!'*

IRENA

Als je kwetsbaar bent

De loerende vijand kan ook het 'woe-
dende kind' in de opgroeiende jonge
mens zijn. Het kind namelijk dat
meent enkel volwassen te kunnen
worden door de volwassene 'op te
slokken' en te verzwelgen, d.w.z. door
er zich niet-kritisch mee te vereenzel-
vigen.

Het gevaar kan ook komen van volwassenen die van jonge mensen proberen te profiteren, omdat ze kwetsbaar zijn. Denk maar aan alle mogelijke vormen van misbruik: niet alleen
seksueel geweld, maar ook misbruik
door sommige uitbaters van jongeren-
cafés en disco's, met de hele 'verlei-
ding' tot alcoholgebruik, roken, bingo
en andere spelen die verslavend werken. Om nog maar te zwijgen van
allerlei drugs, XTC en pepmiddelen. Er
zijn ook commercieel heel wat kapers
op de jongerenkust, onder meer via
de reclame en steeds wisselende
modetrends in muziek, film en video,
gadgets, kledij, motoren.

Een goede aanpak bestaat er niet in
zich terug te trekken, maar zich de
risico's van het 'uit-gaan' bewust te

zijn en keuzes te maken die de toekomst niet op het spel zetten. Zo
groeit een sterke persoonlijkheid, die
zich niet angstig van uitdagingen afsluit maar zich ook niet voortvarend
op allerlei doodlopende wegen
begeeft.

Ieder zijn portie
troosteloosheid

Iedereen krijgt op zijn tijd zijn portie
troosteloosheid en verlatenheid te
verteren. Dat gaat voor elke leeftijd
op! Hoe pak je het dan aan? Koester
je jezelf in zelfmedelijden? Of zoek je
positief wat je er concreet en haalbaar aan kunt doen? Durf je vooruit te
kijken en telkens weer de sprong te
wagen?

Telkens je op
een tweesprong komt...

Er is geen jong-zijn – zoals er ook
geen leven is – zonder intense vreugde, maar evenmin zonder problemen,
zonder lijden en spanningen. De val-
strik is dat men wil vluchten voor elke
moeilijkheid.

Ofwel naar buiten vluchten door zich
halsoverkop in allerlei twijfelachtige
of zelfs gevaarlijke avonturen te stor-
ten, daarin meegesleurd door mensen
die weten hoe broos en manipuleer-
baar jonge mensen zijn.

Ofwel naar binnen vluchten door zich
achter een valse bescherming te verschuilen en zich te barricaderen. Jong-
zijn is een grenssituatie, een over-

gangstijdperk. Enerzijds grijpen jonge mensen nu en dan terug naar het vertrouwde verleden, uit angst voor het nieuwe. Anderzijds stappen zij aarzelend naar een nieuwe wereld toe.

Soms zou ik anders willen zijn
'Ik sluit me soms in mijn eigen lichaam op. Op de een of andere manier durf ik niet uit te komen voor mijn eigen gevoelens, althans in bepaalde omstandigheden of bij bepaalde mensen. Dan zet ik een masker op. Ik voel me soms zo beschaamd over mezelf, ook al is er geen reden toe. Soms zou ik gewoon van huid willen veranderen om iemand anders te zijn.'
SEVERINE

Je in een pantser hullen

Je opsluiten in jezelf hoort tot alle leeftijden en alle fasen in het leven. Een masker opzetten of je in een pantser hullen, is een bekoring die telkens weer opduikt als je in je gevoelens gekrenkt wordt. Hoe reageer jij wanneer je in je gevoelens gekwetst wordt? Kruip je dan verongelijkt in jezelf weg, bang om je gevoelens te tonen? Of durf je het wagen toch je lijf open te breken en te vertolken wat er in je leeft? Het is niet zonder risico, maar het is je enige kans om door anderen geliefd te worden.

Hou je lichaam aan de praat met supertip nr. 2

Relax-oefening

Wanneer je helemaal opgefokt bent, dan geniet je niet meer van het moment. Je staat op springen. Dan is het belangrijk enkele momenten voor jezelf te reserveren om tot ontspanning te komen. Een paar eenvoudige opdrachten brengen je tot ontspanning, schenken je opnieuw een heerlijk warm en vredig gevoel.

Ontspanningstechniek

Neem een lekker warm bad. Laat je rustig en goed uitweken. Luister met gesloten ogen naar je lievelingsmuziek. Er zijn ook heel wat relax-cd's op de markt.
Bijvoorbeeld: *Pink Dream* (Seroka / Benatar)(AMB5254-2); *Peace of Mind* (Seroka)(LC-3312); *4 Nature* (Seroka) (LC 3312).
Meer titels vind je in de cd-rekken bij je platenzaak, afdeling New Age.
Je kunt ook relax-video's huren, als hulp bij je relax-oefeningen (bijvoorbeeld Video & Relax: *Movies Select* Video Amsterdam, Stemra 2273).
Je kunt ook rustig ergens gaan zitten met gesloten ogen. En je stelt je voor dat je ergens bent waar het vredig en kalm is (bijvoorbeeld bos, strand, kerk).
Natuurlijk kun je ook letterlijk zo'n plaats gaan opzoeken en er de sfeer van rust en stilte beleven.
En dan zijn er ook de praktische ontspanningsoefeningen, zoals bijvoorbeeld de volledige relax.
De techniek bestaat erin dat je lichamelijk helemaal ontspant, dat je je koortsachtig werkende geest hele-

maal loslaat en één wordt met je lichaam, zonder je nog voor iets in te spannen.
Ga daarom voor het uitvoeren van de volledige relax-oefening op je bed of bij voorkeur ergens op de grond liggen, met je hoofd naar links of rechts, je ogen gesloten, je armen los naast de romp en je benen een weinig gespreid.
Er bestaan hiervoor zelfs ontspanningstapes die je stap voor stap begeleiden.
Verdere inspiratie vind je o.m. in het boek van P. Blok, *Fit door yoga*, Utrecht, Bruna, 1992, 104 p. (met heel wat illustraties).
Schud een voor een je lichaamsdelen los en laat ze dan neerkomen op het oppervlak, tot je helemaal ontspannen bent.
Beëindig de oefening met stap voor stap elk lichaamsdeel weer even op te spannen en schud tot slot je hele lichaam eens goed los.

In een volgende 'tip' zul je de relax-oefening kunnen gebruiken als start voor een reis door je lichaam.

kuieren, kuieren, kuieren, kuieren

Kuieren!
Wat een zalig woordje: kuieren!
Kuieren
met de handjes op de rug.
Kuieren:
da's het vertikale luieren.
Kuieren
maar vooral niet te vlug.
Ik vind: die trage tred
heeft dat old fashioned sjieke,
niet dat fanatieke
maar dat kalmpjes aan...
lakonieke:
kuieren!

Wat een zalig woordje: kuieren
in deze wereld van geraas
en druk gedoe...
Want dat driftige, giftige
'ik moèt zo nodig'
blijft au fond toch overbodig.
Kuieren:
c'est tout!

E.J.-C.D. 9701 'KRIEBELS IN MIJN LIJF' BIJ DIT BOEK
TEKST: TOON HERMANS

Item 3
Op zoek naar nieuwe lichaamsbelevingen

Inleiding

De zoektocht naar een zelfstandig en verantwoordelijk bestaan uit zich ook op het gebied van de eigen lichaamsbeleving. Een aantal ingrijpende lichaamsveranderingen speelt inderdaad een belangrijke rol in het leven van groeiende jonge mensen.

Grote mutaties

Jonge mensen maken een grote omwenteling, een ware mutatie mee, niet alleen innerlijk maar ook uiterlijk. Er verandert zoveel in hun lichaam dat ze soms het gevoel krijgen dat ze doodgaan. En het gaat snel, soms al te snel. De natuur werkt volgens haar eigen ritme. Men moet volgen, maar men is er niet steeds klaar voor. Men weet wat er afsterft, maar men heeft nog geen idee van het nieuwe dat moet komen. Het 'klikt' niet meer, maar men weet niet goed waarom of hoe.

Hij maakte het uit
vanwege mijn mislukt lichaam
' Mijn probleem is dat ik dikke benen heb. Ik durf geen rok aan te trekken, want ik ben er zeker van dat ze me gaan uitlachen. Ik durf me ook niet in badpak te vertonen. Een ander probleem zijn mijn borsten. Hoewel ik op tijd begon beha's te dragen, hangen mijn borsten af en mijn tepels zijn twee- tot driemaal groter dan bij andere vrouwen. Ik heb precies ook allemaal kleine littekens op mijn bor

sten. Ik vind dat erg, want toen een jongen de eerste keer mijn borsten trachtte te zien, en ik dat niet wilde uit schaamte, heeft hij het uitgemaakt vanwege mijn mislukt lichaam. Hij vertelde het ook al aan zijn vrienden, die me nu voortdurend pesten.'
WEGSTEKERTJE

Op zoek naar
een meer gespierd lichaam
' Ik ben een meisje van 16 en ik zou dolgraag een wat meer gespierd lichaam hebben. Ik ben niet dik, maar ik voel me alleen niet goed in mijn vel. Wat ik bedoel met een "meer gespierd" lichaam is dat ik graag een beetje gespierde armen, kuiten, dijen en een wat strakker zitvlak zou willen hebben. Stel me a.u.b. niet voor om bodybuilding te doen, want daar heb ik totaal geen behoefte aan. Maar misschien kan een andere sport helpen? Ik hoop dat ik binnenkort iets vind, zodat ik me eindelijk goed kan voelen in mijn vel!'
PASCALE, 16 J.

Niets is zonder zin

Mijn ogen zijn voor het licht,
voor het groen van de lente,
voor het wit van de sneeuw,
voor het grijs van de wolken,
voor het blauw in de lucht,
voor de sterren in de nacht,
voor het ongelofelijk wonder
van zoveel wondere mensen om me heen.

Mijn mond is voor het woord,
voor elk goed woord
waar een ander op wacht.
Mijn lippen zijn voor een zoen,
mijn handen voor de zachtheid en de tederheid,
voor de troost en voor het brood aan de arme.
Mijn voeten zijn voor de weg,
die naar berooiden gaat.
Mijn hart is voor de liefde, voor de warmte,
voor hen die in de kou en in de verlatenheid zijn.
Mijn lichaam is om anderen nabij te zijn.
Zonder lichaam ben ik nergens.
Niets is zonder zin.
Alles heeft zijn diepe
betekenis!

Waarom ben ik dan
niet gelukkig?
Zijn m'n ogen toe?
Is m'n mond
vol bitterheid?
Zijn mijn handen
'grijpers'?
Of is mijn hart
verdord?

Weet ik dan niet
dat ik gemaakt ben
voor de vreugde?

E.J.- C.D. 9701 'KRIEBELS IN MIJN LIJF' BIJ DIT BOEK.

Wat zie je van jezelf in dit lied?

Roept het bij jou ervaringen, herinneringen, gevoelens op? Probeer ze te omschrijven en te stofferen.

Als een flatgebouw in de steigers

Het jonge lichaam maakt, langzaam of bruusk, een grondige omwenteling door. Verschijning, gestalte, figuur en nog zoveel meer ondergaan grondige wijzigingen in zo'n korte tijdspanne, dat jonge mensen het ritme van de natuur vaak niet kunnen volgen en zich soms heel onzeker voelen. Ze voelen zich als een flatgebouw in de steigers.

 Getuigenis

Doe niet zo gemaakt
' Ik ben een meisje van 17, en nu nog
voel ik me soms verward. Ik denk
nog steeds dat ik abnormaal ben. De
meesten van mijn vriendinnen hebben duidelijk grotere borsten dan ik,
waarmee ze bij de jongens veel meer
succes hebben. Ook ik wil hen charmeren, dan maar door mijn opvallende manier van kleden. "Doe niet zo
gemaakt," zei mijn moeder eens. En
een andere keer: "Wie zegt dat je
niet meer in je groei bent? Leer met je
lichaam tevreden te zijn, dan zul je
vanzelf iets uitstralen." Toen vond ik
haar bemoeiziek, maar nu zie ik in
dat ze gelijk had.'
NIKI, 17 J.

Ben ik mooi? Ben ik lelijk?

Jonge mensen vragen zich af: ben ik mooi? Ben ik lelijk? Hun lichaam, hun leven is één grote bouwwerf, er is geen enkel hoekje om zich veilig terug te trekken. Soms zouden ze gewoon van huid willen veranderen om weer helemaal als vroeger op hun gemak in en met hun lichaam te kunnen zijn.

Soms worden ze voor zichzelf een vreemde. Ze durven niet uit te komen voor hun eigen gevoelens en ervaringen, althans niet in welbepaalde omstandigheden of bij bepaalde mensen, vooral volwassenen. Ze voelen zich soms zo eenzaam... hunkerend naar contact.

 Illustratie

Cyrano de Bergerac
Een film van het boek
door Jean-Paul Rappenau,
met Gérard Depardieu.

De film brengt het verhaal van de grote liefde van de welbespraakte Cyrano voor zijn mooie nicht Roxane. Cyrano heeft een enorm minderwaardigheidscomplex vanwege zijn te volumineuze neus. Het meisje is echter verliefd op de mooie maar domme Christian de Neuvillette, cadet in Cyrano's regiment. Op een dag bekent Christian dat hij niet in staat is om een liefdesbrief te schrijven. Uit liefde voor Roxane zal Cyrano zich helemaal wegcijferen: hij zal Christians liefdesbrieven schrijven en diens liefdesverklaringen improviseren. Roxane's hart raakt helemaal in vuur en vlam door de honingzoete woordenvloed en ze trouwt met Christian. Maar hij sneuvelt in de oorlog en Roxane trekt zich in een klooster terug. Bij Cyrano's dood komt Roxane tot het inzicht dat hij de man was die zij echt beminde...

PRO. HACHETTE-PREMIÈRE-CAMÉRA ONE-FILMS A2-DD PRODTS. F. 1990-138'

De schone en het beest

Ken jij het verhaal van *The Beauty and the Beast*? Het is het klassieke verhaal van het beest dat onder de grond woonde omdat het zich schaamde voor zijn uiterlijk. Het is ook het verhaal van het meisje dat hem leerde kennen zoals hij werkelijk was: een goedaardig iemand met een prachtig karakter.
Toen de serie werd vertoond, werd er een enquête gehouden onder de vrouwelijke kijkers. Bijna alle vrouwen die naar de serie keken, bleken in stilte verliefd op het 'beest'. Het publiek hield van hem om zijn mooie stem, om zijn karakter en om de manier waarop hij met het meisje omging. Die twee hadden geen liefdesrelatie, er was totaal geen sprake van seksuele aantrekkingskracht. Het was de ware vriendschap, die zich niets aantrok van uiterlijke kenmerken, en die de vrouwen ertoe bracht verliefd te worden op een 'beest'!

Getuigenis

Mijn lichaam maakt me eenzaam
' Ik zit met een vervelend probleem, namelijk eenzaamheid. Deze eenzaamheid is grotendeels te wijten aan het feit dat ik spastisch ben. Daardoor kan ik niet goed lopen. Daar ik spijtig genoeg met dat ongemak geplaagd ben, kom ik niet veel buiten. Als ik het soms waag met kennissen eens een stapje in een dancing te zetten, word ik spottend bekeken. Begrijpen die mensen dan niet dat ik er net als zij recht op heb een gezellige sfeer op te zoeken? Ik zou jongeren willen ontmoeten die het niet uitmaakt dat ik lichamelijk wat "afwijkend" ben, zodat ook ik vriendschap kan opbouwen.'
S.L.

Een nieuw seksueel lichaam

De onzekerheid over zichzelf en het eigen lichaam wordt nog versterkt door de manier waarop de omgeving naar jonge mensen kijkt of lonkt en soms dubbelzinnige bedenkingen over de 'seksuele' veranderingen in hun lichamelijke verschijning ten beste geeft. Die veranderingen en toespelingen verwijzen naar de wereld van de volwassen seksualiteit die, ofschoon er vandaag bijna geen taboes meer (lijken te) bestaan, toch nog altijd geheimzinnig en gevoelsgeladen blijft.

Getuigenis

Over je lichamelijke gevoelens kunnen praten
' Ik begrijp heel goed dat je je zelfvertrouwen verliest als je een opmerking over je uiterlijk te horen krijgt. Vaak kiest men een schuchter, verlegen iemand als mikpunt uit, iemand die niet durft te reageren. Ik heb één advies: probeer eens een stap te zetten uit je schuchterheid en kom op voor jezelf. Ik ben er zeker van dat de anderen versteld zullen staan.
Ik kwam ook eens voor mezelf op, terwijl ze dat van mij niet verwachtten. Ik voelde me daardoor een stukje zekerder van mezelf en ik voel me er goed bij.'
FEDERICO

Hopeloze wanverhoudingen

Jongens krijgen — soms nogal bruusk — te maken met wat men noemt 'de baard in de keel'. En dat kan nogal eens 'pijnlijk' zijn. Het is niet eenvoudig te moeten 'rouwen' om de stem, waarmee men reeds jaren vertrouwd was. Of ze voelen zich ongemakkelijk met de acne of puistjes op hun gezicht. Of ze voelen zich verveeld met hun slungelachtige gestalte. Ze groeien voortdurend uit hun schoenen en kleren. Hun lijf en benen lijken soms zo met elkaar in wanverhouding, dat ze zich erg onhandig gaan voelen.

 Getuigenis

Het perfecte lijf bestaat niet
'Het is heel belangrijk om je goed te voelen in je eigen vel. Elk lichaam is iets heel unieks, specifiek eigen aan jezelf. Wat anderen erover zeggen kan misschien wel hard aankomen, maar het perfecte lijf bestaat niet. Je lichaam is iets waar je weinig aan kunt veranderen, en waarmee je dus moet leren leven. Het is moeilijk, maar als je eenmaal jezelf aanvaardt zoals je bent, loont het echt de moeite. Je mag niet vergeten dat veel opmerkingen over je uiterlijk niet direct persoonlijk bedoeld zijn om je te kwetsen. Ze worden er vaak zomaar uitgeflapt. Vaak weet degene die ze er uitflapte enkele minuten later al niet meer dat hij je beledigd heeft. Veel opmerkingen over iemands uiterlijk worden vaak alleen gemaakt om bij de anderen van de groep interessant over te komen!'
DARIO

Man-o-man!

Soms vluchten jongens voor hun eigen grillige lichamelijkheid in de absolute en zuivere wereld van de gemakkelijk hanteerbare ideeën. Redenerend en discussiërend als echte jongleurs kunnen ze even de beperkende eisen van hun beperktheid vergeten. Op andere momenten zal hun jonge lichaam zich met een tot dan toe ongekende intensiteit uitleven, bijvoorbeeld in sport en spel, lichamelijke machtsuitoefening, wreedheid en geweld tegenover anderen (kinderen, meisjes, oude mensen, voorbijgangers).

En het belangrijkste is misschien wel wat het meest verborgen is, namelijk de erecties (het stijfworden van de penis) waarmee ze steeds vaker geconfronteerd worden. Die gaan dan al of niet gepaard met (nachtelijke) zaadlozingen, die mogelijk geworden zijn door de hormonale werking van

de hypofyse (een kleine klier aan de onderzijde van de grote hersenen). Al is dat een heel normaal zichtbaar teken van het man worden, toch voelt de jongen zich vaak verlegen, vooral wanneer iemand anders het zou kunnen merken, of zijn bed opmaakt. Jammer genoeg vertoont ook de omgeving zelf meestal een zekere terughoudendheid om dat onderwerp ter sprake te brengen. En zo blijft de jongen alleen met zijn verwarring en vragen over het fenomeen dat zijn lichaam nu stoffen produceert, waardoor hij vader kan worden.

Omdat ik er nog te jong uitzie
'Ik ben 17,5 jaar en ik heb geen vrienden. Ik voel me altijd alleen. Op school moet ik altijd zelf bij een groepje gaan staan, waar ik dan toch niet voor 100 % aanvaard word. Nooit komt er eens iemand naar mij toe om vriendschap. Mijn klasgenoten zien me gewoon niet staan. De meisjes vinden me belachelijk en kijken op me neer: ik zie er niet "macho" genoeg uit. Ik word steeds in de steek gelaten en als er ooit iemand het woord tot me richt, is dat omdat ze iets nodig hebben. En zelfs dat proberen ze nog zoveel mogelijk te vermijden. Bij debatten word ik nooit betrokken en naar mijn mening wordt niet geluisterd. Ik lijk wel lucht. Ik vraag me echt af of ik zo "anders" en "onvolgroeid" ben. Waarom gaan ze op mijn uiterlijk af? Ik ga niet uit, ik durf nog niet. Ik denk dat ze me aan de ingang zullen tegenhouden, omdat ik er nog te jongensachtig uitzie. Iedereen op school praat over liefjes en relaties; ik heb geen van beide. Mijn ouders sluiten zich voor
me af en in mijn vrije tijd ben ik steeds op mezelf aangewezen. Als enige troost heb ik een computer, maar dat is natuurlijk niets vergeleken met wat de anderen van school hebben. Ik doe niet aan sport, want ik ben allesbehalve sportief aangelegd. Ben ik een hopeloos geval of is er nog hoop?'
ROBY

Vrouw-o-vrouw!

Ook meisjes gaan door ingrijpende lichaamsveranderingen. Zij krijgen hun maandstonden en merken dat hun figuur en silhouet verandert. In deze groeiperiode bouwen ze een beeld over de 'ideale figuur' op volgens de verwachtingen, eisen en waarden van de vriendengroep en van allerlei media. Ze voelen zich mooi of lelijk naarmate ze dit ideaalbeeld meer of minder benaderen. Sommige meisjes hebben bijzonder veel moeite om de uiterlijke beperktheden van hun lichaam te aanvaarden, en gaan overdreven diëten of overwegen zelfs esthetische chirurgie om de onvolkomenheden te corrigeren of te verfraaien *(voor meer achtergronden, zie verder hoofdstuk 5, Het opgesmukte lichaam).*

Diëten: het gespreksonderwerp!
'Onder vriendinnen zijn diëten en gewichtsproblemen eigenlijk hét gespreksonderwerp. Elke dag vraagt wel iemand "Ben ik niet te dik? Ben ik al vermagerd?" Soms gaan we zelfs zo ver dat we een uitvlucht verzinnen om niet te hoeven zwemmen. Dan zien de anderen, en vooral degenen die magerder zijn, ons niet in badpak.'
ERLINDE

Laxeermiddelen
om te vermageren
'Ik ben constant bezig met wat ik eet.
Iedere keer opnieuw probeer ik een
ander dieet uit. Ook laxeermiddelen
heb ik wel eens genomen om te verma-
geren. In tijdschriften en op televisie
zie je zoveel slanke meisjes dat je er
depressief van wordt. Vooral omdat ik
mezelf altijd met die meisjes vergelijk.'
CELINE

Prikkel

Welk lichaamsmodel steekt er achter dieetsuggesties?

Met de regelmaat van een klok publi-
ceren allerlei bladen dieetsuggesties,
in de zin van *'een eet-wat-je-graag-*
lust-en-val-toch-af-dieet' (super-
grote-slank-bijdrage), *'eet je mooi',*
'slank & lekker: het enzymendieet',
'van een dieet word je dik: twaalf

redenen om niet op dieet te gaan' of
'geloof niet langer in dieetmythes en
val misschien echt eens af'. Verzamel
er enkele gedurende een maand en
ga dan kritisch na welk lichaamsmo-
del men onwillekeurig suggereert.
Confronteer het met de visie in dit
boek en ook met de visie van leeftijdsgenoten en volwassenen uit je
omgeving.

Troost zoeken in zoetigheden?

Ook het metabolisme verandert. Het
metabolisme is de manier waarop het
lichaam omspringt met de calorieën
die het uit voedsel haalt. Het lichaam
slaat vetreserves op waardoor het
nodig kan zijn de voeding aan te passen. Dit is echter niet gemakkelijk,
precies op een tijdstip dat jonge
meisjes zich vaak slecht in hun vel
voelen, zodat ze nog meer geneigd
zijn zich met zoetigheden en snoep te
troosten.

*Ik ga vaak op
de weegschaal staan*
'*Bijna iedereen van onze klas is met
zijn gewicht bezig. Het is in de mode
om slank te zijn. Ik probeer daarom
zo weinig mogelijk te snoepen en
vooral niet te veel te eten. Ik ga ook
heel vaak op de weegschaal staan,
om alles onder controle te houden.*'
VALÉRIE

Ik kan niet van de snoep afblijven
'*Ik zit met een probleem. Ik ben veel
te dik. Ik zou graag afvallen, maar ik
kan niet van de snoep afblijven. Zijn
vermageringspillen misschien de
oplossing? Werken ze? Vanaf welke
leeftijd kun je ze verkrijgen? Want ik
weeg minstens tien kilogram te veel.
Moet ik minder eten? Maar ik kan het
snoepen niet laten!*'
J.J., 16 J.

Het kokervormige lichaam als ideaal?

Jongens hebben veel minder de neiging om te diëten, omdat hen een
maatschappelijk ideaal van gespierde
mannelijkheid wordt voorgehouden.
Zij voelen zich ook meer aangetrokken tot sport. Het 'ideaal' gewicht
speelt vooral meisjes parten. Zij spiegelen zich aan de slanke mannequins
uit de publiciteitswereld. Volgens een
recent onderzoek onder 800 scholie-
ren uit het hoger secundair onderwijs
gebruikt één op zeven meisjes boven
de vijftien jaar laxeermiddelen om te
vermageren en het Twiggy-ideaal te
halen. Het kokervormige lichaam met
smalle heupen en kleine borsten,
waarmee het fotomodel Twiggy in de

jaren zestig furore maakte, doet het
nog steeds. Twiggy was niet alleen
mooi, ze was vooral mager. Vóór
Twiggy in 1965 verscheen, was het
ideaal gewicht nooit zo laag geweest
en nadien is het nooit meer echt
gestegen. Vóór 1965 was er steeds
een golvende beweging. Nu eens
slank en jongensachtig, dan weer
rond à la Marilyn Monroe. Sinds méér
dan 30 jaar moeten meisjes en vrouwen mager zijn. Dat blijkt niet alleen
uit de modellen in de tijdschriften
maar zelfs uit het Barbie-speelgoed.
In hoofdstuk 5 Het opgesmukte
lichaam gaan we dieper in op het
onderliggend maatschappelijk en cul-
tureel waardepatroon.

Als tijdens de puberteit bij meisjes
het gewicht toeneemt door vetafzet-
ting ter hoogte van dijen en borsten,
zien velen diëten als de enige uitweg.
Verontrustend is dat niet alleen de
leeftijd steeds verlaagt maar dat ook
de intensiteit van anorexia of magerzucht toeneemt. Enkele jaren geleden
was 35 kilogram al heel uitzonderlijk.
Nu krijgen artsen en psychologen
geregeld meisjes van 16-17 jaar (met
een gemiddelde lengte van 1,65 m)
over de vloer die 28 tot zelfs 24 kilo
wegen. Ze zijn allen perfect op de
hoogte van ziekten als anorexia en
boulimie (eetzucht). Toch willen ze,
zonder uitzondering, vermageren.

Jongens willen een slanke vriendin
'*Jongens vinden het heel belangrijk
dat hun vriendin er slank uitziet. Als
je vermagerd bent, zien ze het niet.
Maar als je verdikt, zijn zij de eersten
die het opmerken. Daarom nemen
veel van mijn vriendinnen hun toevlucht tot diëten. Velen slaan 's mor-*

gens het ontbijt over en gooien de helft of meer van het eten dat ze van thuis meekrijgen, weg. *Er wordt ook onder elkaar veel over gepraat, zodat men elkaar onwillekeurig opjut om met allerlei vormen van diëten en zelfs laxeermiddelen te experimenteren.'*

KAROLIEN

Meisjes lijnen zich ziek

Diëten die uitsluitend inwerken op het gewicht, kunnen gevaarlijk zijn voor de gezondheid. Het overdreven bezig zijn met 'lijnen' kan leiden tot magerzucht of 'anorexia nervosa' (uithongeren). Er zijn uiteraard nog heel wat andere redenen waarom meisjes niet kunnen eten of lijden aan magerzucht. Om alle misverstanden te vermijden is het tevens belangrijk te weten dat magerzucht ook bij jongens kan voorkomen, bijvoorbeeld wanneer ze hun nieuwe lichaam monsterachtig vinden en zich tegen de veranderingen verzetten. Toch komt magerzucht het meest onder jonge meisjes voor, namelijk uit schrik om dik te worden, of uit vrees vrouw te worden. Ze kunnen ook zo bang zijn voor hun ontluikende seksualiteit dat ze weigeren een echt 'vrouwelijke' en dus ook seksueel begerenswaardige vrouw te worden.

Dat verlangen naar slankheid wordt mede in de hand gewerkt door de publieke 'boodschap', in allerlei reclame en media, dat iedereen zijn gewicht kan kiezen. Volg dit dieet en verlies zoveel kilo in een week. Dat klopt echter niet, omdat het gewicht van iemand ook erfelijk bepaald is. Maar die boodschap schept wel een (verkeerd maar hardnekkig) schuldge-

voel bij vele meisjes. Ze redeneren: als ik te veel weeg, is het mijn schuld, vooral als ik er niets aan doe. Psychologe Myriam Vervaet: *'Ik zeg al zo lang tegen mensen: eet toch eens wat regelmatiger, het is niet zo erg om zestig te wegen in plaats van vijftig. Maar de rest van de wereld blijft jammer genoeg verkondigen dat vijftig kilo beter is dan zestig.'* In hoofdstuk 5 Het opgesmukte lichaam gaan we verder in op de maatschappelijke en culturele achtergronden van dit verschijnsel, en ook op die van wat hieronder over 'overeten' en boulimie aan bod komt. Daar is de invalshoek vooral maatschappijkritisch, hier wordt alles benaderd vanuit de persoonlijke groei-opgaven waarmee jonge mensen te maken krijgen.

Ik sta mezelf constant uit te schelden
' Twee jaar geleden heb ik op mijn eentje een dieet gevolgd en ik ben 11 kg afgevallen, zodat ik minder met mijn lichaam overhooplag. Toen ging ik op kamp in Zwitserland. Daar was ook een meisje dat ik kende van school, maar alleen van zien. Aanvankelijk was ze heel vriendelijk, maar toen ze op dat kamp andere vriendinnen kreeg, werd ik constant beledigd en uitgescholden. Na twee dagen klaagde ik over mijn rug (ik heb een zeer zwakke rug) en de rest van de vakantie heb ik in het kliniekje gelegen om bij hen weg te zijn. De medicatie die ik kreeg voor mijn rug, spoelde ik door het toilet. Het gevolg van die vakantie was dat ik nu afwisselend anorexia- en vreetaanvallen krijg. Die vreetaanvallen zijn het erg-

ste. Ik sta me dan ook constant voor de spiegel uit te schelden. Soms steek ik mijn vinger in mijn keel, soms neem ik een braakmiddel en dan zet ik de muziek zo luid dat mijn ouders me niet horen braken. Ik ben zeer ontevreden over mezelf. Niet alleen ikzelf, maar ook mijn ouders en mijn jongere zus hebben last van mijn humeurigheid. Ook mijn studies lijden eronder. Mijn moeder probeert me te helpen, maar ze staat machteloos. Er is mij al aangeraden om naar een psycholoog te gaan maar ik durf dat niet, hoewel ik weet dat het eigenlijk zou moeten... Ik zou graag mijn oude "ik" terugvinden. Maar ik vrees dat ik daarvoor hulp nodig heb...'

SAARTJE

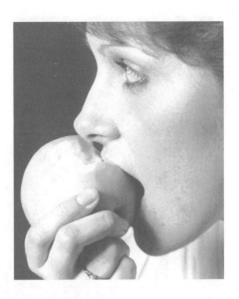

Overeten

Reactie : als je echt twijfelt, ga dan naar je huisarts

'Laat je niet opjutten door je klasgenoten of je vriendenkring. Want het wordt alleen maar erger, het blijft echt niet bij de puberteit. Een collega van mij is 26 en weegt 59 kilo. Ze heeft confectiemaatje 36 (kleinste damesmaat). Zij vindt zichzelf echter te dik. Juist door dit soort verhalen gaan meisjes die een normaal lichaamsgewicht hebben, twijfelen aan zichzelf. Als je echt twijfelt, ga dan naar je huisarts. Hij of zij kan je vertellen of je werkelijk te zwaar bent en wat je er eventueel aan kunt doen. En als de arts je verzekert dat je een goed lichaamsgewicht hebt, geloof dat dan! Ga niet experimenteren met je lichaam, daar is het veel te kostbaar voor!'

DÉSIRÉE MEEX

Het overdreven bezig zijn met de lijn kan echter ook leiden tot de tegenovergestelde ziekte, namelijk vraatzucht of boulimie (overeten en braken). Boulimie is de sterke drang om te eten, om zich te vullen, ook al heeft men geen honger, om alles te verslinden wat onder de handen komt en het daarna weer uit te braken. Bij sommige meisjes wisselen de vlagen van magerzucht en boulimie elkaar af.

Boulimie is zo mogelijk nog een groter probleem dan anorexia, omdat 'eetzucht' niet zichtbaar is voor de buitenwereld. Een boulemisch iemand heeft een ideaal gewicht. Zij krijgt nooit eetaanvallen waar de anderen bij zijn. Nooit braakt ze als ze weet dat moeder op de badkamer zou kunnen komen. Myriam Vervaet stelt: 'Thuis komen ze er vaak heel toevallig achter. Tegen mij zegt de dochter dan dat ze al tien jaar braakt. De moeder is dan stomverbaasd. In al die jaren had ze niet het minste vermoeden.'

Eten tot je erbij doodvalt

Paul Jambers, de sterreporter van de Lage Landen, ging een tijd geleden op zoek naar mensen die worstelen met een heel bijzondere vorm van verslaving. Mensen die geobsedeerd zijn door en verslingerd aan eten. Zij proppen zich de maag vol met ontzettende hoeveelheden voedsel. Eerst treedt dan een gevoel van voldaanheid op, maar algauw komen velen in een vicieuze cirkel terecht. Sommigen drijven hun obsessie zelfs zo ver dat ze zich haast letterlijk de dood in eten. In het programma vertellen ze Paul Jambers hun verborgen lijdensweg. De montage biedt heel wat gespreksstof! Is te verkrijgen bij VTM, B-1700 Vilvoorde.

Bittere chocola

Eva is dik en ze weet zeker dat iedereen de spot met haar drijft. Om dat nare gevoel kwijt te raken gaat ze eten: chocola en haringsla met veel mayonaise. Op alle narigheid reageert ze door te eten — en daardoor wordt alles alleen nog maar erger! Als ze Michel ontmoet is ze heel onzeker. Zij een vriend? Maar het lijkt er veel op dat hij dat toch wil zijn. Ze gaat met hem uit en ontdekt dat ze heel goed danst — en dat ze dat heerlijk vindt om te doen. Ook Franziska, een meisje uit haar klas, zoekt contact met haar en langzaam overwint Eva haar wantrouwen. Ze gaat inzien dat het haar eigen houding is die haar in de weg zit, en niet haar kilo's te veel. Mirjam Pressler, de schrijfster van deze jongerenroman, woont met haar vier dochters in München. Het boek werd bekroond met de Oldenburger Jugendbuchpreis. De Nederlandse vertaling werd uitgegeven door Uitgeverij Leopold.

Toen kreeg ik maagkrampen
' *Toen ik 16 was, vond ik mezelf veel te dik. Sommigen zeiden wel dat dit niet zo was, maar ik begon toch te diëten. Dit hield in: 's morgens niets eten, 's middags niets eten, enkel 's avonds warm eten. Ik snoepte ook niet meer. Ik hield dit een tweetal weken vol, maar toen kreeg ik maagkrampen en ik had altijd pijn. Tegen mijn moeder kon ik niet zeggen dat ik maagpijn had, want ze had me op voorhand gewaarschuwd. Nu eet ik weer gewoon, maar snoep niet meer. Ik voel me nu oké en probeer me goed te voelen in mijn vel.*'
KATHLEEN

Iets doen aan je gewichtsproblemen

Wie echte of vermeende problemen heeft met het eigen gewicht, kan maar beter niet te lang wachten met het raadplegen van een arts die niet alleen goed op de hoogte is van voedingsproblemen maar ook van het gevoelsleven van jongeren. Wie met dergelijke problemen te kampen heeft, mag ze in ieder geval niet onder de mat vegen. Erover spreken met een vertrouwenspersoon is de boodschap.

Ik werd meewarig bekeken als we gingen zwemmen
' *Vroeger was ik helemaal niet opgetogen over hoe ik eruitzag. Ik ben klein van gestalte. Toen ik op de middelbare school zat, had ik kleine borsten. Bijna iedereen van de klas had grotere. Bij mij zag je bijna niet dat ik er had. Ik werd uitgelachen of meewarig bekeken als we met de klas gingen zwemmen. En ik, die dolgraag zwem, verzon allerlei smoesjes om toch maar niet te hoeven zwemmen. Langzamerhand heb ik het leren aanvaarden dat ik zo ben, vooral dankzij een lerares die aandrong om toch mee te gaan zwemmen en mij dan tegen spot verdedigde. Ik heb nog altijd geen grote borsten, maar ik voel me goed in mijn vel. Ik heb een schat van een vriend. Hij aanvaardt me en houdt van me zoals ik ben. Hij vindt me het mooiste meisje dat er op de wereld rondloopt. En er gaan al gauw huwelijksklokken klinken, want volgend jaar trouwen wij! Je hoeft dus jezelf niet te haten. Ieder mens is uniek, ook door zijn figuur!*'
TRUUS, 21 J.

Niet om aan te zien!
' *Mijn vader is een alcoholist. Door de week is hij bijna nooit meer thuis. Hij gaat kaarten, naar het voetbal, of iets wegbrengen. Meestal komt hij dronken thuis en begint eerst ruzie te maken met mijn moeder, daarna met mij. Hij scheldt me uit voor "lelijke eend", omdat ik mollig ben en te brede heupen heb. Dan kan ik nooit mijn mond houden. Soms zou ik willen weglopen. Ik weet dat dat niet de juiste oplossing is, maar ik kan er met mijn moeder niet over praten. Zij is immers ook zo mollig, en onmogelijk breed. Ik vrees dat ik later ook zo zal zijn.*'
NATASJA, 17 J.

Hou je lichaam aan de praat met supertip nr. 3

Wakker worden

Wakker worden is méér dan gapen. Echt wakker worden is een levenskunst die weinig mensen verstaan. Voor velen is wakker worden een dagelijks kwaad, een muur, een hinderpaal, die een groot stuk van hun dag vergalt en meestal ook van hun omgeving. Voor hen die de kunst verstaan, is het een wonderbare ervaring.

Enkele tips

☛ Begin bij het wakker worden je eerst van top tot teen uit te rekken, langzaam maar intens.

☛ Sta op, maar niet te bruusk, want dit is slecht voor het hart en de bloedsomloop.

☛ Schud je spieren langzaam los: je linkerarm, rechterarm, je voeten, benen en hoofd en buig je romp naar links en rechts, naar voren en achteren.

☛ Was je grondig, neem een douche als het kan.

☛ Eindig met een korte dagmotivering, meditatie of doorleefd gebed.

Het leven maakt me wakker.
Maar wakker zijn betekent nog niet: opstaan.
Wakker worden overkomt je,
het is verzadiging van slaapbehoefte.
Opstaan is een keuze.
Het is beweging.
Soms ben ik wakker, maar sta ik niet op.
Soms sta ik op, maar ben ik niet wakker.

Het leven maakt me wakker

Opstaan als ritueel:
de wekker
de 'nog-even-duik'
het onontkoombare moment van 'nu',
de rand van het bed
de rand van de dag
de sloffende gang naar de badkamer,
vermijden om in de spiegel te kijken
– want spiegels maken klaarwakker –
het stereotype patroon van kleren aantrekken.
Koffie als zwijgende extase.
Rituelen ontmoeten niets.
Ze herhalen eindeloos zichzelf
in een grote leegte rondom zichzelf.
Ze maken het leven dagelijks gemakkelijk.
De rituele mens staat nooit op:
hij slaapwandelt door de dag...

Opstaan als overgave.
Ik kan me ook bewust worden dat ik leven ben,
dat het leven in mij opstaat.
Ik kan het leven tot leven brengen
door te leven
door op te staan.
Ik kan me bewust worden
dat het leven niet ginder is, niet dáár,
maar hier in mij.
Het leven staat op in mij,
ik sta op in het leven
ik leef
alles begint te leven omdat ik leef.

MARCEL PLOEM
DIT IS SLECHTS EEN FRAGMENT UIT EEN LANGERE, PITTIGE TEKST OVER OPSTAAN,
DIE JE VINDT IN HET BOEK VAN MARCEL PLOEM, *EEN WEG NAAR BINNEN. GIDS VOOR ZOEKENDE MENSEN.*
TIELT, LANNOO, 1996, P.34-38.

HOOFDSTUK 3

Ontdekkingstocht naar binnen

Inleiding

Jong-zijn is ook je eigen binnenkant ontdekken en leren aanvaarden, als een bron van mogelijkheden. Wie bevriend is met zichzelf, zal ook stap voor stap de uitdagingen aankunnen.

Om boven je spiegel te hangen!

Jezelf leren kennen is in contact komen met wat er in je omgaat aan gevoelens, verlangens, stemmingen, gewaarwordingen, fantasieën, talenten en onhebbelijkheden, met goede en slechte kanten, sterke zijden en kwetsbare plekken, met temperament en verleden...

Illustratieboek

Zomer zeventien

In de jeugdroman *Zomer zeventien* schetst Ed Franck de ontdekkingstocht van Peter naar binnen (Hasselt, Clavis, 1990, 160 p.). Peter heeft veel problemen. In de zomer dat hij zeventien wordt, probeert hij hieruit een uitweg te zoeken. Zijn uitweg vindt hij tijdens een eenentwintig dagen durende fietstocht naar Santiago de Compostela.Het verhaal eindigt op een nieuwe, schoongeveegde horizon: 'Een ingeboren gevoel voor onafhankelijkheid had zich bij hem langzaam, in de loop van de tocht, vrijgemaakt. En nu was het dwingend en eisend geworden. Hij wilde verder, steeds verder. Niet dat hij geloofde dat er ergens een plek was waar de lucht altijd blauw was. Nee, eerder omdat zo'n plek niet bestond. En als men hem bij de kraag zou pakken en terugsturen, of als hij uit eigen beweging besliste terug te gaan, dan had hij binnen in zich een klein eiland met vaste grond, waarop alle herinneringen opgeslagen zouden liggen en waarop hij zich kon terugtrekken.' (p. 159).

Iets

'k Voel het sinds een hele tijd al:
er ontbreekt iets, een gemis.
't Is zo moeilijk uit te leggen;
er is iets wat er niet is.

Stond er maar iets te gebeuren,
was er maar iets aan de hand:
Hier verveelt zich dus te pletter
't braafste meisje van het land!

O, ik wil zo graag, al was het
slechts omwille van het rijm,
iets wat echt alleen van mij is;
het is tijd voor een geheim!

ANDRÉ SOLLIE, *ZEG MAAR NIKS*,
ANTWERPEN-BAARN, HOUTEKIET, 1991, P. 16

Item 1
Je bent rijk van binnen

Je bent mooier dan je denkt!

Heb jij dat ook?

Wanneer iemand iets positiefs over je
zegt, dat je dat innerlijk veel deugd
doet, maar je het uiterlijk zo moeilijk
hebt om het te beamen?

Doe de proef

Telkens iemand vanaf nu iets positiefs
tegen je zegt, beaam je het met:
'Dank je wel!' Méér hoef je niet te
doen. Belangrijk is hier dat je zeer
attent bent en de positieve dingen die
men je zegt of over je zegt, eerst leert
ontdekken. Velen trouwens willen het
onbewust niet horen.

Als je hiermee klaar bent, kun je
beginnen met een ongelooflijke ontdekkingstocht. Neem ruim de tijd
voor de reis. Ga voor een spiegel
staan. Bekijk je aangezicht en blijf
staan bij je lippen, je huidskleur,
de bewegingsmogelijkheden.
Maar er allerlei gekke bewegingen
mee. Ontdek dan de taal van de lippen.
Je kunt op zestien manieren lachen.
Zoek eens naar deze zestien vormen
en oefen je erin, want met een glimlach open je de harten, leg je banden,
en maak je jezelf bemind.

Met je lippen kun je kussen.
Opnieuw een wonderbaar expressie-
middel. Velen ontdekken nooit de
rijke variatiemogelijkheden van het

kussen. Oefen zelf in de spiegel.
Het lijkt misschien wat vreemd.
Maar het is een kunst.

Wanneer je eenmaal de waarde van je
lippen ontdekt hebt en in je leven een
plaatsje hebt gegeven, kun je doorgaan en je hele lichaam rustig verder
ontdekken. Neem je tijd. Is er een
lichaamsdeel waarover je niet tevreden bent, waar je je voor schaamt,
wat je last bezorgt, je hindert?
Noteer dat deel op een afzonderlijk
blad. Maak je voorlopig hierover niet
ongelukkig.
Wees ervan overtuigd dat elke mens
zo'n schaduwblad heeft.
In een tweede fase gaan we op deze
schaduwzijden in.

Op bezoek bij jezelf (egotrip 1)

Maar eerst gunnen we onszelf ruim de
tijd en de kans om het positieve in
onszelf te ontdekken, te aanvaarden
en te waarderen.
Sta eens uitdrukkelijk stil
bij je positieve karaktertrekken en
mogelijkheden.
Wat kan ik goed? Wat doe ik graag?
Waar heb ik aanleg voor? Welke zijn
mijn talenten? Wat interesseert mij?
Waar droom ik van?
Neem een groot blad en schrijf in het
midden van het blad die positieve elementen van je persoonlijkheid
in een groene kleur daarop neer.

Het eindresultaat van deze eerste
tocht is dat je groeit in zelfvertrouwen
en ook de kracht vindt om je schaduwkanten aan te pakken, te verwerken, om te vormen of te aanvaarden.

Verzoen je met je donkere zijde

Als je dieper over jezelf nadenkt en
eerlijk in je binnenste kijkt, dan overvalt je wel eens het gevoel dat je in
een dubbele wereld leeft: dat je leeft
in een wereld van licht, maar ook in
een wereld van duisternis. Je ontdekt
op moeilijke momenten dat er ook
ongecontroleerde impulsen en verlangens, en zelfs mogelijkheden tot
kwaad in je steken. Soms kunnen die
je in hun felheid overrompelen en je
uit je lood dreigen te slaan. Je ervaart
dit alles als het 'dubbelzinnige' in
jezelf. Je wordt er soms bang voor,
omdat je het niet altijd de baas bent
en omdat het je kan aanzetten tot wat
je zelf niet écht wil. Dan word je onge-
nietbaar voor de anderen en voor
jezelf. Dat donkere gebied in jezelf is
je 'schaduw'. En omdat je als onberis-
pelijk en 'fatsoenlijk' in eigen ogen en
in die van anderen wilt verschijnen,
verberg je je schaduwzijde zoveel
mogelijk.

Ja zeggen tegen jezelf

We lopen onszelf achterna
'Wij jongeren doen niets anders dan "onszelf achternalopen". Dat zeg ik niet zelf, dat hoorde ik ooit in een Engelse hit. Ik vond er mezelf helemaal in terug!'
LAURENT, 16 J.

Zet jezelf niet in de schaduw
'Als ik aan vroeger terugdenk, herinner ik me dat ik alleen maar een schaduwkant had: ik voelde me helemaal niet goed en een zonkant bestond niet eens. Ik was lelijk. Niemand vond me aardig en ik zou wel nooit gelukkig worden. Veel jonge mensen denken te gemakkelijk: "Ik kan niets en het zal wel allemaal mijn schuld zijn." Volgens mij moet je gewoon van de andere kant vertrekken, namelijk bij je zonkant. Zet jezelf niet in de schaduw, maar juist in de zon! Kijk wat je goede punten zijn, en hoe je deze talenten kunt ontplooien en hoe je er mooie dingen mee kunt doen. En daarna kun je gaan kijken wat je minder goede kanten zijn, en hoe je die kunt verbeteren.'
WINNIE, 19 J.

Struisvogelpolitiek brengt je geen stap vooruit in je groei. Het vraagt wel eerlijke moed om jezelf te durven zien zoals je bent: met je zonkant, maar ook met je schaduwzijde. Die onmisbare zelfkennis behoedt je ervoor een dubbele, gespleten persoonlijkheid te worden, die zich steeds anders voordoet dan ze is. Om te slagen in het leven mag je het duistere 'ik' niet verkrampt van je afschuiven. Je zult het deemoedig moeten leren aannemen en erkennen: dat ben ik, dat alles, het goede en stralende, maar ook het ongeordende en troebele hoort bij mij.

Pas wanneer je je met je schaduw verzoent, kun je in vrede leven met jezelf. Ontwijk dus de donkere kant van jezelf niet, voer geen nodeloze oorlog tegen jezelf. Verdring niets van jezelf, maar koester evenmin jezelf in je negatieve keerzijde. 'Ja zeggen tegen het leven, is ook ja zeggen tegen jezelf. Ja, ook tegen de eigenschap die het moeilijkst te veranderen is van bekoring in kracht.'
(Dag Hammarskjöld, in 'Merkstenen')

Niet vluchten voor je keerzijde! (egotrip 2)

Ga een tweede maal op bezoek bij jezelf en blijf eens eerlijk stilstaan bij je zwakke en kwetsbare plekken, je tekorten, je karaktertrekken die jezelf of anderen hinderen, je onverwerkte, negatieve neigingen en verlangens.
Schrijf die aspecten van je 'schaduwkant' nu rondom je positieve kanten (zie hoger egotrip 1) in een rode kleur op je blad.

Hadden we er maar wat van gezegd (over zelfdoding)

In *Hadden we er maar wat van gezegd* (Amsterdam, Leopold, 1990, 137 p.) van Jan de Zanger is zelfdoding het kernmotief. Pieter, de volwassen hoofdfiguur, kijkt na 25 jaar terug op zijn schooltijd. Hij is getrouwd, heeft zelf kinderen en werkt in een boeiende baan. Op de klassenreünie ontmoet hij zijn vroegere vrienden en vriendinnen. Ze praten over van alles en nog wat. Pieter had voor hij hier aankwam een vast voornemen. Hij wil een onderwerp dat hem na al die jaren niet loslaat, ter sprake brengen: Sietse. Sietse, het buitenbeentje van de klas, de jongste en misschien ook wel de knapste jongen, werd steeds weer gepest door de anderen. Vlak voor het eindexamen 'verongelukte' hij. Pieter weet nu dat het om zelfdoding ging. Hij vindt dat alle klasgenoten – hijzelf incluis – daar verantwoordelijk voor zijn. Maar sommigen, zoals Elly en meneer Stigter, speelden in het gebeuren een belangrijke rol. Ook hen wil hij met de harde waarheid

confronteren. Pieter dwingt bij zijn vroegere klasgenoten bewondering af door de manier waarop hij dit onderwerp ter sprake brengt. Plekjes in de stad, kleine alledaagse dingen of vergeten gezichten halen de herinneringen aan Sietse boven. De meeste klasgenoten schamen zich over hun stilzwijgende medeplichtigheid.
De Zanger analyseert het gedrag van de initiatiefnemers en van het slachtoffer en beschrijft daarbij nauwkeurig de kleine pesterijen (een fiets op het afdak gooien, schriften laten verdwijnen enzovoort) maar ook de escalatie van het hele gebeuren. Geduldig peilt hij naar het waarom. *(Rita Gesquière)*

Je leven: geen doodlopende weg, wel een straatje zonder einde!

Wil je het thema 'zelfdoding' verder uitdiepen, dan kun je onder meer terecht in een vorig E.J.-boek *Onze vriendschap is méér dan sympathie* (Tielt, Lannoo), hoofdstuk 5: Je leven: geen doodlopende weg, wel een straatje zonder einde (p. 80-93), met suggesties voor films en video's, jeugdromans, getuigenissen, doordenkers om uit de impasse te geraken. Dit boek kun je nog verkrijgen op het E.J.-Centrum (B-1702 Dilbeek), zolang de voorraad strekt.

Hol jezelf niet voorbij

niet kunt veranderen, is geen reden om zwartgallig te worden, wel realistisch én zelfs humoristisch. Want wie om zijn gebreken en schaduwkanten kan lachen, relativeert zichzelf.

Ik vlucht achteruit

'Mijn leven ligt momenteel overhoop. Ik heb geen zin om op te staan en in beweging te komen... Het gaat mij allemaal veel te snel! Het duurt allemaal veel te lang! Ik ben bang voor de verwarring die mij overvalt. Ik ben vooral bang voor de afgrond in mezelf. Ik ben helemaal nergens... Ik vlucht achteruit... vooruit... waar naartoe, ik weet het nog niet!'

ALINE, 16 J.

Jezelf aanvaarden, ook mét je schaduwzijden, betekent echter niet dat je je zomaar moet neerleggen bij je kwetsbare en donkere zelf. Het betekent wel dat je het onder ogen moet durven zien en moet erkennen. Daarna kun je je – als tweede stap – positief richten en dienstbaar maken aan de ontwikkeling van je positieve mogelijkheden en verlangens.

Vaak ga je van de veronderstelling uit dat je voor heel wat dingen in je leven niet verantwoordelijk bent. Als er iets misloopt met jezelf, schuif je het misschien op de rekening van je verleden, je ouders, je karakter, je temperament... Dan voel je je gerustgesteld, want dan hoef je jezelf niet te veranderen. Vertrek vanuit je zonkant, die je zéker ook hebt, en kijk wat je concreet aan je negatieve kanten kunt doen of hoe je ze in evenwicht kunt brengen met je sterke kanten. Leg je nooit zomaar neer bij jezelf. En wat je

Energieën die in jezelf opgestapeld liggen

Het uitgangspunt dat je voor veel dingen in je leven niet verantwoordelijk bent, remt echter heel wat mogelijke groei en geestelijke dynamiek af. Probeer daarom eens uit te gaan van het tegenovergestelde, namelijk dat jij alleen voor jezelf verantwoordelijk bent. Dan zul je merken dat je veel meer met jezelf in contact komt. Je gaat veel meer aandacht besteden aan al de mogelijkheden, die als energieën in je opgestapeld liggen, om ze aan te wenden wanneer je door je schaduwzijde naar beneden getrokken wordt. In geval van innerlijke spanningen of moeilijkheden kun je de schuld niet op anderen afschuiven. Je bent er zelf verantwoordelijk voor. Het besef dat je er alleen uitkomt als je het zelf wilt, zal je sterk stuwen om inderdaad een haalbare oplossing te zoeken en te vinden.

Je kind-zijn niet aan de kant schuiven

'Fantasie is het begin van de schepping.
We zijn te veel in een machtswereld terechtgekomen
waar geen plaats meer is voor fantasie,
waar we vergeten zijn
dat we allemaal kinderen zijn gebleven.
We hebben te vlug ons kind-zijn
aan de kant moeten schuiven.'
Laat ons met gerust gemoed
opnieuw maar even in de fantasiewereld leven.
Men heeft niet veel fantasie nodig
om zich los te maken van alledaagse dingen,
van de dagelijkse beslommeringen.
Zoek zoveel mogelijk opwindende manieren
om alledaagse dingen te doen.
Denk niet te vlug dat je gek bent of gek doet,
laat je eigen fantasie de vrije loop,
probeer je niet te storen
aan wat anderen daarvan denken.
Ga je problemen niet uit de weg,
problemen beginnen pas als we de problemen ontkennen
en het anders zouden willen.
Ga door je problemen heen.
Probeer steeds te groeien,
stilstaan is een beetje doodgaan.
Ieder van ons heeft verschillende mogelijkheden,
heeft talenten en zwakheden,
ieder van ons bezit ze allebei,
maar weet er vaak geen weg mee.
We spelen te veel onze rol.
De rol van het kind, de rol van partner,
van alles en nog wat,
behalve de rol van onszelf.
Welke rol willen we eigenlijk zelf spelen?
Laten we ons te veel in een ons opgelegd patroon duwen,
of willen we ons eigen theaterstuk spelen?

NICOLE GRYSOLLE

ZIE OOK DE LIEDEREN 'ALS EEN KIND', 'TWEE OGEN VOL VUUR' EN 'EEN MENS NAAR MIJN HART'
OP DE E.J.- C.D. 9701 'KRIEBELS IN MIJN LIJF' BIJ DIT BOEK .

Een voorspelling die zichzelf doet uitkomen

De poging om aan de verantwoordelijkheid voor jezelf te ontkomen vermomt zich gemakkelijk in slogans als: 'Ik ben nu eenmaal zo! Ik heb mezelf niet gemaakt! Ik ben maar wie ik ben! Dat kan ik niet, daar ben ik veel te lomp of te stom voor!' Die houding werkt als een voorspelling die zichzelf in vervulling doet gaan (de self-fullfilling prophecy). Als je op voorhand jezelf ervan 'overtuigt' dat aan een negatieve karaktertrek niets te doen valt of dat je iets niet kunt, dan moet je achteraf niet verwonderd zijn dat je het inderdaad niet kunt of er niet in slaagt jezelf te veranderen. Dan kun je nadien steeds gemakkelijk denken dat je gelijk had: 'Zie je wel: had ik het niet gezegd!' Je hebt het inderdaad voorspeld en het jezelf zo sterk aangepraat, dat je het jezelf onmogelijk hebt gemaakt het aan te kunnen of er iets aan te kunnen doen. Als je bij voorbaat tegen jezelf zegt, en dat vaak genoeg herhaalt: 'Daar kom ik nooit uit', dan kom je er ook nooit uit, want door je negatieve beginhouding versper je jezelf de weg om een oplossing te vinden. Je doet niet alleen een voorspelling ('Ik zal daar nooit uitkomen'), maar je laat die bovendien ook nog zelf in vervulling gaan ('Heb ik het niet voorspeld!').

 Prikkel

Een eerlijk zelfbeeld (egotrip 3)

Ga een derde maal op bezoek bij jezelf en ga na welke elementen van je schaduwkant je niet kunt veranderen en welke wel.

Onderstreep de onveranderbare elementen met paarse kleur en de veranderbare facetten met geel.
Over wat wel veranderbaar is, stel je je dan de vraag hoe je dit op een concrete en haalbare wijze kunt waarmaken en waar je nú mee kunt beginnen om jezelf te stimuleren.

Suggestie

Wanneer je daarmee klaar bent, kun je over je drievoudige egotrip misschien eens met iemand anders rustig gaan praten, bijvoorbeeld een volwassene. Zo krijg je misschien een scherper beeld van jezelf en kun je nadien je drievoudige egotrip bijwerken.

Leesportefeuille: Jongeren groeien naar binnen

Leesportefeuille met jongerenromans en poëzie over de verhouding tot zichzelf en de wegen naar het eigen binnenste, samengesteld door prof. Rita Gesquière (KU-Leuven), deskundige in jeugdliteratuur.

Ed Franck, *Zomer zeventien*, Hasselt, Clavis, 1990, 160 p.
Ed Franck, *Stille Brieven*, Hasselt, Clavis, 1988. Met illustraties van Gerda Dendooven, (poëzie).
Gil Vander Heyden, *Taartjes van glas*, Antwerpen, Houtekiet, 1989, 39 p. Met illustraties van Gerda Dendooven, (poëzie).
Gil Vander Heyden, *Een verre regenjas*, Antwerpen/Baarn, Houtekiet, 1991. Met illustraties van André Sollie.
Ted Van Lieshout, *Och ik elleboog mij er wel doorheen*, 's-Gravenhage, Leopold, 1988, 26 p., (poëzie).

Item 2
Gevoelens: jouw voelhorens

Je innerlijk beleven en ontbolsteren heeft ook veel te maken met 'gevoelens' ervaren en uiten. Gevoelens kunnen veel, heel veel mogelijk maken, maar ook veel bemoeilijken en verhinderen. Gevoelens kunnen de weg naar binnen en de weg naar de ander hobbelig maken of effenen. Je moet weten dat gevoelens heel kwetsbaar zijn en dat je ze dus niet mag verwaarlozen. Het is belangrijk dat je je ware gevoelens erkent: een onmisbare vorm van tederheid voor jezelf die tegelijk het spoor trekt naar de ontmoeting met de ander (waarover meer in het tweede boekdeel).

Schijfjes vol gevoelens

In de Nieuwstraat te Brussel bevinden zich op korte afstand van elkaar enkele grote muziekwinkels: Virgin, Megastore, Free Record, Fnac, Superclub, Metrophone. In deze winkels kun je alles of toch bijna alles op muziekgebied verkrijgen. Een van de rekken waar je niet omheen kunt, is dat met het label feelings. Schijfjes vol gevoelens. Er zijn verzameldoosjes met een mozaïek van artiesten, zoals de reeks Knuffelrock, die verschillende delen bevat, telkens met 2 cd's (Columba 28-481 452-10). Op Knuffelrock nr. 7, verpakt als valentijnscadeau, vind je nummers gezongen door o.m. Take That, Roxette, Bruce Springsteen, Janet Jackson, Guns 'n Roses, Mariah Carey, Rod Stewart, Kid Safari... (Col 481 452 2). Of je vindt er een cd vol feelings van een artiest, zoals bijvoorbeeld Elton John.
Dit is helemaal geen nieuw verschijnsel. Jaren geleden hadden wij reeds

bij vele artiesten dergelijke uitgaven. Denk maar aan de Everly Brothers, Phil Collins, Neil Young, en vul zelf maar aan.
Als je vele van deze songs eens zou beluisteren, dan zou je al vlug ontdekken hoe vaak de woorden cry en tears erin voorkomen.
Wat opvalt is dat niet alleen veel vrouwen, maar ook veel mannen op deze schijfjes zingen over hun verdriet en hun eenzaamheid, over hun scheiding en ook wel eens over hun geluk. Deze mannen zingen wel degelijk over hun gevoelens.
Misschien is de muziek voor velen hun weg naar ontlading. Anderen leggen hun gevoelens neer in een dagboek, brief of gedicht; nog anderen drukken hun gevoelens uit in een dans, tekening of schilderwerk...
Vaak durven wij onze gevoelens niet publiek te uiten uit schrik voor sentimenteel te worden gehouden. Toch betrappen wij ons op feelingsmomentjes, want we draaien deze songs, we neuriën ze, of zingen ze in het bad, of op de fiets. Ook gevoelige mensen durven soms hun gevoelens niet te uiten, omdat onze maatschappij nog altijd aanneemt dat een man hard moet zijn, in tegenstelling tot de vrouwen die zich op dit vlak minder hoeven in te houden.
Met sommige van deze liederen is zelfs een zeer gevoelige dimensie verbonden.

Ilustratie

Wij vroegen aan de jongeren die mee-
werkten aan onze brainstormsessie
Feelings of ze zo'n feeling-song uit
hun leven wilden opdiepen met het
bijbehorende verhaal.

Change your mind

'Toen ik het telefoontje kreeg, waarin
men me meedeelde dat mijn moeder
overleden was, had ik juist de cd van
Neil Young Sleep with angels opstaan,
het lied Change your mind. Telkens
wanneer ik nu dit nummer hoor, krijg
ik opnieuw kippenvel, hoor ik de telefoon, beleef ik dat pijnlijk moment
opnieuw.'
AN

Change your mind

NEIL YOUNG

When you get weak,
and you need to test your will
When life's complete,
but there's something
missing still
Distracting you from
this must be the one you love
Must be the one whose magic touch
can change your mind
Don't let another day go by
without the magic touch

Distracting you (Change your mind)
Supporting you (Change your mind)
Embracing you (Change your mind)
Convincing you (Change your mind)

When you're confused and the world
has got you down
When you feel used
and you just can't play the clown
Protecting you from this must be
the one you love
Must be the one whose magic touch
can change your mind
Don't let another day go by
without the magic touch

Protecting you (Change your mind)
Restoring you (Change your mind)
Revealing you (Change your mind)
Soothing you (Change your mind)

You hear the sound,
you wait around and get the word
You see the picture changing
everything you've heard
Destroying you with this must be
the one you love
Must be the one whose magic touch
can change your mind
Don't let another day go by
without the magic touch

Destroying you (Change your mind)
Embracing you (Change your mind)
Protecting you (Change your mind)
Confining you (Change your mind)
Distracting you (Change your mind)
Supporting you (Change your mind)
Distorting you (Change your mind)

Controlling you (Change your mind)
Change your mind (Change your mind)
Change your mind, change your mind
(Change your mind)
Change your mind

The morning comes
there's an odor in the room
The scent of love,
more than a million roses bloom
Embracing you with this must be
the one you love
Must be the one whose magic touch
can change your mind
Don't let another day go by
without the magic touch

Embracing you (Change your mind)
Concealing you (Change your mind)
Protecting you (Change your mind)
Revealing you (Change your mind)
Change your mind, change your mind
(Change your mind)
Change your mind (Change your mind)
Change your mind, change your mind
(Change your mind)
Change your mind (Change your mind)
Change your mind, change your mind
Change your mind
Change your mind, change your mind
Change your mind
Change your mind, change your mind
Change your mind, change your mind

Verander van idee

Als je zwak wordt
en je jouw wilskracht moet testen
Als het leven af is maar er
toch nog iets ontbreekt
Moet diegene van wie je houdt je
van die gedachten afleiden
Moet die het zijn wiens magische
kracht jou van idee kan doen
veranderen
Laat geen dag voorbijgaan
zonder dat magische contact

Jou afleiden (Verander van idee)
Jou steunen (Verander van idee)
Jou omhelzen (Verander van idee)
Jou overtuigen (Verander van idee)

Als je verward bent en de wereld
je ontmoedigd heeft
Als je je gebruikt voelt en
je niet de clown kunt uithangen
Moet diegene van wie je houdt
je hiertegen beschermen
Moet die het zijn wiens magische
kracht jou van idee kan doen
veranderen
Laat geen dag voorbijgaan zonder dat
magische contact

Jou beschermen (Verander van idee)
Jou genezen (Verander van idee)
Jou ontsluieren (Verander van idee)
Jou troosten (Verander van idee)

Je hoort de toon, je wacht
en vat de boodschap
Het beeld verandert al
wat je gehoord hebt
Diegene van wie je houdt moet
je hiermee veranderen
Moet die zijn wiens magische kracht
jou van idee kan doen veranderen
Laat geen dag voorbijgaan zonder
dat magische contact

Jou veranderen (Verander van idee)
Jou omhelzen (Verander van idee)
Jou beschermen (Verander van idee)
Jou bepalen (Verander van idee)
Jou afleiden (Verander van idee)
Jou steunen (Verander van idee)
Jou vervormen (Verander van idee)
Jou leiden (Verander van idee)
Verander van idee (Verander van idee)
Verander van idee, verander van idee
(Verander van idee)
Verander van idee

De ochtend komt,
een geur hangt in de kamer
Het parfum van de liefde,
meer dan een miljoen rozen bloeien
Diegene van wie je houdt
moet je hiermee omhelzen
Moet die zijn wiens magische kracht
jou van idee kan doen veranderen

Jou omhelzen (Verander van idee)
Jou verbergen (Verander van idee)
Jou beschermen (Verander van idee)
Jou ontsluieren (Verander van idee)
Verander van idee, verander van idee
(Verander van idee)
Verander van idee (Verander van idee)
Verander van idee, verander van idee
(Verander van idee)
Verander van idee (Verander van idee)
Verander van idee (Verander van idee)
Verander van idee
Verander van idee (Verander van idee)
Verander van idee
Verander van idee (Verander van idee)
Verander van idee (Verander van idee)

(VERT. LINDA VANDEVIVERE, JOËL SNICK)

Jouw gevoelige schijfjes

Opdracht 1

Maak je persoonlijke feeling-hitpara-
de met songs die je ontroeren, waaraan speciale herinneringen verbonden
zijn. Schrijf die korte verhalen in een
schrift en zet de songs na elkaar op
een cassettebandje. Vul dit aan met
telkens nieuwe belevenissen.

Schrijf ook op wat je zo speciaal boeit
aan deze songs (de melodie, de
tekst...), welke gevoelens ze oproepen, wat je er eventueel van jezelf in
herkent.

Opdracht 2

Met degenen die een dieptegesprek
willen houden, wordt vooraf de
opdracht gegeven een 'feeling-song'
uit hun leven op te diepen met het bijbehorende verhaal.

Luisterronde

Men beluistert het lied en het bijbehorende verhaal.

Gespreksronde

Vanuit dit sfeergedeelte poogt men
nu een dieptegesprek op te bouwen
over emoties in de verhoudingen.

De bedoeling is dat wij heel duidelijk
ontdekken dat jongens en meisjes
gevoelens anders ervaren en beleven.
En ook dat het heel belangrijk is in
een relatie je gevoelens te kunnen uitspreken, de gevoelens van de ander
te begrijpen en juist te interpreteren

en ermee te leren leven, met andere woorden: zich te kunnen inleven in de ander. Met elkaar gevoelens bespreekbaar maken, is geen gemakkelijke klus. Vooral omdat wij nogal gauw in de verdediging gaan als het onszelf betreft. We schermen onze gevoelens af en stellen onze grenzen, zodat de ander niet bij ons binnen kan. Dan groeit er geen ontmoeting, maar een verwijdering.

Ik voel, dus ik ben

Niet zozeer ons denken, maar vooral onze emoties bepalen hoe wij het er in ons leven, relaties, studies, werk of toekomst van afbrengen. De kansen in ons leven te slagen vergroten niet naarmate onze intelligentie hoger scoort. Een intellectueel kan aartsdom zijn, omdat hij gepast gevoel ontbeert. Het IQ bepaalt slechts voor twintig procent ons latere succes.

Wie het écht goed wil doen, moet aan zijn emoties werken. Gevoelens kunnen soms te snel zijn, maar ze kunnen evengoed te weinig ontwikkeld of verstoord zijn. Emoties hoef je niet af te zweren, maar je moet ze wel in de juiste banen leiden. Emoties zijn de sleutels naar onze toekomst. Niet dat het verstand onbelangrijk zou zijn, maar het gaat erom hart en verstand goed te laten samenwerken. We hoeven ze niet tegen elkaar uit te spelen.

Er is immers ook zoiets als 'emotionele intelligentie'. We denken niet alleen met ons verstand maar ook met ons gevoel. Door gevoelig te worden voor bepaalde zaken, situaties of personen, kunnen we ook beter ontdekken en inzien wat er fout loopt of op het spel staat.

Het geeft te denken dat momenteel vijfhonderd Amerikaanse scholen het emotionele alfabet bijbrengen via een vak dat zijn plaats krijgt naast fysica en wiskunde!

Gevoelige getuigenissen van jongeren (reeks 1)

Huilen
'*Het is nu drie jaar geleden dat mijn beste vriend overleed. Op die bewuste dag reden wij samen van school naar huis. Uit tegenovergestelde richtingen kwamen twee vrachtwagens naar elkaar toe en net voor ons passeerden ze elkaar. Mijn vriend werd daarbij omvergereden. Hij stierf letterlijk in mijn armen. Op dat moment voelde ik verdriet zoals ik nog nooit gevoeld had, de tranen welden in mij op. "Waarom hij?" was een vraag die later door mijn hoofd ging. Op het moment zelf was mijn hoofd leeg, ik kon niet meer denken. Ik huilde en ik zat daar met Bert in mijn armen. Ik zag politiewagens en ziekenwagens, maar ik besefte niet wat zij daar deden. Het enige wat ik zag was Bert, vol bloed. Ik voelde woede en verdriet: verdriet om het verlies en woede tegenover de chauffeur. Ik herinner me nog goed dat ik hem toeriep: "Wacht maar, op een dag kom ik je vermoorden, want jij hebt mijn beste vriend gedood."'*
BRAM, 17 J.

Verdriet
'*Op een dag kwam een van mijn twee poezen niet meer naar huis. Het was juist die ene poes die niet vaak*

naar buiten ging. Ze was altijd aan-
wezig als ik thuis was en als ik huiswerk maakte lag zij steeds op mijn
boeken. Bij haar voelde ik een gevoel
van tederheid, omdat ze steeds met
haar kop tegen mijn benen duwde als
ze gestreeld wilde worden. Als ik verdrietig was, huilde ik naast haar en
dan begon ze te spinnen. Een dag na
haar verdwijning vond mijn moeder
haar vlak voor ons huis. Er was bloed
op haar kopje en ze bewoog niet
meer. Ik denk er nog vaak aan in mijn
dromen, omdat ik weet dat er die dag
een zware brand woedde in de stad
en onze buren werden opgeroepen.
Er klonken harde sirenes en ze vlo-
gen de straat uit en toch heb ik nog
mijn kat geroepen. Ze is dus waarschijnlijk aangereden door de brand-
weerauto. Ik huil nog steeds als ik
een foto van haar zie, want we hadden samen al veel meegemaakt. Ik
had echt de indruk dat ze mij
begreep, en dat beeld van haar dood
zal nooit uit mijn geheugen verdwijnen.'
LINDSAY, 19 J.

Bang
'Ik ben altijd bang omdat ik denk dat
ik alles wat ik doe verkeerd doe. Als
ik bijvoorbeeld op school bij het
koken iets verkeerd doe, reageer ik
door te gaan lachen. Dat is eigenlijk
meer van de zenuwen. Als de juffrouw
dan zegt dat ik moet ophouden met
lachen, begin ik nog meer dingen verkeerd te doen want ik kan mijn
gevoelens dan nergens meer kwijt. Ik
ben eigenlijk vreselijk bang voor
bepaalde mensen, o.a. voor mijn
ouders en voor de familie van
mama's kant, waardoor ik mij van
hen dreig af te sluiten.'
HILDE, 17 J.

Durf jij gevoelig te zijn?

Heb jij de moed om gevoelig te zijn?

Gemakkelijk is dat tegenwoordig nog steeds niet, want gevoelens worden nog al te vaak als belachelijk of onvolwassen aangezien. Gelukkig zien we tegelijk ook een kentering ten goede. Bij een aantal jonge mensen groeit duidelijk een grotere openheid, zodat ze minder verlegen zijn om hun gevoelens te uiten of erover te spreken. Vooral jongeren, die nog op de drempel staan, hebben het daar wel vaak heel wat moeilijker mee.

Men wil ons doen geloven dat er tegenspraak is tussen onze gevoeligheid en ons verstand.

Maak plaats voor de computers, voor de beheersing van de technocratie!

Mensen die opkomen voor gevoeligheid worden in de zakenwereld versleten voor achterlijke dromers, terwijl sommigen er nog aan toevoegen: gevoelens, dat is iets voor vrouwen.

Wij verminken ons mens-zijn door het uitbannen van onze gevoelens. Zo scheppen wij de valse zekerheid dat wij enkel af moeten gaan op de harde wet van handel en onderhandeling, als wij ons eigen bestaan zo goed mogelijk willen 'runnen'. Berekenen, ja; ontroerd worden, nee! En zo wordt de gevoeligheid het monopolie van de zwakken: alleen de ouden van dagen, de kinderen en de vrouwen huilen. Daarom wordt onze westerse wereld ook zo koud.

Feelings

Lees langzaam en aandachtig de onderstaande (beperkte) reeks met gevoelens: (*)

■ angst ■ verdriet ■ haat ■ lachen ■ huilen ■ achterdocht ■ jaloersheid ■ welwillendheid ■ wrevel ■ agressiviteit ■ verbondenheid ■ bedreiging ■ opgewektheid ■ woede ■ onbegrip ■ eenzaamheid ■ hartstocht ■ heimwee ■ minachting ■ euforie ■ opluchting ■ ontroering ■ onverschilligheid ■ genegenheid ■ opstandigheid ■ welbehagen ■ pessimisme ■ vertedering ■ spijt ■ teleurstelling ■ schaamte ■ strijdlust ■ wraak ■ aandacht ■ tederheid ■ warmte ■ dichtklappen ■ minderwaardigheidsgevoel ■ verlegenheid ■ uitbundigheid ■ sympathie ■ overgave ■

Misschien kun je de lijst nog aanvullen:.....

(*) Brainstormsessie *Feelings*

Pluk nu uit deze reeks één gevoel dat jij op een persoonlijke manier sterk hebt beleefd. Beschrijf hierbij de situatie, de ervaring en de betekenis van wat je beleefd hebt.

- ☞ Zoek m.a.w. in je eigen leven een ervaring die dit gevoel uitdrukt.
- ☞ Wat voelde je?
- ☞ Wat schoot er door je hoofd?
- ☞ Wat was je lichamelijke reactie? Misschien schrok je zo erg dat je helemaal rood werd, of dat je in je broek plaste of lijkbleek werd. Of misschien begon je te stotteren of te trillen op je benen. Misschien stond je aan de grond genageld of moest je rondlopen van de spanning...
- ☞ Welke waren de gevolgen achteraf? Bijvoorbeeld nachtmerries, slapeloosheid...
- ☞ Hoe ga je om met dat gevoel, of die gevoelens?

Maak zelf eerst schriftelijk de opdracht waar, voordat je hieronder enkele getuigenissen van de deelnemers aan de brainstormsessie *Feelings* leest.

Gevoelige getuigenissen van jongeren (reeks 2)

Dichtklappen
' Wanneer ik in een nieuwe omgeving terechtkom of in een groep mensen waarin ik me niet op mijn gemak voel, dan klap ik helemaal dicht. Het is precies of er iets in mijn keel zit dat belemmert dat er klanken uit mijn mond komen. Ik ben dan bang iets totaal verkeerds te zeggen. Ik durf dan ook niet iets persoonlijks over mezelf naar voren te brengen uit angst dat dit zich tegen mij zal keren. Het gevolg daarvan is dat ik dan alles maar opkrop en alles in mijn eentje probeer te verwerken, wat ook niet mogelijk is. Uiteindelijk is er dan een druppel die de emmer doet overlopen en voel ik me daarna opgelucht dat het eruit is. Dit dichtklappen gaat dan ook dikwijls gepaard met eenzaamheid waarbij ik me dan ook totaal van de buitenwereld afsluit en alleen op mijn kamer naar muziek ga luisteren. Eten en slapen doe ik nauwelijks doordat ik steeds zit te piekeren. Dan schrijf ik ook soms brieven met daarin mijn gevoelens, wat het voor mij ook veel gemakkelijker maakt. Dat is dan een soort uitlaatklep voor mij.'

Enthousiasme
' Bij iemand die ik goed ken voel ik het enthousiasme, de overtuiging, de vreugde om iets, een soort levenskracht. Waaw tof! Het is plezierig om te zien dat iemand zich goed voelt, of om jezelf goed te voelen bij wat je doet. Als je achter iets kunt staan en er dan vol moed aan kunt beginnen, geeft dat een soort zelfvertrouwen,

en voel je je goed in je vel. Je bent vol energie. Als je iets met enthousiasme kunt doen, dan gebeurt er meer en kun je er ook vlugger tevreden over zijn. Je voelt je er dan goed bij.'
SOFIE, 18 J.

Minachting
'Ik deed rijexamen en voor de zoveelste keer was ik niet geslaagd. Ik heb toen ervaren dat ik er niet alleen voor stond, dat er nog andere mensen waren. Wat ik voelde toen ik hoorde dat ik niet geslaagd was, was verdriet en minachting. Ik voelde me minder dan een ander. Er schoot me toen door mijn hoofd: "Ik kan het maar beter opgeven, het lukt me toch niet!" Mijn lichamelijke reactie was dat ik me opsloot in mijn kamer. Ik wou alles alleen verwerken en ik schaamde me. Gelukkig hebben mijn ouders met me gepraat en me weer nieuwe moed gegeven om toch door te zetten, om me erdoorheen te bijten en te blijven vechten.'
PATCY, 18 J.

Mr. Holland's Opus

Een aanknopingspunt om het thema Feelings weer eens anders te bekijken, vinden we in de film Mr. Holland's Opus met Dreyfus, waarin sterke emoties vertolkt worden. Een film die een hele carrière beschrijft. Een gevoelige prent over passies en compromissen, over geluk en tegenslag. Maar vooral een film over hoop en vertrouwen.

De droom van de jonge en enthousiaste muzikant Glenn Holland is het componeren van een symfonie, een opus voor de eeuwigheid. Maar zoals wel meer gebeurt met dromen, beslis-

sen de dagelijkse realiteit en het onafwendbare noodlot er anders over. Het motto van deze gevoelige saga luidt: 'Het leven is wat er plaatsvindt wanneer je bezig bent met het maken van andere plannen.' Regels, geplukt uit Beautiful Boy van John Lennon. Alle situaties worden meeslepend en temperamentvol uit de doeken gedaan met de nadruk op vlotte humor, makkelijke tragiek en menselijke emoties. Verrukkelijke vertolking van Richard Dreyfus. Voor wie hield van Children of a lesser God en Dead Poets' society is dit een absolute aanrader.

Bij de film verschenen twee cd's met de muziek uit de film: Mr. Holland's Opus (Original Motion Picture Soundtrack, Polydor 529 508-2 PY 900) en Mr. Holland's Opus (Original Motion Picture Score, The Decca Record 452 065-2 LH).

Ziehier enkele reacties van mensen die de film hebben gezien:
Sommigen huilen er stilletjes bij en durven ook hun zakdoek tevoorschijn halen, anderen beginnen te hoesten om hun verdriet weg te slikken.
Na de film zijn er die even blijven zitten om de gevoelens persoonlijk te laten nazinderen en te verwerken.

Opdracht

Ga de film zien, of huur de video om die samen met je gesprekspartners te bekijken.
■ Schrijf na de film je eerste indrukken op. ■ Wat heeft jou het meest getroffen of ontroerd? ■ Zijn er gevoelsuitingen die je overdreven vindt?

Erken je gevoeligheid en leer ermee omgaan

Ook in relaties wordt het gevoel soms verbannen ten gunste van de praktische aanpak of de bevrediging van behoeften waarvan men denkt dat ze lichamelijk zijn. De ander is aanwezig, dat is wel nuttig, maar waarom zou je tijd verspillen aan het uitdrukken van je gevoelens? Dat heb je in het begin toch al gedaan? Als je elkaar een tijd kent, hoeft dat toch niet meer! Zo wordt zelfs in de liefde de gevoeligheid verdreven: de ander wordt gebruikt voor het genot of om confortabel te leven. Of men is er bang voor gevoelig te lijken, waarbij gevoeligheid verward wordt met sentimentaliteit.

Door deze afsplitsing van het gevoel zijn heel wat mensen ongelukkig, zonder te weten waarom. Maar er komt in hun leven een moment waarop hun gevoel zich laat gelden als een ondergrondse stroom die ze niet meer kunnen tegenhouden. En dan is het misschien wel te laat. Want de liefde kan vervlogen zijn.

Laat je gevoeligheid nooit uitdrogen

Durf je gevoelens uit te drukken, laat ze tot leven komen en uitstromen. Laat je gevoeligheid nooit uitdrogen. Durf te huilen, ontroerd te zijn, durf dingen te zeggen, durf lief te hebben. Gevoelens zijn heel belangrijk voor de kwaliteit van de communicatie.

Maar daarom moeten we onze gevoelens onder ogen durven te zien, en ze niet verdringen. Als we niet naar onze gevoelens kijken, lopen we gevaar ons erdoor te laten beheersen. We nemen onze beslissingen vaak juist op basis van gevoelens - zelfs zonder het te weten. Onze gevoelens beïnvloeden onze beslissingen even automatisch als ons antwoord op die iemand die ons opbelt. Onze goede of slechte stemming kan bepalen hoe we reageren op mensen of situaties.

Alleen als we eerlijk met onze gevoelens omgaan en de kracht en de richting ervan onderkennen, zullen ze ons niet overheersen, maar zullen wij hen een juiste plaats in onze reacties en verhoudingen kunnen geven.

Gevoelige getuigenissen van jongeren (reeks 3)

Opstandigheid
'In mijn jeugd had ik eigenlijk door een te autoritaire aanpak van mijn ouders weinig of geen vrijheid om te bewegen of te leven. Alles, maar dan ook alles, zat binnen een keurslijf geperst. Gevoelens die opkwamen in de puberteit werden totaal afgeremd. Een aantal zaken in mijn normale ontwikkeling heb ik gemist. Toen ik een heel eind in de twintig was, begon zich dat ontzettend te wreken. Heel mijn persoonlijk leven blokkeerde volledig. In alle opzichten ben ik toen in opstand gekomen. Ik heb de grote stap ondernomen om zelfstandig te gaan wonen.'
ANTOINE

Teleurstelling
'Iemand zei tegen me: "Ik mag je graag", maar enkele weken later liet hij me vallen als een baksteen, na me eerst lang aan het lijntje te heb-

ben gehouden, niets van zich te laten horen. Elke dag ging ik naar de brievenbus, wachtte ik op een telefoontje... Steeds opnieuw die teleurstelling, een koude douche. Van iemand anders had ik het misschien kunnen begrijpen, maar waarom hij? Ik dacht dat hij het serieus meende. Ik begreep niet waarom hij me dit aandeed. De onzekerheid was ondraaglijk en toen ik eindelijk begreep dat zijn vier mooie woorden zonder de nodige ernst gezegd waren, viel ik in een diepe put en heb ik veel gehuild. Door mijn gevoelens te uiten en erover te praten ben ik er wel snel al een beetje overheen gekomen. Ik heb mijn gevoelens ook van mij afgeschreven in een brief aan hem — die natuurlijk onbeantwoord bleef — omdat ik vond dat hij dit niemand meer mocht aandoen na mij... Zulke gevoelens zijn niet om mee te spelen.'

NELE, 18 J.

Woede, onbegrip

' Mijn grootvader van moederszijde is ernstig ziek (blaas- en leverkanker die niet meer te genezen zijn). Toen we het slechte nieuws vernamen, kwamen afwisselend opstandigheid, onbegrip, woede en angst bij mij naar boven. Opstandigheid en woede omdat onze familie al zoveel heeft moeten meemaken. Ik dacht: "Waarom bompa, waarom wij weer?" Later was er onbegrip omdat ik niet begreep waarom de doktoren niets tegen mijn meter en bompa wilden zeggen. Nu heb ik vooral angst voor wat er komen zal. Hij krijgt chemotherapie, maar dat is enkel om zijn leven wat te verlengen en de pijn die hij — in de tijd die hem nog rest — zal hebben, wat draaglijker te maken. De gezwellen in blaas en lever hebben zich nu wel gestabiliseerd, maar hij is enorm vermagerd (van 112 kg naar 80 kg) en zijn hart is ook erg verzwakt. Ik ben bang voor wat er zal volgen en voor wat we *(meter en de familie) zullen doen als hij er eens niet meer is.'*

GOEDELE, 17 J.

Minderwaardigheidsgevoel
'In de tweede humaniora kregen we voor het eerst Engels. Ikzelf had nogal wat problemen met de uitspraak. Mijn medeleerlingen lachten erom. Zelfs in de les had de lerares niet het minste gezag. Op die momenten voelde ik me minderwaardig, maar zeker niet gekwetst. Ik bleef er altijd in geloven dat die uitspraak wel goed zou komen, en ze is ook goed gekomen. De gevolgen nu zijn dat als ik die medeleerlingen nog eens tegenkom, ik ze minacht. Ik verwijt hen een beetje dat ze me toen uitlachten, ook al was het niet kwetsend bedoeld. Misschien zouden zonder hun gelach en mijn minderwaardigheidsgevoel die problemen sneller opgelost zijn.'

LIEVEN, 16 J.

ZEVEN KEER HUILEN

In de krant *Het Belang van Limburg* gaf men in de wekelijkse rubriek Kaffee onder de titel Zeven keer huilen zeven gevoelsgeladen songs:

1 Louis Neefs, *Ach Margrietje.*
2 Elvis Costello, *I want you.*
3 Eric Clapton, *Tears in Heaven* (Clapton Unplugged).
4 John Friusciant, *Being Insane.*
5 Crowded House, *Better Be Home Soon.*
6 Bruce Springsteen, *Born To Run.*
7 Buffalo Tom, *Taillights.*

Je man of vrouw voelen

Sommigen beweren: gevoelens uiten, dat is niets voor mannen. Dat is meisjes-'stuff'! Vrouwen zijn gevoelswezens, mannen zijn rationeel en kijken objectief tegen alles aan. Zo werd het volgens de klassieke stereotypen beleefd en aangepraat. Toen kwam de tijd dat men dit starre verschil wilde passeren. In naam van de gelijkberechtiging moest het stereotiepe verschil van 'mannelijk-hard' en 'vrouwelijk-zacht' de wereld uit. Ook mannen mochten een hart hebben en vrouwen mochten stoer zijn. Maar tegen deze vervaging van het verschil en de saaiheid van de gelijkschakeling in willen velen vandaag weer terug naar de rijkdom van het onderscheid. Men wil 'voorbij de onverschilligheid voor het verschil'. Mannen moeten opnieuw 'macho' zijn en vrouwen ondubbelzinnig 'vrouwelijk' van lijn, kledij en gedrag. De tegenstelling tussen mannelijk als 'actief' en vrouwelijk als 'passief' keert terug, waardoor men de rijkdom van het verschil weer tot leven wil brengen.

Macho terug van weggeweest?

Jammer genoeg valt men weer gemakkelijk terug in de oude tegenstelling volgens de gekende stereotypen, die dan ook onwillekeurig de oude vormen van ondergeschiktmaking van de vrouw in hun kielzog meevoeren.

Het gaat er dus om een juist evenwicht te vinden. Mannen en vrouwen zijn gelijkwaardig, met dezelfde rechten en dezelfde plichten.
En ondanks alle verschillen zijn ze ook aan elkaar gelijk. Ze delen immers in hetzelfde mens-zijn, waar-

door ze elke opsluiting in een stereo-type kunnen overschrijden. Zonder dan weer in het andere uiterste te vervallen en enkel de verschillen in de verf te zetten, of zelfs tegen elkaar uit te spelen. Creatief mens-zijn is de kunst om soepel om te gaan met gelijkheid en verschil.

Geen monopolie van meisjes

'Gevoelig zijn' is geen monopolie van de vrouw, maar een algemeen mense-lijke eigenschap, die vrouwen en mannen wel verschillend beleven, maar niet mogen onderdrukken tot 'gevoelloosheid' of overdrijven tot 'overgevoeligheid'. De kunst bestaat erin dat mannen en vrouwen elk op hun eigen wijze met hun gevoelens leren om-gaan, ze leren herkennen bij zichzelf en ze ook leren uitdrukken. Ze maken immers alle vormen van

ontmoeting mogelijk en vormen er ook de onvermoede rijkdom van. Een man bewijst niet zijn mannelijkheid door nee te zeggen tegen zijn gevoelsleven maar door zijn gevoe-lens eerlijk te erkennen en te ontwik-kelen tot een bron van gevoeligheid, toenadering en ontmoeting.

De onbekende partner

'Zodra men over mannen en vrouwen en hun geaardheid begint te praten, zijn de meesten van ons geïnteres-seerd — vooral in onze tijd, nu man-nen en vrouwen meer dan ooit hun eigen zelfbeeld proberen te ontdek-ken en de bekende man-vrouw-rollen-patronen op een andere manier wor-den bekeken.' Zo begint John Sanford zijn *De onbekende partner* (Rotter-dam, Lemniscaat, 1988). Hij laat zien hoe de 'animus' of het mannelijk prin-

cipe en de 'anima' of het vrouwelijk principe onze onzichtbare partners zijn in elke man-vrouw-relatie. Onbewust ziet de man zijn 'anima' weerspiegeld in de vrouw en omgekeerd de vrouw haar 'animus' in de man. Eigenschappen die wij hierdoor in onze werkelijke partner menen te zien, behoren in feite toe aan onze eigen 'anima' of 'animus'. Omdat we ons dit vaak niet bewust zijn, kan een relatie hieronder lijden of zelfs erdoor kapotgaan. Sanford geeft direct bruikbare informatie, die we onmiddellijk op onszelf en onze persoonlijke relaties kunnen toepassen.

'Keep it cool'

Een man mag zich niet laten opsluiten in het strakke keurslijf als van een soldaat die onder de wapenen is geroepen. Mannen dragen ook tederheid en weerloosheid in zich. Ook zij staan open voor gevoeligheid en zij mogen die gevoeligheid uit zich laten opkomen.
Willen zij dat niet, dan laten ze zich misleiden door de eenzijdige machobeelden die hen door een bepaalde mode- en beeldcultuur, via reclame, films en stripverhalen opgedrongen worden. Iedere man draagt in zichzelf ook iets vrouwelijks mee, zoals ook elke vrouw in zichzelf iets mannelijks meedraagt. Als je het vrouwelijke of het mannelijke in jezelf helemaal wegdrukt, vermink je jezelf en word je een starre, eenzijdige man of vrouw.

Als je dagelijks naar VT4 kijkt, dan krijg je het gevoel dat je pas een vrouw bent als je lekker sexy bent of pas een echte vent als je duidelijk macho bent. Je lijkt pas een volwaar-

dige kerel als je lekker brutaal durft te zijn, stoere 'fuck'-taal kunt uitslaan, als je ertegenaan durft te gaan en durft te doden, met Jean-Claude Van Damme als idool! Je moet blijkbaar trots zijn op je mannelijkheid en ermee paraderen om mee te tellen en ontzag in te boezemen. Keep it cool, wees onorthodox, recht voor je raap, als je tegenwoordig wilt meetellen en succes hebben bij de meiden! Als je geen sensationele risico's durft te nemen ben je een 'doetje' of tel je niet meer mee.
De vraag is: moet je werkelijk 'man' zijn op deze manier?

Waar zijn de nieuwe macho's?

Denk jij dat het machogedrag enkel bij jongens en mannen voorkomt? Of komt het evengoed en even vaak voor bij meisjes en vrouwen, dan weliswaar niet gehuld in een machopantser, maar door zich te hullen in een — naar maatschappijnormen — supervrouwelijk figuur, waarmee men dan uitpakt en stoer doet?
Schrijf eerst jouw visie op deze 'prikkel' neer, vóór je verder leest.

Wat schuilgaat achter het machopantser

Het is zaak je niet te laten meeslepen door allerlei opgedrongen machobeelden. Je hebt geen machopantser nodig om te bewijzen dat je een man bent. Als je een macho-uniform aantrekt, of wanneer je bepaalde trekken of lichamelijke eigenschappen probeert te verdoezelen — door bijvoorbeeld groter of breder te lijken dan je bent — is er maar één mens die je voor de gek houdt: jezelf!

Want stel je nu eens voor dat je met behulp van die kunstmiddelen een meisje voor je wint. Wat gebeurt er wanneer ze je zonder al die pantsers en maskers ziet? Ze ziet een andere man dan die waarover ze gedroomd heeft en is dus teleurgesteld. Waar blijft het plezier van de overwinning als je daarna geconfronteerd wordt met iemand die je teleurgesteld en verwijtend aankijkt? Als je jezelf in een machopantser hult om een schijn-mannelijkheid op te bouwen, dan is dat een teken dat je geen zelfvertrouwen hebt.

Wat je moet opbouwen is dat zelfvertrouwen, zonder jezelf in allerlei machobochten te wringen. Is de durf van inzet en blijvend engagement voor concrete mensen in veeleisende projecten niet een sterkere, niet minder spectaculaire vorm van man-zijn? Waarom zou je de machosymbolen kiezen die de bepaalde media, muziekindustrie, mode en reclame je opdringen?

Jouw visie op tv-feelings?

Over de tv-programma's Het spijt me, Eén uit de duizend, Liefde, lijf en lust, Trouwen e.a. werd in de pers reeds heel wat geschreven. Maar ondanks de kritiek van sommige journalisten halen dergelijke programma's toch hoge kijkcijfers en zijn er genoeg kandidaten die aan dergelijke programma's willen meewerken.

Waarom hebben mensen het medium tv nodig om hun gevoelens van berouw, spijt, vreugde en dankbaarheid tegenover medemensen te uiten?

Het spijt me

Neem bijvoorbeeld zo'n getuigenis uit het programma Het spijt me: een moeder van 8 kinderen, van wie het derde kind ongewenst was (onder druk van haar man), vertelt hoe dit leidde tot verstoting.
Dat meisje is, na een harde confrontatie met haar moeder, weggegaan van huis. De moeder wil dit goedmaken.

Je kunt zo'n getuigenis bekijken en beluisteren vanuit de gevoelens die opduiken:
☛ bij de moeder die zich wil verzoenen met haar dochter;
☛ bij de dochter die van huis wegging en zich verworpen voelt.

Wat wil je?
Valse macht of jezelf zijn?
Schijn of echtheid?

Schrijfronde

A Stel je eens alle gevoelens voor die je kunt vermoeden en inleven bij de moeder, de dochter, de vader, het publiek... Schrijf deze veelheid en verscheidenheid van gevoelens uit.
B Als je het fragment zelf kon bekijken: hoe heb jij het fragment beleefd? Schrijf alle gevoelens op die het fragment bij je opgeroepen heeft. Wat heeft de dochter, de moeder, resp. de vader bij je opgeroepen? Noteer zowel de pijnlijke als de positieve gevoelens.
C Als je jezelf in de situatie van dat meisje zou bevinden, hoe zou jij dan reageren op de vraag van de moeder? Zou jij haar kunnen vergeven en het bloemetje dat ze je laat aanbieden kunnen aanvaarden, of zou je het nog niet kunnen of willen en het bloemetje weigeren? Noteer ook waarom.
D Beschrijf in het kort jouw relatie met je ouders.

Eerste luisterronde in de gespreksgroep

Vertel elkaar wat je noteerde bij A, B, C, D (eerst alles over A, dan alles over B, dan alles over C, dan alles over D). Let ook op het verschil in aanvoelen tussen jongens en meisjes.

Media en onze gevoeligheid

De massamedia hebben een grote invloed op onze gevoeligheid. Elke dag worden wij overspoeld met o.m. reclamebeelden die onze gevoelens, verlangens en fantasie stimuleren, oriënteren en manipuleren; soms op een zeer onrealistische manier. Zij zetten ons op het verkeerde been, wat betreft de voorstellingen, de verwerkingen, de oplossingen. In de reclame krijg je het leven niet te zien zoals het is. Weinig of niet wordt de negatieve kant van het leven belicht (je kunt dat trouwens van de reclame ook niet verwachten).
Natuurlijk zijn de media niet de zondebokken van alles wat in onze wereld verkeerd loopt. Ze zijn grandioze mogelijkheden voor informatie, communicatie, confrontatie, ontspanning. Ze bevatten een enorm potentieel om leven te ontdekken en te leren.

Een koud kunstje

Ik zag onlangs in de bios
een actrice het nog doen:
ze ging echt een beetje scheel zien
bij een heel intense zoen.
In de background zong een koortje
nog iets moois over the moon.
Op het scherm: een koud kunstje...

Wat moet ik met zo'n kusje...
Ze is toch niet m'n zusje...

Er zijn elke dag wel zeven
nieuwe series op tv
waarin mooie jonge mensen
constant zoenen met z'n twee.
Ja, de vonken spatten zo tot
op je moeders canapé.
Op de buis: een koud kunstje...

Wat moet ik met zo'n zoentje...
Wat is ie nog een groentje...

Al m'n singles, m'n cd'tjes
— ik weet ook niet wat het is —
als je luistert naar de teksten:
honderd keer het woordje kiss!
In die songs is het dus ook al
meteen boter bij de vis.
Op de plaat: een koud kunstje...

Wat moet je met die zoentjes...
Wat zijn we nog twee groentjes...

ANDRÉ SOLLIE, ZEG MAAR NIKS,
ANTWERPEN-BAARN, HOUTEKIET, 1991, P.20

Modellen van erotiek in beeld

De invloed van de media, in het bijzonder van de beeldmedia en de dagelijkse tv, op onze beeldvorming omtrent relaties en gevoelens is onmiskenbaar — vooral als wij er ons helemaal op afstemmen en er afhankelijk van worden, alsof zij ons de reële wereld voorstellen.

Hun invloed speelt zowel op inhoudelijk als op vormgevend vlak.

Allereerst inhoudelijk. Ze bieden immers op zo'n suggestieve wijze modellen van beleving aan dat ze tot nabootsing aanzetten of 'verleiden'.

Als voorbeeld nemen we de seksualiteit, een van de thema's van dit boek.

Seksuele betrekkingen met wisselende partners of 'als de gelegenheid zich voordoet' worden gesuggereerd als zo vanzelfsprekend dat men op de duur gaat doen alsof het allemaal geen probleem meer is. Daarbij komt nog dat de modellen van seksuele beleving die door de media aangeboden worden, meestal hooggegrepen en eenzijdig zijn. 'Het' schijnt altijd te 'lukken', en dit zonder veel leren en groeien. Daaruit kan onwillekeurig de prestatiedwang ontstaan dat men altijd móét slagen, of dat men het 'zoveel keer' móét kunnen. Zelden of nooit wordt gesuggereerd of expliciet gesteld dat niet elke seksuele beleving even wensvervullend is, dat men impotent kan zijn of dat het kan mislukken.

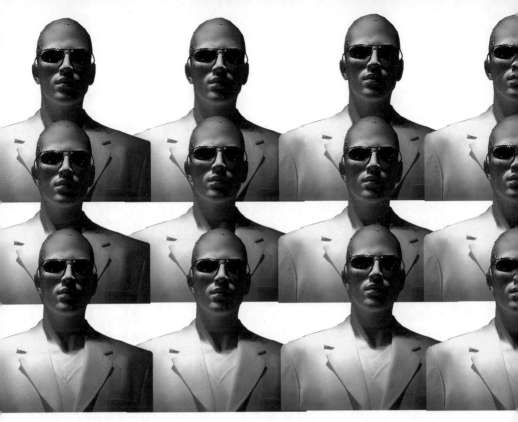

In de ban van het snel wisselende beeld

Naast de inhoud oefenen tv en andere beeldmedia ook door hun voortdurend vervliedend beeldaanbod zelf een aanzienlijke invloed op ons uit. Kennis en ervaring worden spontaan vereenzelvigd met onmiddellijk zien. Men herleidt de werkelijkheid tot wat men ervan waarneemt. Bovendien wordt wat men ziet als veel reëler en echter aangevoeld dan wat men hoort. Sterker nog: er gaat een soort ongrijpbare morele druk van uit: het kan, dus mag het.

Het beeld dreigt ook het woord te verdringen, waardoor een beeldcultus kan ontstaan. In een dergelijke beeldcultus wordt men de gevangene van zichzelf. Daar het effect van het beeld snel verzwakt, kan de bijna onweerstaanbare behoefte ontstaan om steeds méér en ándere dingen te willen zien.

Op een handige wijze weet de video-industrie hierop in te spelen. De video privatiseert immers het beeldgebruik. De sociale controle valt weg, of wordt op zijn minst sterk teruggedrongen, en men beschikt zelf over wat men wil zien, evenals hoelang men ernaar wil kijken en wanneer. Door een toenemende beeldcultus kan onwillekeurig een steeds zwakkere capaciteit ontstaan om zich zowel in woorden als in gevoelens volgens hun fijnzinnige verscheidenheid en rijkdom uit te drukken, zodat men bijvoorbeeld op seksueel vlak vlugger tot 'daden' overgaat alsof genitaliteit het enige middel is om toenadering en liefde uit te drukken.

Hoe gevoelig voor het beeld?

Bekijk eens enkele uitzendingen van de reeksen Wat nu weer, Melrose Place, Baywatch en andere... Evalueer ze zowel naar de vorm als naar de inhoud (bijvoorbeeld volgens welke modellen of stereotypen jongens, meisjes, relaties en erotiek worden voorgesteld). Je kunt je daarbij laten inspireren door bovenstaande confrontatie-ideeën over de invloed van de beeldmedia op onze voorstellingen en gevoelens.

Gevoelige getuigenissen van jongeren (reeks 4)

Aarzeling
'Als ik uitkom voor mijn anderszijn, en dan vooral naar jongens toe, hebben die er dan achteraf moeite mee om openlijk gevoelens te tonen tegenover mij. Dan zijn ze opeens bang om me een knuffel te geven of er een te krijgen, of me te omhelzen. En anderen die er voordien geen probleem van maakten me een kus te geven, hebben er nu plotseling wel problemen mee. Bij meisjes daarentegen gebeurt net het omgekeerde; zij gaan hierdoor soms makkelijker om met deze gevoelens en tekens van gevoelens omdat ze weten dat het om een vriendschappelijk gebaar gaat.'
PIET, 23 J.

Kwaad op mezelf
' Ik was zo bang voor wat ik moest doen dat ik kwaad werd op mezelf.

Als ik bang ben dan denk ik aan zelfmoord. Ik loop weg voor mijn problemen en raak steeds dieper in de put. Ik moest medicijnen gaan slikken en ik kwam in de psychiatrie terecht om van die angst verlost te worden.'
ELS, 18 J.

Wrok, cynisme
' Ik ben verliefd op iemand van de groep. Dat is al maandenlang zo. Jammer genoeg — en dat heeft ze me al verscheidene keren gezegd — is zij niet verliefd op mij. Wel gelooft ze in een sterke vriendschapsband. Ik wil ook dat we goede vrienden worden, maar toch is het ongelooflijk moeilijk om mijn verliefdheid te onderscheiden van vriendschap. Telkens als we bellen heb ik dat probleem. Maandenlang heb ik dat probleem opgekropt en een tijd geleden is het er allemaal uitgekomen. Ik was alleen thuis. Ik was radeloos, werd cynisch en begon met alles en iedereen, inclusief mezelf, te spotten. Er zat haat, liefde, hoop en wanhoop in mij. Mijn hele lichaam bibberde. Ik durfde mezelf niet in de spiegel te bekijken. In een bui van redelijkheid heb ik mijn zus en haar man kunnen opbellen. Zij hebben gewoon geluisterd. Nadien viel er een grote last van mij af, maar toch heb ik nog altijd geen manier gevonden om mijn gevoelens rond mijn verliefdheid en vriendschap te uiten. Mijn ouders staan een beetje sceptisch tegenover mijn vriendin. Daarom praat ik meestal met mijn broer of zus over haar.'
STIJN, 17 J.

Opstandigheid
' Ik was opstandig tegenover mijn moeder toen ik naar het internaat moest, omdat ze niet kon aanzien dat

Is er geen remedie

Is er geen remedie
tegen die komedie?
Alles rondom mij lijkt
wel een grote grap!
De wereld is een circus
waarin de mens een clown is.
Alles, alles is voor hem een grap!

De een vertelt de hele avond mopjes.
Maar zijn ogen vertellen:
'k voel me rot.
De ander schreeuwt
dat hij een atheïst is.
Maar in zijn hart vraagt hij zich af:
is er een God?

De een beweert
dat hij je beste vriend is.
In zijn achterhoofd
weet hij wel goed waarom.
Want wat ben je zonder enige relaties: om er te komen wordt
een vijand ook een vriend.

Is er geen remedie
tegen die komedie?
Alles rondom mij lijkt
wel een grote grap!
De wereld is een circus
waarin de mens een clown is.
Alles, alles is voor hem een grap!

Terwijl ze op je schouders staan
te kloppen en beweren dat je echt
fantastich bent;
in hun hart kunnen ze 't nauwelijks
verkroppen dat jij wat meer succes-
sen hebt dan hen.

Zoveel mensen op de wereld,
zoveel maskers.
Iedereen die lacht zich kreupel,
wat een lol!
Wat een ellende als men jou
opeens ontmaskert,
dan is 't miserie
want dan val je uit je rol!

Ach mensen geef mij
maar een and're wereld.
Ja, de wereld van het dier
en van het kind.
Ja, de wereld van het meisje
en een jongen voor het eerst
in hun leven echt bevriend.

Is dat geen remedie
tegen die komedie?
Losjes lopen slent'ren
langs de waterkant,
genieten van de avond,
een warme zomeravond
zomaar lopen fluiten
langs de waterkant.

E.J.-C.D. 9701 'KRIEBELS IN MIJN LIJF' BIJ DIT BOEK

Item 3
Op zoek naar wat je leven de moeite waard maakt

Inleiding

De weg naar binnen loopt ook over je dromen en idealen. Het is niet genoeg dat je jezelf aanvaardt en je mogelijkheden kent en ontplooit; je moet ook weten waartoe. De doelen die je kiest om je energie, je beste krachten en talenten te investeren, moeten werkelijk de moeite waard zijn.

Stel je daarom de volgende vragen: 'Waarvoor wil ik leven? Wat drijft me voort? Wat doet me in beweging komen? Handelen? Strijden? Waaraan wijd ik me? Wat vind ik levensbelangrijk?'

De zin van het ogenblik

Het zoeken naar een zin of levensdoel begint heel eenvoudig en alledaags door te reageren op de situatie van het moment en op de gewone taken van het leven met een positieve instelling en overgave.

Vertrek van de hypothese dat je leven een zin heeft. Neem daarna als het ware een lamp om de duisternis in te stappen. Als je dat doet zie je slechts een kleine lichtkring om je heen. Houd dan je lamp wat hoger en naarmate je de omgeving beter kunt onderscheiden kun je dan voorzichtig stap voor stap verder gaan. Op deze manier zul je ten slotte de zin van je leven en je levensweg vinden.

Je moet dus, net als een bergbeklimmer, met de eerste stap beginnen. Bekommer je, hangend aan een zeer

ik zo verderging met mijn leven. Toen ze dat zei was ik opstandig en kwaad en ik beefde. Maar nadien heb ik in dat internaat veel bijgeleerd en nu ben ik blij dat ik er geweest ben. Ik ben zelfstandiger geworden, misschien wel té zelfstandig. Maar ik ga toch graag bij mijn moeder op bezoek en de relatie tussen ons beiden is sindsdien sterk verbeterd.'
KRISTEL, 21 J.

steile rotswand, niet om de afgrond onder je en de problemen die je hogerop nog wachten—concentreer je op je onmiddellijke taak: ervoor zorgen dat het volgende aanhechtingspunt, het volgende houvast, stevig is.

Een roeping 'buiten eigen huid'

Een belangrijk gebied waar je de zin van het leven kunt vinden is dat van de creatieve activiteiten: werk, studie, hobby's. Je wijden met hart, fantasie en handen aan een taak 'buiten eigen huid', aan een roeping of een zending, hoe klein of groot ook, maar in ieder geval 'groter dan je zelf'. Alleen idealen die niet ik-gericht zijn brengen je tot ware vervulling, met geluk als toegift.

Schoonheid en waarheid

Een belangrijk gebied, naast een taak, waarin je zingeving van je leven kunt vinden, is dat van de schoonheid en de waarheid. Stel je eens voor dat je naar een volmaakte uitvoering luistert van jouw lievelingsmuziek en iemand vraagt je of het leven zin heeft. Kan er enige twijfel bestaan over het antwoord dat je dan zou geven? Hetzelfde geldt voor de natuurminnaar die bezig is een berg te beklimmen, voor een godsdienstig iemand die een indrukwekkende kerkdienst meemaakt, voor een intellectueel die een inspirerende lezing aanhoort of een boek leest met een werkelijk vernieuwende gedachte, voor een kunstenaar die voor een meesterwerk staat en voor een wetenschappelijk onderzoeker op het moment dat hij een ontdekking doet. Zo herinnert een ex-krijgsgevangene zich uit de Tweede Wereldoorlog wat het voor hem betekende om plotseling een zonsondergang te zien boven de prikkeldraad van het concentratiekamp...

Zoals jij nog kunt worden

Niet alleen in een taak of in schoonheid en waarheid, maar vooral in de liefde kun je een diepe levenszin ontdekken. Iemand die vlak vóór de Tweede Wereldoorlog uit Duitsland vluchtte voor de nazi's en naar Amerika ging, vertelt: 'Ik arriveerde als vluchteling in New York, zonder één stuiver op zak, zonder werk, tijdens de grote economische crisis, als een ex-jurist met kennis van wetten die niet meer bestonden, als een schrijver zonder taal. Ik ontmoette echter een jonge vrouw die niet gaf om wat ik had of niet had, maar alleen zag wat ik was, of liever wat ik zou kunnen worden als er maar iemand in mij geloofde. Ze zei het me niet met woorden, ze handelde er slechts naar door met me te trouwen!'

Degene die jou liefheeft ziet in jou niet alleen de huidige 'jij' maar ook een veelheid aan mogelijkheden die voor je openliggen — mogelijkheden waar je je misschien niet altijd van bewust bent. Liefde betekent de ander niet alleen zien zoals hij of zij werkelijk is, maar ook zoals die ander nog kan worden!

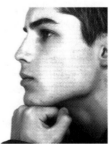

Leven zoals ik heb geleefd volstaat niet meer van nu af aan!

■ Laat je fantasie de vrije loop en schrijf eens alles op waarvan jij droomt, wat je verlangt, wat je verwacht van het leven, wat je graag hebt, wat je boeit, wat je bezighoudt, waar je naar uitkijkt, waar jij je over opwindt... ■ Herlees nu wat je opgeschreven hebt en stel jezelf de vraag: 'Wat vind ik daarvan waardevol, belangrijk, de moeite waard om voor te leven?' Streep door wat je niet waardevol, niet de moeite waard vindt om voor te leven. (Het is immers niet omdat iets je boeit, dat het al de moeite waard is om voor te leven.)
■ Ga nu na wat er overschiet en stel je daarover telkens de volgende vragen: ☛ Wat kan ik hiervan realiseren? Wat is voor mij haalbaar, rekening houdend met mijn capaciteiten en beperktheden? Streep door wat jij niet aankunt of wat voor jou niet haalbaar is. ☛ Wat zou ik hiervan het liefst realiseren? Waar gaat mijn voorkeur naar uit? En waarom? Wat boeit mij hierin? ☛ Is dit ideaal hoog genoeg voor mij? Welke zijn de inspanningen en offers die ik zal moeten brengen? Ben ik tot die inzet bereid? ☛ Waar zijn de anderen in mijn keuze? Staan ze centraal of in de marge? Krijgen ze een hoofdrol of slechts een bijrol? ☛ Zijn er nog andere diepliggende motivaties voor je keuze? Je levensbeschouwing, je geloof, de opvoeding die je van thuis hebt meegekregen, het voorbeeld van een ander mens (grootouder, leerkracht, jeugdleider enzovoort)?

Het vrieskind

Het Vrieskind is een toekomstroman van Anne Rutyne (Antwerpen, Unistad, 1993, 212 p.).
We schrijven 2056. De toestand in de wereld is erg verward. Er woedt een bloedige oorlog. Even lijkt het of er een einde komt aan de strijd, maar dan grijpen de verliezers naar een gruwelijk wapen: het violetvirus. Overal sterven mensen erdoor zodra ze volwassen worden. Men zoekt verwoed naar een geneesmiddel. Steeds jongere geleerden moeten een leidinggevende taak op zich nemen. De wereld hoopt dat deze wonderkinderen het zullen redden. Peter is een van hen. Wanneer de ziekte hem aantast, wordt hij door zijn jeugdige collega's ingevroren. Zij hopen dat hij weer tot leven kan komen zodra er een doeltreffend geneesmiddel gevonden wordt. Meer dan duizend jaar later ontwaakt Peter in een hem onbekende wereld. De aarde wordt nu geregeerd door de Tritenen, een gemuteerde mensensoort. Ze domineren over de Flets (gewone mensen) die ze als slaven behandelen. Langzaam achterhaalt Peter wie hij is en waar hij vandaan komt. Bij de Flets ontmoet hij een profeet die hem beschouwt als een 'voorloper', een Messiaanse figuur die de tegenstellingen tussen de bevolkingsgroepen moet oplossen. Na een innerlijke strijd neemt Peter de uitdaging aan. Hoofdthema van het boek is de innerlijke zoektocht van de hoofdfiguur, Peter. Belangrijke motieven zijn vriendschap, geweld en discriminatie, lijden. *(Rita Gesquière)*

Op zoek naar een reden om gelukkig te worden

Iedereen wil slagen in het leven en gelukkig zijn

De vraag is alleen hoe je deze kwaliteit van een zinvol en gelukkig leven kunt bereiken. Therapeuten, zoals de Weense psychiater Viktor Frankl, wijzen erop dat de mens eigenlijk niet verlangt naar het gelukkig-zijn op zichzelf, maar naar een reden om gelukkig te worden. En die 'reden' is enkel te vinden in de toewijding aan een 'zin buiten eigen huid', dit wil zeggen een doel dat de moeite waard is om voor te leven (zoals hierboven reeds geschetst). Daaruit vloeien dan zinvolheid en geluk voort als een onbedoeld, maar niet minder reëel neveneffect of bijproduct, als een toegift die je er gratis bij krijgt.

Zin-leegte

Wanneer echter zo'n 'reden tot geluk' ontbreekt, ontstaat er een leegte in je bestaan, een gevoel van zin-ledigheid, waarvan verveling en apathie, doelloosheid en nutteloosheid de tekenen zijn.

Omdat een dergelijk spanningsloos bestaan ondraaglijk is, probeert men voor deze leegte op de vlucht te gaan of haar te verdringen. Dit doet men door rechtstreeks het geluk na te streven als een 'kick' om hier en nu te beleven. Denk maar aan het opwekken van spanning om de spanning, snelheid om de snelheid, seks om de lust, agressie, vandalisme, inbraak, aanranding, diefstal en geweld om het loutere plezier van het vernielen, de provocatie, de macht enzovoort.

Op zoek naar kicks

Houd even halt en vraag je af:
'Welke zijn de kicks, middelen en methodes, waartoe jongeren in mijn kring hun toevlucht nemen om aan de sleur en de saaiheid van hun welvaartsbestaan te ontkomen? Welke oorzaken of aanleidingen zie je?

Als een boemerang

Hier past het beeld van de boemerang. Deze keert immers alleen dan terug tot degene die hem werpt, als hij het doel gemist heeft. Alleen degene, die geen zin of doel ziet om voor te leven, valt terug op zichzelf en de krampachtige jacht op geluk en genot omwille van de kick zelf.
Daarbij komt nog dat men deze kick rechtstreeks probeert te veroorzaken met behulp van kunstmatige middelen. Als men geen 'reden' heeft om gelukkig te worden, gaat men op zoek naar wegen en middelen die op het moment zelf een toperervaring van genot, vitaliteit en geluk kunnen 'veroorzaken'. De bekende middelen zijn

alcohol en allerlei, telkens weer nieuwe drugs (xtc, amfetamines, pepmiddelen of stimulerende middelen enzovoort), maar ook gokspelen (bingo), tv en video, elektronica (computer, internet...), racen met motor of auto... Het zijn niet zozeer de middelen zelf die op grond van hun toxische werking verslaafd maken, maar hun opwekkende of euforische werking die inspeelt op het verlangen van de mens naar geluk en zingeving. Omdat geluk en zinvol leven op dat moment ver te zoeken zijn en men die zinledigheid niet aankan, stort men zich in het gebruik van middelen die de leegte moeten opheffen en een 'goed geluksgevoel' moeten veroorzaken. Het klinkt paradoxaal, maar verslaving bestaat erin dat men zich totaal afhankelijk maakt van een middel om het totale meesterschap over het eigen leven terug te vinden.

Je hoeft geen drugs te gebruiken om verslaafd te zijn

Om het thema drugs en verslaving verder uit te diepen verwijzen wij naar het vroegere E.J.-boek *Onze vriendschap is méér dan sympathie* (Tielt, Lannoo), hoofdstuk 3: 'Je hoeft geen drugs te gebruiken om verslaafd te zijn' (p. 38-57) (nog te verkrijgen op het E.J.-Centrum, B-1702 Dilbeek, zolang de voorraad strekt). Daarin vind je niet alleen verdere achtergrondideeën, maar ook getuigenissen, animatietips, illustratiemateriaal (video, literatuur), nuttige adressen voor alle mogelijke info. Speciale brochures over drugs kun je steeds verkrijgen bij alle Jongeren Advies Centra, De Sleutel (Meerhem 199, Gent), Universitaire Gezondheidscentra, en ook bij de Rijkswacht.

Ik zou soms heel even

Ik zou soms heel even
een vogel willen zijn.
Ik zou dan ver weg zweven
op vleugels van satijn.
Ik zou zo graag willen
dat Zijn droom tot leven kwam
in mijn handen, in mijn ogen,
heel diep, heel diep in mij.

Ik zou zo van de wereld
willen houden als geen een:
zoals Hij als geen ander
van de wereld hield.
Ik zou zo van de wereld
willen houden zoals Hij,
met mijn handen, met mijn ogen,
met Zijn kracht, heel diep in mij!

Ik zou soms heel even
een zaadje willen zijn,
met honderdduizend and'ren
een korenveld doen ontstaan.
Die aandacht wil ik geven
die kracht wil ik zijn,
om samen met een ander
door het leven te gaan.

Ik zou soms willen stijgen
als een vogel naar de zon,
willen dansen, willen zingen,
met mijn vleugels van de grond.
Ik zou van God willen houden,
willen leven zoals Hij
door God werd gezonden,
van God heeft geleefd!

E.J.- C.D. 9701 'KRIEBELS IN MIJN LIJF' BIJ DIT BOEK
ZIE OOK HET LIED 'NU OF NOOIT' OP DEZELFDE E.J.-C.D.

HOOFDSTUK 4

Voor zichzelf kiezen

ALS HOMO OF LESBIENNE

Inleiding

Ieder van ons staat voor de opgave niet alleen het eigen man- of vrouw-zijn te aanvaarden, maar ook de eigen seksuele geaardheid te ontdekken, te beamen en positief te beleven.

Voor sommigen is dat een opgave, die niet van een leien dakje loopt — voor-al als ze beginnen te vermoeden of ontdekken dat ze misschien wel homo of lesbienne zijn, dat wil zeggen dat ze zich in hun gevoelsleven en seksueel verlangen vooral aangetrokken voelen tot personen van het eigen geslacht.

Om verwarring te voorkomen

Terwijl de meesten zich hoofdzakelijk aangetrokken voelen tot iemand van het eigen óf het andere geslacht, zijn er ook die tegelijkertijd hetero- én homo-gevoelens kennen, en bij som-migen is zelfs de dubbele seksuele gerichtheid ongeveer even sterk aan-wezig: ze worden biseksuelen of bi's in de strikte zin van het woord ge-noemd. Het is te eenvoudig homo's

en hetero's als twee aparte groepen te beschouwen. Mensen zijn te rijk en uniek om te worden ondergebracht in hokjes. Seksualiteit is een soort con-tinuüm of doorlopende lijn: we bewe-gen ons tussen de twee uitersten van homo- en heteroseksualiteit.

Homoseksualiteit mag niet verward worden met pedofilie. Pedofielen voe-len zich seksueel aangetrokken tot kinderen, op zo'n manier dat alleen kinderen hen de hoogste lust kunnen verschaffen. We kunnen ze daarom beter pedoseksuelen noemen. Pedo-seksuelen zijn dan ook nagenoeg alleen bij kinderen potent (wat op zijn beurt dus niet verward mag worden met normale, gezonde gevoelens van genegenheid voor kinderen, zoals ook gevoelens van genegenheid voor iemand van hetzelfde geslacht niet verward mogen worden met homo-seksualiteit in de strikte zin van het woord, waarbij de seksuele aantrek-king tot iemand van het eigen geslacht centraal staat).
Zowel bij hetero's als homo's kan de pedoseksuele afwijking voorkomen, waarbij combinaties met sadisme, kijklust en fetisjisme mogelijk zijn. Homoseksualiteit mag evenmin ver-

ward worden met 'transseksualiteit'. Transseksuelen voelen een diepe tegenspraak tussen hun biologisch geslacht en de manier waarop zij zichzelf innerlijk en gevoelsmatig ervaren. Daarom streven transseksuelen ernaar om hun lichamelijke geslachtelijkheid in overeenstemming te brengen met hun innerlijke seksuele geaardheid. Mannelijke transseksuelen zullen zich bijvoorbeeld vrouwelijk kleden en gedragen en voelen zich ook tot mannen aangetrokken. In tegenstelling tot homo's van wie de gevoelens naar iemand van hetzelfde biologische geslacht uitgaan, richt de transseksuele zich echter naar iemand van het andere geslacht, aangezien hij zich gevoelsmatig en geestelijk vrouw voelt. Daarom ook zijn veel transseksuelen bereid allerlei operaties, hormonale behandelingen en geslachtsveranderingen te ondergaan. Dan pas krijgen ze het gevoel in harmonie te zijn met hun echte seksuele zelf.

Transseksualiteit mag op zijn beurt niet verward worden met travestie. Travestieten zijn mensen, vaak mannen, die zich kleden en opmaken als iemand van het andere (biologische) geslacht. Dit kan gekoppeld zijn aan het zich gedragen volgens het rolpatroon en het aanpassen van motoriek, gebarentaal, mimiek en stemgebruik. Travestie kan geposeerd zijn, als theatraal middel om een rol of typetje van het andere geslacht (een travestierol) neer te zetten. Als het travestiegedrag een uiting is van innerlijke drang, spreekt men van travestiegeaarde mensen, die deze 'omkleding' en het bijbehorende gedrag zoeken en erotisch vinden. In tegenstelling tot een transseksueel, die door zijn kleding en gedrag geen seksueel genot nastreeft maar enkel zichzelf wil uitdrukken, heeft een travestiegeaard persoon niet het gevoel tot het andere biologische geslacht te behoren. Voor meer informatie over travestie, zie o.m. Marjolein Rotsteeg, *Cherchez la femme,* Amsterdam, Vassalluci, 1996, 255 p.

We zijn méér dan onze seksualiteit

Niemand valt natuurlijk helemaal samen met zijn seksuele geaardheid: een persoonlijkheid is veel méér en is veel ruimer! Maar omdat het homo- of lesbienne-zijn een belangrijk deel van de hele persoon vormt, mag dat zeker niet weggemoffeld worden. Men moet het eerlijk onder ogen zien en er ook voor durven 'kiezen' als een bron van mogelijkheden, zonder daarom kiekeboe te spelen in verband met de moeilijkheden en uitdagingen.

Niet enkel bedoeld voor homo's en lesbiennes

Dit hoofdstuk is echter niet alleen bedoeld voor wie zich als homo of lesbienne herkent, maar evengoed voor hetero's. Homo's en hetero's hebben elkaar nodig. Als je een hetero bent is het goed dat je weet en beseft hoe homo's en lesbiennes zichzelf ervaren, waarmee ze worstelen en hoe ze voor zichzelf leren kiezen. Zo kan er begrip, respect en aanvaarding groeien. En dat is méér dan 'leven en laten leven', in de zin van: 'laat ze (die homo's of lesbiennes) maar doen wat ze willen, als zij zich daar goed bij voelen'.

Homo's en lesbiennes vormen beslist een minderheid (hun aantal wordt geschat op 5 tot 10 %), maar ze leven niet in de marge: ze leven tussen ons, ze maken volop deel uit van onze samenleving. Al te vaak wordt 'minderheid' zomaar gelijkgesteld met 'marginaliteit'.

Wanneer je je eerlijk voor hen openstelt, dan begint een boeiend spel van uitwisseling: homoseksualiteit doorbreekt de traditionele man-vrouw-rollenpatronen en biedt de heteromeerderheid de kans de vanzelfsprekende beelden en opvattingen weer kritisch onder ogen te zien. Hetero's kunnen zich door de vragen van homo's en lesbiennes laten inspireren om zelf op een bewuste wijze hun eigen seksuele geaardheid te beleven en hun levensweg te kiezen.

Portret van Sanne

'Sanne moest leren dat het niet abnormaal was wat ze voor Monique voelde. Oké, ze raakte niet meer in paniek bij de gedachte aan Monique. Ze begon zelfs het leuke van verliefd-zijn in te zien. Je kon lekker voor je uit staren zonder je te vervelen, bijvoorbeeld. Maar het was wel rot als je verliefd was en je liefde bleef onbeantwoord. Ze wilde haar zo graag aanraken, haar krullen in haar hand houden, haar gezicht strelen. Wat zou ze dat graag doen: haar armen om haar heen slaan, haar dicht tegen zich aan houden en zeggen hoe lief ze was, hoe mooi. Maar dat kon niet. Ze zou het ook niet durven. Monique was "gewoon". Ze had Hugo...'*

Dit is een kort fragment uit het boek van Caja Cazemier, *Portret van Sanne* (Houten, Van Holkema & Warendorf, 1993, 2de druk, p. 89). Sanne en Monique zijn onafscheidelijke vriendinnen, totdat Monique een vakantie-vriendje krijgt. Het is net alsof Monique alleen nog maar over jongens kan praten en Sanne begrijpt steeds minder van haar vriendin. Ook met haar ouders en zusje kan Sanne slecht overweg. Ze tekent en schildert veel, maar verwaarloost haar schoolwerk en trekt zich steeds meer op

zichzelf terug. Langzamerhand gaat Sanne haar eigen gedrag beter begrijpen. Een vriend hebben lijkt belangrijk om erbij te horen, maar eigenlijk interesseren jongens haar niet op die manier. En wat Sanne voor Monique voelt, is meer dan vriendschap alleen...

Item 1
Ken jij een homo of lesbienne?

Tijdens de brainstormsessie *Hoe anders is anders?* werd aan de deelnemende jongeren de volgende ervaringsopdracht voorgelegd:

☞ Ken jij persoonlijk een homo of lesbienne, of heb je indirect een voorbeeld uit jouw omgeving? Beschrijf de persoon en jouw contact en ontmoeting met hem of haar als mens. Hoe vernam je hun homo- of lesbienne-zijn? Hoe heb jij gereageerd? Hoe verliep en verloopt jouw contact met hen?
☞ Werk, vóór je hieronder enkele reacties op deze vragen leest, ook zelf de ervaringsopdracht eerst uit.

Niet enkel van horen zeggen

Ken jij persoonlijk homo's of lesbiennes, niet van horen zeggen, maar uit directe contacten en ontmoetingen? Beschrijf de ontmoeting en hoe je hun geaardheid te weten kwam.
Noteer ook je eerste, spontane reactie. Ga ook na of je eerlijk bent geweest, of je namelijk hebt gereageerd volgens wat je inwendig voelde. Als je anders reageerde dan je voelde, waarom?

Hoe anders is anders?
Getuigenissen van jongeren

Ziehier slechts enkele uit de talrijke schriftelijke reacties van de jongeren die deelnamen aan de sessie *Hoe anders is anders?* Vergelijk hun ervaringen en reacties met wat je zelf noteerde of meemaakte.

Toen een goede vriendin
me vertelde dat ze lesbisch was
'Een heel goede vriendin van mij is lesbienne. Maar ik merkte daar niets van. Ik kende haar al een hele tijd toen ze mij vertelde dat ze lesbisch was. Ze was echt nerveus en bang om het mij te vertellen; bang dat ik er raar op zou reageren en dat onze vriendschap dan afgelopen zou zijn. Maar ik heb het goed opgenomen. Die bewuste dag hebben we nog lang over dat onderwerp gepraat en dat doen we nu soms nog. Maar als we samen op reis gaan of gewoon samen uitgaan, weet niemand buiten haar directe vriendenkring dat zij lesbienne is.'

Ik reageerde verbaasd,
maar toch begrijpend
'Op een CM-kamp vertelde een van de medeleiders mij en een goede kameraad dat hij homo is. Ik reageerde verbaasd, maar toch — wat me achteraf verwonderde — aanvaardend en

begrijpend. Die persoon was en bleef wat ik van hem dacht. Hij tuimelde voor mij niet van zijn voetstuk. Integendeel, ik had veel begrip voor zijn moeilijkheden en respect voor het feit dat hij me zijn homo-zijn toevertrouwde. Toch vond hij zichzelf niet zielig. Hij aanvaardde zijn anderszijn en trachtte het bij zijn medemensen uit de taboesfeer te halen. Over "homoseksualiteit" in de strikte zin sprak hij echter niet...'

In onze klas wordt er geregeld over lesbiennes gepraat
'Ik persoonlijk ken niemand die lesbisch is. Het valt in mijn klas op dat er wel geregeld over lesbiennes gepraat wordt. Maar als ik dan vraag of iemand lesbiennes kent, moet iedereen het antwoord schuldig blijven... Of degene die zichzelf lesbisch voelt, durft wellicht niets te zeggen...'

Buitenstaanders beschouwen mijn 'ouders' als lesbiennes
'Mijn ouders zijn 6 jaar geleden gescheiden. Mijn moeder en wij (de kinderen) zijn toen bij mijn tante gaan wonen. Mijn moeder had op dat moment veel aan een goede vriendin. Uiteindelijk zijn ze na een jaar gaan samenwonen, tot groot ongenoegen van ons, de kinderen. Ik kon vloeken op "dat mens" (die andere vrouw), maar nu zijn we goede maatjes en ik kan haar als een tweede moeder beschouwen. We schelen uiteindelijk maar negen jaar. Buitenstaanders beschouwen mijn "ouders" als lesbiennes, maar ik vind dat zo'n lelijk woord. Ik noem hen nooit zo, want het heeft een negatieve bijklank. Ze hebben een grote vriendenkring, allemaal vrouwen, sommigen zijn koppels, en ze voelen zich er goed bij.

Ons huis is een écht vrouwenhuis. Ik heb daar eigenlijk totaal geen probleem meer mee. Ik ben er zelfs trots op dat ik zo open ben opgevoed en dus verschillende soorten relaties heb meegemaakt. Om het goed te hebben hoeft het niet per se "normaal" te zijn. In mijn vriendenkring weten de meesten hoe het bij ons thuis in elkaar steekt, en niemand heeft me daardoor anders bekeken of laten vallen! Ze nemen me gewoon zoals ik ben, en ik vind dat fantastisch. Ja, sommigen zijn soms zelfs jaloers. Mijn moeder is er ook gelukkig mee; wat wil je nog meer? Ik vermoed ook dat het lesbienne-zijn beter aanvaard wordt dan het homozijn.'

Eerst dacht ik dat het wel zou overgaan
'Mijn beste vriendin is lesbienne. Ik heb haar zo'n vijf jaar geleden op een zomerkamp leren kennen. Hoewel we daar niet zoveel contact met elkaar hadden, zijn we nadien toch blijven schrijven en telefoneren met elkaar. Daaruit is toen een mooie en hechte vriendschap ontstaan. Ongeveer drie jaar geleden vertelde ze mij dat ze dacht dat ze lesbisch was. Dat kwam voor mij niet echt onverwacht, aangezien ze mij via omwegen al verschillende hints had gegeven. Eerst dacht ik natuurlijk dat het wel zou overgaan en dat het een normaal puberteitsverschijnsel was. Maar dat bleek dus niet het geval! Mijn vriendin vertelde mij eens dat ze vond dat ik een beetje anders, onwenniger deed sinds ze het mij verteld had. Dat was waarschijnlijk ook zo, want ik wist eigenlijk niet goed hoe zij wou dat ik reageerde. Nu is alles weer als tevoren en kunnen we

er heel openlijk over praten. Zij zit nu in haar eerste jaar aan de universiteit en heeft sinds enkele maanden een vaste vriendin. Zij is enorm in de wolken en vertelt dan ook honderduit over haar vriendin, zelfs over haar meer intieme gevoelens... Ik stel dat erg op prijs, omdat het een teken is dat ze mij écht vertrouwt. Zij vraagt wel eens: 'Je vindt het toch niet choquerend, hé, wat ik je vertel?' Ik stel haar telkens gerust. Waarom zou ik gechoqueerd zijn? Ik heb mijn vriendin nog nooit zo gelukkig gezien en dat is toch wel het belangrijkste, vind je niet?!'

Nota: Niet enkel mannenzaak

Een interessante bevinding, die ook uit de bovenstaande getuigenissen blijkt, is dat de werkgroep tijdens de brainstormsessie *Hoe anders is anders?* niet eenzijdig aandacht besteedde aan het mannelijk homostandpunt (zoals al te vaak nog gebeurt, alsof homoseksualiteit alleen een mannenzaak zou zijn) maar evenzeer, en met een eigen klemtoon, aan het standpunt van het meisje en het lesbienne-zijn. Hoewel men met zijn verstand 'weet' dat homoseksualiteit geen mannenzaak is maar eveneens bij vrouwen kan voorkomen, heeft men toch in veel gesprekken en discussies nog altijd de neiging om alles wat met homoseksualiteit te maken heeft vooral in verband te brengen met homo's—met alle vooroordelen en verkeerde ideeën van dien.

Jimmy B.

Tijdens het BRTN-programma Schermen realiseerde Jan Van Rompaey een confrontatie tussen voor- en tegenstanders van het homo-typetje 'Jimmy B.', een kraker van Kris Van den Durpel in het BRTN-programma Typisch Chris.

Je kunt ook de mini-cd beluisteren: Jimmy B. Ik ben een vent (Paradiso PA 906303, Distributie Sony Music).

In Typisch Chris dartelde Jimmy B. opgewekt door Hollywood, betoverd door de vele macho's die hij op zijn weg vond.

Jimmy B. vertoonde alle kenmerken van de verwijfde homo zoals hij wel vaker in de media wordt afgeschilderd, zij het vooral in komische feuilletons, sketches en soaps: de wat verwijfde kledij, het gewapper met de handen, het handtasje, het giechelende stemmetje.

Niet alle homo's waren daar gelukkig mee. Een aantal vond dat Van den Durpel de bestaande vooroordelen tegenover homoseksuelen alleen maar versterkte en de indruk wekte dat alle homo's nichten zijn. Andere homo's zien er geen probleem in en vinden dat het moet kunnen.

Zie jij er problemen in?

Misschien heb jij ook gelachen om het homo-typetje Jimmy B. Ben jij persoonlijk een voor- of een tegenstander van dit typetje (of dergelijke typetjes)?

Schrijf eerst je antwoord neer, vóór je hieronder de reactie leest van Daan Van den Durpel, broer van Chris en zelf homo.

Wie denkt dat een homo er als Jimmy B. uitziet, is wereldvreemd

'Sommigen vermoeden dat ik de verwijfde Jimmy B. als een belediging
ervaar. Dat is niet zo. Het is immers
geen parodie op mij. Wie denkt dat
een homo er als Jimmy B. uitziet, is
wereldvreemd. Jimmy B. is karikatu-
raal en extreem. Zelfs ik ken niemand
in mijn omgeving die zo is. Jimmy B.
heeft alle clichés in zich. Ik ben
eigenlijk zelfs heel blij met Jimmy B.
Tot een paar jaar geleden werd er
over homo's enkel in termen van
"vuile janetten" gepraat. Nu heeft
iedereen sympathie voor het perso-
nage Jimmy B., terwijl iedereen heel
goed weet wat Jimmy B. is. Ik geloof
zeker dat Jimmy B. voor een mentali-
teitsverandering zorgt. Door het succes van Jimmy B. ontstaat er een duidelijke tolerantie ten overstaan van
homo's. En dat moedig ik aan. Er
wordt om Jimmy B. gelachen, maar
Jimmy B. wordt niet uitgelachen.'

Item 2
Van ontdekking
naar aanvaarding

Inleiding

Niemand krijgt bij de geboorte het etiket 'homo' of 'lesbienne' mee. De gangbare veronderstelling is immers dat men 'hetero' is. Als emotionele en seksuele gerichtheid op het eigen geslacht is het echter een gegeven waarvoor de persoon in kwestie niet kiest. Men kan voor dat gegeven dan ook niet met de vinger nagewezen worden. Het is integendeel een belangrijke dimensie van de persoonlijkheid die homo's en lesbiennes in de loop van hun leven gaandeweg ontdekken, vaak via een hele worsteling.

De schok van de ontdekking

Tot de leeftijd van tien tot twaalf jaar zijn er meestal geen problemen, hoewel 50% van de homo's zich op twaalfjarige leeftijd al min of meer sterk bewust was van een aantrekking tot het eigen geslacht. Voor het merendeel van die jongeren (60-70%) duurt het evenwel gemiddeld twee jaar, voor de gevoelens homo of lesbienne te zijn 'herkend' worden.

Getuigenis

Als ik nu toch eens homo was?
' Ik zit erg met mezelf in de knoop. Wat ben ik? Wie ben ik? Ik ben op zoek en heb al een relatie met een meisje gehad. Die liep na één maand stuk. Op school kijken ze me na en roepen ze: janet, homo... Wat ben ik? Ik voel me op mijn gemak bij jongens en meisjes van mijn leeftijd. Ik zoek naar mezelf en hoop mezelf te vin-

den. Toch ben ik bang voor de reacties. Als ik nu toch eens homo was...? Ik weet het niet, en ik leef maar door...'
BENNY, 16 J.

Geen verstoppertje spelen

Bij sommige jongens gebeurt de 'herkenning' al vóór hun vijftiende jaar, maar gemiddeld heeft ze plaats rond zestienjarige leeftijd. Dat geldt ook voor meisjes, maar sommigen beleven die 'herkenning' iets later, namelijk rond het achttiende levensjaar. De ontdekking zich tot seksegenoten aangetrokken te voelen wordt doorgaans niet positief ervaren. De meeste jonge mensen zijn bij een eerste confrontatie met de eigen homoseksuele gevoelens vaak zwaar de kluts kwijt en weigeren aanvankelijk hun verlangens te erkennen. Ze hopen en bidden dat het zal 'overgaan'. Ze verzetten zich tegen hun gevoelens, onder meer uit angst de band met andere belangrijke personen (bijvoorbeeld ouders, vrienden of vriendinnen) te verliezen. Wanneer het toch niet overgaat, scheppen zij voor zichzelf vaak een eigen fantasiewereld, waarin ze kunnen wegvluchten. Wat in hun omgeving onmogelijk of ongehoord is, kan daar wel.

Getuigenis

Man-vrouw-beeld als voor-beeld
' Jonge mensen krijgen in deze maatschappij veelal een man-vrouw-beeld als relatievoorbeeld voorgeschoteld. Een man en een vrouw vinden elkaar en besluiten dan om voor het leven samen te blijven. "Ga en vermenigvuldig u." Er komen kinderen, kleinkinderen, generaties, de wereld gaat voort. De natuur is zo voorzien, er zou een schepper zijn die het zo wilde, die het

zo wil... Maar hoe moet het, als je voor dat alles nu eens niet kunt zorgen? Niemand vertelde je ooit dat je van iemand van hetzelfde geslacht kunt gaan houden. Het is je nooit verteld. Dus zal het wel niet normaal zijn. Wie wil er—gesteld dat men over een "normaal uiterlijk" beschikt— voor uitkomen dat hij of zij eigenlijk "abnormaal" is. Abnormaal is veel gezegd, fout gezegd. Maar zo wordt het ons met de paplepel ingegeven. Homo- of lesbiennestellen zijn niet normaal, zouden niet normaal zijn! Wie komt daar graag voor uit? Wie vertelt dat graag en spontaan aan zijn of haar ouders, die je zó opvoedden, die je zó verwekten, die 'normaal' zijn...'

v.s.

Toespelingen en moppen

Jongeren die zich vragen stellen over hun 'anderszijn', hebben weinig verwijzingspunten naar wat het betekent homoseksuele gevoelens te hebben. In de samenleving – thuis, op school of elders – gaat men immers spontaan van het man-vrouw-model uit. De eerste wetenswaardigheden over homo's en lesbiennes leert men vaak via het jargon van dubbelzinnige toespelingen, scheldwoorden en schuine moppen. Grappen die ofwel sterk genitaal-anaal gericht zijn ofwel stereotiepe verwijfdheid of vermannelijking sterk overdrijven. Een tegenwicht in de vorm van positieve voorstellingen, zodat homoseksuele jongeren hun gevoelens kunnen herkennen, is er nauwelijks. Toch blijken deze gevoelens in diepte en intensiteit niet te verschillen van die van hetero's: sterk inlevingsvermogen, emoties, elementen van romantiek, erotisch gekleurde verlangens, hoop op liefde.

De ouders kunnen de aanvaarding van homoseksuele gevoelens een stuk gemakkelijker maken
'Mijn zus heeft een zoontje van vijf. Hij werd onlangs smoorverliefd op een klasgenootje. Hij had alleen één probleem: hij had de film Bambi gezien, en gezien hoe Bambi op roze wolkjes liep als hij verliefd was. En hij voelde dat niet, terwijl hij er toch heel zeker van overtuigd was dat hij wel héééél erg verliefd was. Zijn moeder heeft hem toen het een en ander verteld over "verliefd zijn". En daarbij heeft ze verteld dat jongens en meisjes op elkaar verliefd kunnen worden, maar dat het ook mogelijk is dat jongens op jongens, en meisjes op meisjes verliefd worden. Ik weet niet wanneer het menselijk geheugen begint te werken, maar ik hoop dat de jongen zich deze woorden van zijn moeder later zal herinneren als hij ooit zou gaan twijfelen aan zijn geaardheid. Ouders zouden bij de geboorte van hun kind al moeten aanvaarden, of er in ieder geval al rekening mee houden, dat het kind niet per se zal passen in het "man-vrouw-beeld", en dat het voor een mens helemaal geen schande is om homoseksueel te zijn (of een kind te hebben dat homoseksueel is). Het zou de aanvaarding bij jonge mensen, als zij hun homoseksuele gevoelens beginnen te ontdekken, een stuk gemakkelijker maken!'
M.D.

De eerste gesprekspartner

Vaak is een leeftijdsgenoot de eerste gesprekspartner over het eigen homo- of lesbienne-zijn. De ouders worden meestal 'gemeden', omdat men bang is voor hun afwijzende reacties, die inderdaad ook niet zelden voorkomen. Velen doen er minstens een jaar over, voor ze met iemand over hun gevoelens en verlangens durven te praten.

Homojongeren in Jambers

Een van de ophefmakende reportages van Jambers handelde over 'homojongeren'. In de bekende Jambers-stijl bracht de reportage op een gevoelige wijze onder andere getuigenissen over hoe moeilijk het voor homojongeren is om zichzelf te zijn in onze maatschappij. Bepaalde homo-organisaties reageerden negatief op het programma. De researchdienst van 'Jambers' verantwoordde zich met de volgende persmededeling:

'*De kritiek van de homobewegingen maakt mij, researcher van de Jambers-reportage over homojongeren, zowel triest als boos. Blijkbaar zijn de homobewegingen niet in staat om objectief te kijken naar een reportage waarbij zijzelf betrokken zijn. Indien zij zich neutraal en onbevooroordeeld zouden hebben opgesteld, zouden zij gezien hebben dat de reportage een ontroerend document was dat waarschijnlijk heel wat mensen heeft doen nadenken. Dat is althans wat ik de dagen na de uitzending gehoord heb van kijkers. Het is immers niet met slogans of cijfermateriaal dat het hart en het geweten van de mens beroerd wordt. De homogroepen verwijten ons een "problematiserende woordkeuze". Maar het is niet omdat zij de problemen van homojongeren (depressies, pesterijen, negatieve ervaringen in bars) niet willen zien, dat ze er niet zijn. Uit*

een onderzoeksverslag van de homo- en lesbiennejongerenkoepel in Antwerpen uit '92 blijkt trouwens dat 27% van de homojongeren tussen 16 en 25 jaar een zelfmoordpoging achter de rug heeft, en dat méér dan de helft van de homojongeren met zelfmoordgedachten rondloopt! Er zijn dus wel degelijk problemen. En dat weten de homobewegingen zelf trouwens ook wel. Waarom organiseren zij anders onthaalgesprekken en "zelfhulpgroepen" in heel Vlaanderen?

De kritiek maakt me niet alleen triest maar ook boos, omdat ze van kwade trouw getuigt. Wij hebben niet gezegd "alle homo's houden van uiterlijk, kleding enzovoort" maar wel "vele homo's". De dooddoener dat we op de kijkcijfers gemikt hebben, raakt kant noch wal. De "huilscène" waarover gesproken wordt in de kritiek komt alleen voor in de verbeelding van de homowerkgroepen en zat niet in de reportage. Voor de kijkcijfers hadden we beter de in leer gehulde of verwijfde homo's kunnen bezoeken. We weten perfect waar die jongeren samenkomen en het zou de research aanzienlijk vergemakkelijkt hebben. Waar zij schrijven "selectieve, seksueel geladen beeldkeuze", begin ik mij af te vragen of zij wel naar het programma gekeken hebben. Behalve drie shots tijdens een door hen georganiseerde homo-fuif en twee shots in een trendy discotheek, heb ik enkel huis-, tuin en keukenbeelden gezien (tafelvoetbal, volleybal, huiskamer, met ouders aan tafel, portretfoto's, verzorgen van paard, boodschappen doen in het dorp, een bankje in het park, een vogelkooi enzovoort). Dat ik als researcher jongens zocht die op een "gevoelige" manier kunnen vertellen klopt voor 100%. Ik denk dat een met gevoel verteld verhaal oneindig veel beter overkomt én overtuigt dan afstandelijke sloganeske en nietszeggende propaganda, die de inderdaad soms trieste werkelijkheid tracht te verhullen.'

LILI VANDENBERCK, JOURNALISTE JAMBERS

Opdracht

Bestel de Jambers-reportage bij VTM (Vilvoorde-Brussel). Bekijk en beluister aandachtig de getuigenissen. Geef daarna jouw persoonlijke visie over de getuigenissen en over de persmededeling.

Eigen-aardig even-waardig

Een van de moeilijkheden om te komen tot een eerlijke 'herkenning' van het homo- of lesbienne-zijn, heeft te maken met de ontwikkeling die jonge mensen doormaken.

Er is bij iedereen aandacht voor het eigen geslacht in kameraadschap en groepsvorming (zie volgend deel van dit boek). Soms noemt men dit de algemene 'homo-erotische' dynamiek, die het ontstaan van vriendschap stimuleert. Ze heeft dan ook niet veel van doen met 'homoseksuele geaardheid' in de strikte zin van het woord.

Samen met het vervagen van man-vrouw-rollenpatronen of het te sterk beklemtonen ervan, kan de algemene 'homo-erotiek' leiden tot verliefdheden en eventueel tot erotische verlangens en contacten met iemand van het eigen geslacht. Dat betekent echter niet dat het gaat om een homoseksuele gerichtheid, die men trouwens meestal nog niet onderkent.

Het is niet omdat men eens een ster-

ke aantrekking heeft gevoeld (of geuit) voor iemand van het eigen geslacht, dat er van homo- of lesbienne-zijn sprake is. Sommige jongeren die dergelijke gevoelens of ervaringen meemaken, voelen zich daarover erg ongemakkelijk of zelfs schuldig. Ze weten er niet goed raad mee en houden die belevingen daarom vaak voor zich. Soms vragen ze zich heel angstig af of ze homo of lesbienne zijn en vrezen dat ze niet meer naar de andere sekse zullen durven toegaan. Enkelen kunnen zodanig door dit 'geheim' achtervolgd worden, dat zij er zonder hulp van een volwassen vertrouwenspersoon niet uitkomen. Het zijn echter veelal voorbijgaande belevingen.

*Hij durfde me niet te zeggen
dat zijn lief een jongen was*
'*Al enkele jaren zit ik op school met een jongen en het laatste anderhalf jaar zijn we echt goede vrienden geworden. Ik kan hem wel mijn beste vriend noemen. Ik ben een meisje en heb een vaste relatie met een jongen. Ik vroeg mijn goede vriend dan ook of hij ook een lief had. Toen hij me uiteindelijk vertelde dat hij een lief had, vroeg ik natuurlijk direct hoe ze heette. Hij wilde graag met mij over zijn lief praten, maar durfde me niet te zeggen dat het een jongen was. Lange tijd heb ik dus gedacht dat hij verkering had met een meisje. Tot hij ongeveer een half jaar geleden met mij wou praten. Hij wilde geen leugens meer en hij vond dat binnen onze vriendschap alles gezegd moest kunnen worden, ook al was hij bang dat ik slecht zou reageren en*

dat zijn "bekentenis" een ongunstige invloed op onze vriendschap zou hebben. Toen heeft hij me dus toch verteld dat zijn lief een jongen is. We zijn nu nog veel betere vrienden!'

Op het goede spoor

Dat er een groeifase bestaat van gelijkgeslachtelijke relaties en kameraadschappen, kan jongeren die wel homoseksueel gericht zijn, op een dwaalspoor zetten. Ze kunnen zich erachter verschuilen, om zichzelf hun eigen homoseksuele gevoelens niet te hoeven toegeven. De informatie dat de aantrekking tot het eigen geslacht deel uitmaakt van de normale ontwikkeling in de jeugd, kan hen beletten reëel oog te krijgen voor wat in hun gevoelsleven probeert aan de oppervlakte te komen. Ze zijn er bang voor te moeten toegeven dat hun gevoelens voor vrienden of vriendinnen méér zijn dan wat doorgaans vriendschap genoemd wordt. Als zij dan geruststellend lezen of horen zeggen dat iedereen wel eens homoseksuele gevoelens en verlangens kan hebben, maar dat dit eigenlijk nog niets wil zeggen, dan zijn ze daarmee niet vooruitgeholpen. De geruststelling dat ze zich nog 'geen zorgen hoeven te maken' of 'dat het wel over zal gaan' speelt immers in op hun onbewust innerlijk verzet tegen het doordringende besef dat ze 'anders-geaard' zijn. Die camouflage is geen oplossing, ook al kan het heel wat tijd vergen om de eigen angsten te overwinnen en de homoseksuele aanspreekbaarheid als een deel van zichzelf te erkennen. Net als bij andere problemen brengt het verdringen— bijvoorbeeld door krampachtige pogingen tot heteroseksuele contacten—slechts een bedrieglijke opluchting.

Zelf dacht ik dat ik te jong was voor een lief
'Eigenlijk wist ik het al in de lagere school. Toen voelde ik mij al sterk tot bepaalde jongens aangetrokken. Ik wilde zijn zoals zij, ik wilde bij hen zijn. Op de middelbare school ging het net zo. Alleen drong het niet tot mij door dat het verliefdheid was. Ik stond er niet bij stil! Juist omdat het om jongens in plaats van meisjes ging. Ik heb nooit wat voor meisjes gevoeld. Daardoor ben ik ook gaan beseffen dat ik "anders" was. Gevoelens voor meisjes bleven gewoon uit. Natuurlijk stelde men zich daar wel vragen bij. Er werd al eens gezegd "en nu is het tijd dat ge van de straat geraakt". Zelf dacht ik dat ik te jong was voor een lief. Maar op een gegeven moment startten de roddels dan toch. Op school werd ik verschrikkelijk gepest en uitgescholden voor janet. Ik trok mij dat erg aan, want toen wist ik nog niet dat ik homo was. Maar hoe hardnekkiger ik het ging ontkennen, hoe meer ik begon te beseffen dat ik het wél was. De mensen aanvaarden het niet als je "anders" bent. Ik heb zelfs een hele tijd gemene briefjes in de bus gekregen. Er hangt nog steeds een taboe rond homoseksualiteit. Ik herinner me een incident van vorige zomer. Ik zou met een stel jongens uit de buurt gaan zwemmen. Ik kon gerust mee, geen probleem. Tot puntje bij paaltje kwam. Toen bleek er voor mij in de auto geen plaats meer te zijn. Ik had de boodschap meteen begrepen. Je kunt niet van mensen verwachten dat ze je respecteren om wie je bent, zolang je je eigen persoonlijkheid niet aanvaardt. Ik moest eerst met mezelf in het reine komen. Nu ik mezelf als "anders" respecteer, sta ik veel sterker. Het commentaar van anderen raakt mij veel minder diep dan vroeger.'
DIMITRI

Geen sussende schouderklopjes

Om de paniek waarin men terechtkomt uit te bannen zijn geen goedbedoelende, sussende schouderklopjes van leeftijdsgenoten of begeleiders nodig. Men is veel meer gebaat met een open benadering die ruimte schept voor een eerlijke erkenning van de eigen homoseksuele geaardheid.

Als een vriend of vriendin bij je komt en je zegt dat hij of zij homo of lesbienne is, kun je het best eerlijk luisteren en openstaan. Zo kunnen haar of zijn angsten eerlijk naar boven komen, zonder dat ze weggewuifd worden met de dooddoener dat het allemaal niets betekent of dat het wel zal overgaan. Alleen rustige aandacht, die niets wil ontkennen of minimaliseren, maar ook niets wil dramatiseren, geeft werkelijke steun aan iemand die tot zichzelf wil komen.

Toen ik op hem verliefd werd, vertelde hij me dat hij homo was
'Een tijdje geleden leerde ik een lieve jongen kennen. Het klikte echt tussen ons. We gingen vaak samen weg, konden uren praten, en zwijgen. Hij

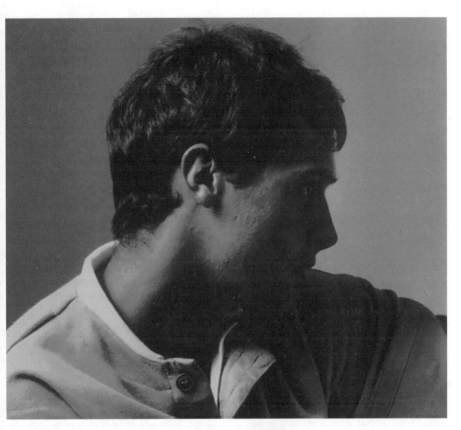

was echt een schat. Ik had echt het gevoel dat hij me begreep, hij was zo gevoelig. En ik werd verliefd op hem. Toen ik het hem vertelde, werd hij heel stil. Hij kwam naast me zitten, sloeg zijn arm om me heen en zuchtte... Hij had tranen in zijn ogen. Ik schrok wel even en vroeg wat er was. Toen vertelde hij me dat hij homo was. Het was even stil. Ik wist niet wat ik moest zeggen. Ik begon te huilen, want op dat moment vond ik het heel erg, juist omdat ik zo verliefd op hem was. Hij zei dat hij me niet wilde kwetsen en dat hij me zeker niet kwijt wou als vriendin, omdat hij zoveel aan mij had. Nu ben ik over die verliefdheid heen en hij is een van de beste vrienden die ik heb.'

My Own Private Idaho

De film van Gus Van Sant brengt een rauw en soms schokkend verhaal over twee jongens, Scott (Keanu Reeves) en Mike (River Phoenix), die in de middelgrote Amerikaanse stad Portland hun dagelijkse job uitoefenen: homoseksuele prostitutie. Ze ontmoeten elkaar in het huis van een rijke man die een feestje wil bouwen. Als het een en ander uit de hand loopt en Mike een aanval van slaapziekte krijgt, wordt hij door Scott verzorgd. Er ontstaat een hechte vriendschap tussen de twee jongens, en Scott stelt Mike voor aan de bizarre

Bob Pigeon (William Richert), een oude coke-dealer die een meute jonge schooiers huisvest en aanvoert. Als Mike, samen met Scott, zijn moeder in Idaho wil bezoeken, blijkt dat ze in Rome verblijft. Daar aangekomen vinden ze haar niet. Mike is wanhopig, terwijl Scott enkel aandacht heeft voor de jonge Italiaanse Maria (Chiara Caselli). Dat betekent meteen het einde van de vriendschap tussen Mike en Scott... *My Own Private Idaho* is een controversiële, aangrijpende en visueel eigenzinnige dramatische film. CBS FOX Video 5648, 99'

Eigen geaardheid bevestigen

De weg loopt niet alleen van ontkenning naar herkenning, maar ook van herkenning naar positieve aanvaarding. Dat is dé voorwaarde tot een volwaardig homo- of lesbienne-zijn.

Maar vaak is het een lange en moeizame weg. De schok van de ontdekking en het zich rekenschap geven van de eigen homoseksuele aanleg leidt tot gevoelens van onzekerheid, eenzaamheid en angst om door de anderen afgewezen te worden. Die gevoelens worden nog versterkt door het beeld dat in onze samenleving nog steeds onderhuids doorwerkt, namelijk dat homoseksualiteit, zo het al geen ziekte meer is, toch nog steeds iets abnormaals of een afwijking is. Heel wat mensen denken 'heimelijk' nog altijd zo, al durven ze het vaak niet meer openlijk uit te spreken uit angst van discriminatie beschuldigd te worden.
Jongeren die ontdekken dat ze homo en lesbienne zijn, maken een heel proces door, voordat ze hun seksuele geaardheid erkennen als een deel van zichzelf. Zij zitten aanvankelijk met heel wat vragen, maar hebben meestal geen voorbeelden in hun omgeving. Ze kennen gewoonlijk geen andere homo's of lesbiennes, of maar heel weinig. Velen trekken zich in zichzelf terug en vervreemden zo van hun omgeving. Ze verzinnen smoesjes, ontwijken vragen, lachen als er over trouwplannen gesproken wordt... Ze staan eigenlijk stil in hun ontwikkeling en worstelen met zichzelf. En zo verliezen ze enkele jaren. Tot het moment komt dat ze het werkelijk onder ogen durven te zien en te erkennen. Dat is de 'tweede start', de aanvang van een nieuw begin.

Ik ben homo
' *Ik ben homo. Het is een kort zinnetje, maar vele jongeren en volwassenen hebben er nog problemen mee het uit te spreken of het te horen te krijgen. Ik was zestien jaar toen ik voor het eerst merkte dat er bij mij iets niet pluis was. Ik heb lang geaarzeld, en gehoopt dat ik het zinnetje nooit zou hoeven uitspreken. Ik hoopte dat mijn gevoelens slechts tijdelijk waren en zouden veranderen, dat ik me vergiste.*
Als ik om me heen keek, kon ik me namelijk helemaal niet herkennen in het homobeeld uit de media, waar men het stereotiepe beeld ophangt van verwijfde mannen die enkel op seks belust zijn. Ook in mijn geloof vond ik geen rust. Binnen onze kerk wordt een negatief beeld opgehangen van homo's, waardoor personen die nog op zoek zijn naar zichzelf, met schuldgevoelens komen te zitten. Ik dacht dat ik een keuze moest maken, een keuze die onmogelijk is.

Uiteindelijk besefte ik dat ik homo ben. Het was slechts een besef. Van aanvaarden was op dat moment nog geen sprake. Dat was een tweede stap, die honderd keer moeilijker was. Ik ben nu wel zo, maar mag ik eigenlijk wel zo zijn? Waarom ben ik zo? Is er iets aan te doen? Wat heeft me zo gemaakt? Antwoorden op die vragen liggen niet voor het grijpen. Ook de angst speelde een belangrijke rol, ik durfde er gewoon met niemand over te praten. En hierbij is de maatschappij nog steeds een erg vertragende factor. Uiteindelijk had ik voor mezelf uitgemaakt: het is mijn leven, en ik zal er het beste van maken. Het zal mijn taak zijn te tonen dat het beeld dat men heeft, helemaal niet opgaat. Hiervoor kan ik heel wat kracht en steun putten uit groeperingen.

Een belangrijke, maar heel moeilijke stap, is die naar de ouders. Met je ouders heb je een hechte band, wat het nog moeilijker maakt. Op het eerste moment veroorzaakt het bij hen een diepe teleurstelling. Al hun toekomstplannen van een huwelijk en (klein)kinderen krijgen vallen in duigen. Vele ouders denken dat hun homoseksuele kind nooit gelukkig zal kunnen zijn, en dat zijn geaardheid voor de buitenwereld verzwegen moet blijven. Naderhand beseffen ze dat het juist omgekeerd is. Als hun kind in de kast gebleven zou zijn, nooit zichzelf zou hebben kunnen zijn, dan zou hun kind pas echt ongelukkig geweest zijn. Zelf ben ik blij dat mijn moeder (die jammer genoeg alleen is komen te staan) haar best doet om me te begrijpen en te aanvaarden zoals ik ben. Voor haar is het zeker niet makkelijk. Ik heb een lange tijd nodig gehad om mezelf te aanvaarden. Nu wil ik haar ook de tijd gunnen om dat te aanvaarden.

Tot slot, mocht ik opnieuw kunnen kiezen, dan zou ik toch hetzelfde willen. Ondanks alle moeilijkheden die ik gehad heb, ben ik nu erg gelukkig.'

PIET

Wie 'anders' is hoeft niet 'anders dan anders' te willen worden

Erkenning is echter niet de laatste stap. Erkenning betekent immers nog niet automatisch aanvaarding, laat staan een positieve keuze of beaming van zichzelf als homo of lesbienne.

Daartoe is een voortgezet groeiproces nodig, waarin men niet meer voor zichzelf vlucht of door allerlei omwegen of 'trucs' toch nog probeert te 'veranderen' en naar het zogenaamd 'normale' terug te keren. Uiteindelijk loopt dat op niets uit, tenzij op zelfbedrog dat veel schade kan aanrichten. Toch kan alleen de persoon in kwestie leren zichzelf als homo of lesbienne te aanvaarden. Het is een weg die ieder voor zich te gaan heeft.

Getuigenis

Hij steekt zijn homo-zijn niet onder stoelen of banken
' Roel, een jongen uit mijn vorige school is homo. Je kunt het meteen merken aan zijn manier van omgaan met de andere jongens. Daardoor wordt (en werd) hij met de vinger nagewezen: "Kijk een homo." Maar Roel steekt zijn homo-zijn niet onder stoelen of banken, hij komt er openlijk voor uit en doet er dus "heel gewoon" over. De mensen die hem nu kennen, aanvaarden hem want het is ondertussen heel normaal geworden dat hij zijn vrienden een zoen geeft bij een afscheid of weerzien. Degenen die zich met deze manier van doen niet kunnen verzoenen, kunnen volgens hem "de boom in". Hij stoort er zich gewoon niet aan...'

Illustratie film-video

A Month in The Country

Een film van de Ierse regisseur Pat O'Connor, met Colin Firth en Kenneth Branach. Aan het begin van de film leren we Birkin kennen, een Londense stotteraar, die op verzoek van het kerkbestuur van het gehucht Oxgodby herstelwerkzaamheden komt uitvoeren. We bevinden ons in Yorkshire, in de zomer van 1920. De idyllische omgeving herstelt zich nog van de wonden van de Eerste Wereldoorlog. Tom Birkin en Charles Moon zijn twee overlevenden van die verschrikking.
's Nachts worden beiden nog steeds geplaagd door de vreselijkste nachtmerries. Birkin heeft aan zijn verleden een vervelend stotteren overgehouden, wat alle communicatie erg moeilijk maakt. Buiten op de begraafplaats van Oxgodby treft Birkin zijn vroegere oorlogsmakker Moon aan, bezig met opgravingen in opdracht van hetzelfde kerkbestuur. Tijdens de zomerse maand die ze in elkaars gezelschap doorbrengen, komt Moon uit voor zijn homoseksuele geaardheid. Hij voelt zich aangetrokken tot Birkin (die verliefd wordt op de jonge vrouw van de dominee). Naast de lijdensweg aan het Franse front, kende hij nog de vernedering van vervolging wegens zijn homoseksuele neigingen. Gefrustreerd is hij op zoek naar een graftombe uit de 14de eeuw, waarin een in de ban geslagen persoon begraven werd, die niet in gewijde aarde mocht rusten...
(Excel Video, BDM Video 009, 1u36')

Voluit kiezen voor zichzelf

Aanvaarding kan echter nog altijd negatief opgevat worden als een vorm van 'gelatenheid': 'Eigenlijk zou ik het niet mogen zijn, maar nu ik het toch ben en er niets aan te doen valt, moet ik mezelf maar aanvaarden.' Daarom moet zelfaanvaarding uitgroeien tot een positieve waardering van de eigen homoseksuele geaardheid, als een eigen mogelijkheid en 'roeping'. Zoals alle menselijke gegevens, houdt ze uiteraard ook haar grenzen en spanningen in, die men eerlijk moet verwerken. Homo's en lesbiennes staan evengoed als hetero's voor de uitdaging hun vermogen om lief te hebben ten volle te ontwikkelen.

Om voluit te kiezen voor zichzelf is het van groot belang homoseksualiteit niet als een afwijking te beschouwen, maar te erkennen als een gewoon menselijk verschijnsel. Het is niet zo dat homo's of lesbiennes iets 'missen'.

In getuigenissen van homo's en lesbiennes vind je nogal eens de vergelijking met linkshandigheid. Ook linkshandigen vormen een minderheid en ze werden vroeger onterecht door velen als ziek beschouwd. Ook onder niet-linkshandigen vind je alle mogelijke verschillende mensen met de meest uiteenlopende voorkeuren en gewoonten. En zoals niemand verengd wordt tot zijn hetero-zijn, omdat een mens méér is dan seksualiteit, zo is ook elke homo of lesbienne een volledige persoon die in zijn geheel wil leven, erkend wil worden en geluk wil vinden.

Ik heb een broer gehad

Geheimen spelen een belangrijke rol in de jeugdroman *Ik heb een broer gehad* van de Zweedse auteur Håkan Lindquist (Hasselt, Clavis, 1996). 'Er liggen precies 502 dagen tussen jouw laatste levensdagen en mijn eerste.' Zo begint Jonas het relaas van de vreemde zoektocht naar zijn broer Paul. Jonas, nu haast even oud als Paul, raakt steeds meer geïntrigeerd door zijn broer, die stierf voor Jonas geboren werd. Een oude suède jack en een briefje in rode inkt zetten hem op het goede spoor. Via foto's, een dagboek en vooral in gesprekken met Daniël achterhaalt hij wat zijn broer bezighield in de dagen voor hij onder een trein terechtkwam. Zowel zijn ouders als Daniël, een vriend des huizes, zijn terughoudend. Maar Jonas achterhaalt het geheim. Paul was homofiel en raakte verstrikt in zijn verdriet toen hij vreesde dat Petr, zijn vriend, bij een brand was omgekomen. De vele lege plekken geven de verbeelding een kans om het verhaal verder in te vullen. Zo laat de auteur in het midden of de ouders van Paul weet hadden van de homofiele geaardheid van hun zoon en of Paul al dan niet door zelfdoding om het leven kwam. Ook het einde blijft open. De lezer kan slechts gissen of Jonas zal praten met zijn ouders of alleen Pauls geheim wil bewaren. Håkan Lindquist verwerkt het gekozen thema sereen en boeiend. De vriendschap tussen Paul en zijn Tsjechisch vriendje Petr krijgt iets vertederends. Toch kan men vragen stellen bij de link tussen homofilie en dood. Daniël en de inmiddels volwassen Petr met wie Jonas een gesprek heeft, ontkrachten natuurlijk die spontane verbinding, maar onderhuids lijkt het verhaal toch te suggereren dat Paul op een doodlopend spoor was terechtgekomen.

RITA GESQUIÈRE

Item 3
Voorbij vooroordelen en discriminatie

Het verlangen om lief te hebben, hoe dan ook!
' Ik kan niet precies zeggen wanneer ik voor het eerst diepere gevoelens voor meisjes gehad heb. Mijn verste herinnering brengt mij terug naar een kamp in Zwitserland. Ik was veertien jaar en zij ook. We hadden elkaar vóór het kamp nooit gezien. Je kon best zeggen dat het liefde op het eerste gezicht was. Ik heb een zalig kamp gehad met nog meer zalige kriebels... nog niet wetend wat het woord "lesbisch" betekende. Toen ik zestien jaar was deed ik mee aan een wereldkamp... en A. ook. Ik noem haar mijn eerste grote liefde, omdat ik daarvóór nog nooit zo' n sterke wederzijdse aantrekking gevoeld had. Bij het terugkeren van het wereldkamp kwam ik weer in de realiteit terecht. De omgeving kwam erbij... Die was ik blijkbaar op het kamp even vergeten! Ik werd met mijn neus op de heterogeoriënteerde maatschappij gedrukt, waar weinig meisjeskoppels zoals A. en ik te zien waren. Ik was erg verward en had veel vragen. Waarom ik? Dat kan niet, het klopt niet! Help mij, want ik trek meisjes aan en dat is iets abnormaals! Als het niet abnormaal zou zijn, zou je het toch méér te zien krijgen? Enzovoort. De gedachte alleen al dat iemand het taboe van

*onze relatie te weten zou komen, deed mij in elkaar krimpen van angst. En toch... bleef onze **liefde** sterk. Ondanks die moeilijke momenten voelde ik mij goed bij haar. Ik voelde immers dikke vlinders zoals ik nog nooit voor iemand gevoeld had... Zulke zalige dikke vlinders in mijn buik. Ik zou toch gek zijn, als ik dit zomaar zou verdringen! Ik was tot over mijn oren verliefd. We hunkerden naar het weekend om bij elkaar te kunnen zijn en elkaars gevoelswereld verder te ontdekken. Aan "spannende" en pijnlijke momenten ontbrak het echter niet. Onder het woord "spannend" valt ook de rubriek "stiekem zoenen op openbare plaatsen". We hebben elkaar vaak willen beetpakken, maar deden het niet uit angst voor negatieve reacties van de omgeving.*
Dit zorgde voor frustratiegevoelens. Via I. kwam ik terecht in een vriendenkring waartoe niet alleen hetero's maar ook homo's behoorden... Ik zag dat het eigenlijk gewone mensen waren zoals jij en ik. Ze werden abnormaal gemaakt door hun "maatschappelijk etiketje" waarop te lezen stond tot welke winkel ze behoorden. In die tijd was ik dolgelukkig dat er ook mensen waren zoals ik. Mensen namelijk, die een relatie hadden met iemand van hetzelfde geslacht. Het was voor mij een echte opluchting. Zo' n gevoel van: "Hé, hé, zie je wel dat het kan, want zij zijn ook zo!" In het begin had ik het er moeilijk mee dat ik gevoelens had voor een meisje. Ik was bezig met iets wat niet kon, wat door de maatschappij niet aanvaard werd. Dat heeft mijn verwerkingsproces vertraagd. Dankzij de positieve reacties van mijn vrienden en van thuis voelde ik mij langzaam

maar zeker thuiskomen in mijn vel. Met het lesbisch-zijn had ik na een tijd niet zoveel problemen meer. Ik kreeg het moeilijk toen ik ontdekte dat ik voor jongens nog steeds gevoelens had. Ik voelde mij niet helemaal lesbisch. Wat was ik dan? Was ik dan nu ineens bi geworden? Ik was de kluts kwijt, omdat ik niet meer voor honderd procent paste in het "hokje" dat de maatschappij lesbisch noemt. Volgens de samenleving ben je hetero of homo... Maar ze gebruiken niet alleen etiketjes om een seksuele voorkeur te benadrukken. Ook het uiterlijk, de status... alles wordt beplakt met een uithangbordje. Ik heb lange tijd per se in een hokje willen passen. Het gaf me een "veilig" gevoel te weten hoe ik moest meedraaien in de grote mallemolen van verschillende mensen. Ik was verward in verband met mijn seksuele identiteit, omdat ik niet wist waar ik nu in godsnaam thuishoorde en volgens welke voorgeschreven regels ik mij moest gedragen. Ik geloof niet in eti-

ketten. Ik walg ervan. Ik voelde me ongemakkelijk op een gewone (gemengde) fuif. Maar ik voelde mij evenzeer ongemakkelijk in een lesbisch café. In dit café hing een denkbeeldig bordje boven de deur: "Mannen toegestaan aan de leiband, met aan de andere kant van de lijn een vrouw". Zielig, niet? Een etikettenmaatschappij is enorm gevaarlijk. Ze bepaalt de manier van denken en de mate van tolerantie naar bepaalde groepen. Zij bepaalt wie mag meedraaien en wie niet. Met andere woorden wie gelukkig mag zijn en wie niet. Belachelijk vind ik dat. Ik ben een mens en ik hou van mensen, ongeacht het "bordje" op hun voorhoofd. Iemand vragen waarom het verlangen om lief te hebben uitgaat naar iemand van hetzelfde geslacht, is net zo dom als het vragen waarom iemands neus tussen zijn of haar ogen staat.'

IRIS

Niet oordelen vanuit vooroordelen

Tijdens de brainstormsessie *Niet oordelen vanuit vooroordelen* legden wij de deelnemende jongeren de volgende vraag voor:

'Welke zijn de labels, etiketten of vooroordelen over homo's en lesbiennes, als je andere jongeren vandaag op straat, in het café of in de club over hen hoort spreken?'

Beantwoord eerst voor jezelf deze vraag, vóór je verder leest.

Hoe hardnekkig zijn vooroordelen?

Ziehier de voornaamste van de uitlatingen die de jongeren tijdens de brainstormsessie bijeenbrachten:

■ *'Het zijn allemaal viespeuken.'* ■ *'Het zijn seksmaniakken, janetten...'* ■ *'Ze zijn promiscu, losbandig...'* ■ *'Ze zijn seksueel onbetrouwbaar; het zijn pedofielen of kinderverkrachters...'* ■ *'Het zijn mislukkelingen.'* ■ *'Ze zijn labiel, hebben geen echte persoonlijkheid.'* ■ *'Homo's zijn verwijfde mannen.'* ■ *'Lesbiennes zien er vaak uit als manwijven.'* ■ *'Homoseksualiteit is onnatuurlijk, pervers, ziekelijk.'* ■ *'Homo's verkeren in het crimineel milieu, hebben vaak met drugs te maken.'* ■ *'Homo's zijn onbetrouwbaar (als leerkracht, jeugdleider of opvoeder).'* ■ *'Ze zijn sterk op uiterlijk en kledij gericht.'* ■ *'Ze zijn niet in staat tot duurzame relaties.'* ■ *'Men vindt ze vooral in bepaalde beroepen: bij het ballet, het theater, de grafische en andere kunsten, kappers...'* ■

Opvallend is en blijft de negatieve benadering of betiteling, ondanks het feit dat er al zoveel strijd voor een positieve benadering en aanvaarding gevoerd werd.

Het vervolg van de opdracht luidt:

Sta bij elke uitlating even stil en stel je de vraag:
1. Wat bedoelt men met die uitlating? Waarom denk jij dat men zoiets zegt?
2. Geef jouw persoonlijke reactie op de uitlating of het label.

Etiketten plakt men niet alleen op flessen...

Het wordt jongeren die tastend op zoek zijn om zichzelf als homo of lesbienne te aanvaarden, niet gemakkelijk gemaakt. Thuis, op school en in de bredere sociale omgeving worden vaak nog negatieve vooroordelen en etiketten gehanteerd, die zonder meer kwetsend zijn voor homo's en lesbiennes. Wel leven die vooroordelen veel meer onderhuids dan vroeger, omdat het tegenwoordig niet meer 'past' mensen openlijk te discrimineren. Maar dat betekent niet dat de vooroordelen, labels, etiketten en verdachtmakingen omtrent homo's en lesbiennes verdwenen zijn! Ze zijn veel hardnekkiger dan men vaak denkt. Ze kunnen een hele tijd sluimeren in een zogenaamde sfeer van (opgedrongen!) tolerantie, maar op een bepaald ogenblik, bij bepaalde gebeurtenissen, uitingen of manifestaties, komen ze weer boven, wellicht subtieler dan voorheen, maar daarom niet minder duidelijk en kwetsend. Niemand mag door medemensen of organisaties uitgesloten of achteruit-

gesteld worden, enkel en alleen op grond van zijn of haar seksuele geaardheid. Een dergelijke discriminatie druist in tegen de mensenrechten, die stellen dat elke mens onvoorwaardelijk respect verdient 'als mens'. Dit betekent: ongeacht ras, geslacht, godsdienst, cultuur, of seksuele geaardheid. Elke samenleving staat voor de opgave dit in haar wetten en recht te verankeren.

Dit betekent niet dat elke levensstijl volgens de eigen seksuele geaardheid moreel op dezelfde manier gewaardeerd wordt. Er bestaat wel degelijk een kwalitatief verschil tussen losse, losvaste en vaste relatiebeleving. Welke de eigen seksuele geaardheid ook moge zijn, men staat voor de opdracht deze 'geaardheid' menswaardig te ontplooien en gestalte te geven. Volgens de christelijke overtuiging staan zowel hetero's als homo's en lesbiennes voor de opgave de liefde zinvol gestalte te geven. Op seksueel vlak betekent dit de keuze en het engagement voor een exclusief en duurzaam levensverbond, waarin het seksueel leven opgenomen is als uitdrukking en vervulling van deze liefdes- en levensgemeenschap.

Homoseksualiteit
blijft toch nog taboe
' *Volgens mij blijft homoseksualiteit nog voor een groot deel een taboe in onze maatschappij, hoewel veel mensen het al kunnen aanvaarden en er anders over spreken. Maar vaak wordt ze nog doodgezwegen omdat men er geen weg mee weet. Door dit stilzwijgen verdwijnt homoseksualiteit uit het blikveld. Ondanks alle tolerantie blijft ze nog steeds iets*

'geheimzinnigs' dat maar beter gemeden kan worden...'

Ze konden maar beter geen vriendinnen blijven
'Ik ken niet echt een lesbisch koppel, maar ik wil wel neerschrijven hoe vlug mensen ertoe durven overgaan anderen zo te bestempelen, zonder dat het daadwerkelijk zo is. Bij ons op school zaten twee meisjes die steeds bij elkaar liepen en alles samen deden. Op de duur gingen ze ook samen op kamp. Ja, echt twee hartsvriendinnen. Maar in de puberteit is het bij velen ook zo dat men zijn lichaam leert ontdekken. Ook zij. Ze omhelsden elkaar wel eens, en zo. Wij, hun medeleerlingen, vonden het normaal dat ze dat gewoon als twee vriendinnen deden. Maar leerkrachten begonnen erop te reageren. Die meisjes mochten niet meer naast elkaar zitten in de klas. Men verwittigde zelfs hun ouders dat ze toch maar beter geen vriendinnen konden blijven. Zelfs het woord lesbienne werd uitgesproken. De twee meisjes, goede vriendinnen van mij trouwens, hebben zich tegen dat commentaar verzet, en zijn nog steeds, vier jaar later, de beste vriendinnen.Weliswaar op een andere manier, maar ze zijn ook min of meer de puberteit door.'

Al die honderdduizend liedjes
waar je mee wordt overspoeld,
songs en hits en melodietjes,
die zijn nooit voor ons bedoeld.
Elke schlager, ieder wijsje,
altijd jongen, altijd meisje,
I love you en ik hou van jou,
altijd man en altijd vrouw,
ieder vers en elke aria: Romeo en Julia.

Want zo is het toch m'n jongen,
nooit is er een lied gezongen
over de verboden kus
van Romeo en Julius.
Want daar zijn we nog niet aan toe -
taboe taboe -
geen aria's, nooit aria's
voor de paria's.

Veeg ons maar weg
wrijf ons maar uit,
we zijn een vlek op 't schone tafellaken
van de nette erotiek.
Voor ons geen achtergrondmuziek,
maar de stilte en de schaduw
van de portiek.

Liedjes klinken om ons heen,
zo gewoon en zo algemeen
als confectie van C & A,
altijd Romeo, altijd Julia.
Daar is de liefde voor bedoeld:
Romeo en Julia,
en dit is wat je denkt en voelt:
sorry dat ik besta.

sorry
dat ik besta

Nooit in de zon, nooit in het licht,
nooit op een feestje met ontroerde
ouders.
Geen serpentines, versierde tent,
geen tranen en geen sentiment,
voor ons geen smachtende violen
bij 't happy end.

Er moest toch ook een liedje zijn,
al was 't alleen maar een refrein,
al waren 't maar vijf regeltjes,
over Romeo en Julius.

Maar we zijn er niet aan toe - taboe -
geen aria's, nooit aria's
voor de paria's.

Maar over veertig jaar, wie weet,
staan er liedjes op de hitparade.
Niet alleen maar over hij en zij,
maar ook over hij en hij.
Liedjes over hem en hem
zonder aarzeling of rem.
Dan speelt elke musicus,
dan zingt iedere romanticus
heel gewoon, zo is het dus:
Romeo en Julius.

ANNIE M.G. SCHMIDT, UIT: JAN-SIMON MINKEMA &
HENK VAN ZUIDEN, *ZONDER VRIENDEN KAN IK NIET.
101 LIEDTEKSTEN EN GEDICHTEN OVER VRIEND-
SCHAP*, UTRECHT, KWADRAAT, 1992, P. 116-118

Item 4
Nu ik je anders zie, zie ik je liever

Jezelf inslikken?

De positieve aanvaarding, of sterker nog de bewuste 'keuze' om voluit te zijn wat men ten diepste is, namelijk homo of lesbienne, roept vervolgens de vraag op hoe men dat in de gemeenschap kan beleven en of men het moet 'uiten' of ermee 'naar buiten treden'.

Geen mens denkt er ooit aan te 'getuigen': 'Ik ben hetero.' Dat is gewoon vanzelfsprekend, alleen maar omdat de meerderheid hetero is en omdat we ook thuis met dat beeld zijn opgegroeid.

Voor homo's en lesbiennes ligt dat anders. Daarom is hun leven vaak getekend door hun seksualiteit. Ze moeten voortdurend strijden om in hun homoseksualiteit als volwaardig mens erkend te worden, als een mens die niets mist en echt gelukkig kan zijn.

Homo's en lesbiennes worden ook geregeld 'gedwongen' uitdrukkelijk hun homo- of lesbiennliefde in te slikken. Als een jongen zijn liefste meebrengt naar een familiefeest en het blijkt ook een jongen te zijn... dan is het allesbehalve vanzelfsprekend dat dat 'geapprecieerd' wordt. Daarom verbergen velen zich, tot ze door positieve ervaringen gesterkt, zich steeds beter in hun vel voelen en toch de stap durven te zetten. Want ze voelen aan dat ze eenmaal toch de stap zullen móéten zetten.

Een koppel net als vele andere
'Een lesbisch koppel woont vlak achter ons huis... Meteen een hele geruchtenstroom natuurlijk: wie, wat, waar, wanneer, hoe, wat zielig voor die kinderen... Wel, ik denk dat ik de eerste uit de buurt was die met hen in contact ben gekomen. Ik raakte vlug bevriend met het nieuwe buurmeisje en de nieuwe buurjongen. En eerlijk... de "kinderen" aanvaarden de vriendin van hun moeder gewoon als "een ouder" en maken er weinig of geen problemen van. De beide vrouwen zijn de twee meest fantastische mensen die ik ken... Met hen kun je en mag je over alles praten. Ze luisteren, willen begrijpen, helpen... Wat mij betreft: wég alle vooroordelen, wég negatieve berichten, wég roddels...! Het is een stel net als vele andere, die het fantastisch hebben met elkaar. Laat daar eerst maar eens naar gekeken worden...'

Er kwamen zich
twee jonge mannen aanmelden
'Enkele jaren geleden is mijn oma gestorven en toen we het huis verhuurden (mijn ouders verhuren het huis), kwamen twee jonge mannen zich aanmelden. Ik moet eerlijk zeggen dat mijn ouders in het begin ook getwijfeld hebben, omdat er in onze buurt veel geroddeld wordt. Maar toen die jongens voor de eerste keer bij ons thuiskwamen, waren mijn ouders vastbesloten het huis aan hen te verhuren. Toen ze bij ons binnenkwamen, begonnen ze onmiddellijk met mij te praten. Het was alsof ik hen al jaren kende. De ene is iets jonger en had op dat moment geen

werk, daarom heeft mijn vader voor hem opgebeld naar de baas van mijn moeder. Nu heeft hij werk. Hij heeft ons zelfs gevraagd of hij moest zeggen dat hij homo is, maar dat was geen probleem. Het zijn heel lieve jongemannen en ze betalen de huur stipt op tijd. Ze hebben ons zelfs al uitgenodigd. We zijn steeds welkom. En als er een probleem is, helpen mijn ouders hen heel graag.'

Vluchten kan niet meer

Zolang men alleen voor zichzelf het homo- of lesbienne-zijn heeft aanvaard, blijft het nog in de eigen innerlijke wereld besloten. Maar die beslotenheid voert langzaam maar zeker tot een spanning, die op een bepaald ogenblik te groot wordt om alleen te dragen. Dan moet men de stap naar buiten zetten. Die stap begint meestal bij een sterk vertrouwde vriend of vriendin, die kan helpen om verdere stappen te zetten: naar de ouders, de familie en anderen.

Toch blijft er een zekere voorzichtigheid bestaan. Wie met zijn homoseksualiteit naar buiten treedt, is nooit zeker van de reacties van de anderen. Je blijft kwetsbaar, en je weet maar nooit of je wel echt aanvaard zult worden, zelfs als ze beweren van wel! Niettemin is 'coming out' een belangrijke stap naar bevrijding. Het opent perspectieven op een voller en eerlijker leven. Maar men voelt meteen ook aan dat die openheid ook 'kosten' en 'moeites' zal meebrengen, zeker in het begin, wanneer men met het eigen homo- of lesbienne-zijn naar buiten treedt.

Homojongeren worden in elkaar geslagen...

Om de haverklap lees je in de Nederlandse pers hoe bepaalde jongerengroepen homo's gaan opzoeken en ze zomaar in elkaar slaan.

Hun motivatie: 'Wij zijn tegen homo's. Zij bederven onze minderjarigen. Het zijn viezerikken.'

Wat denk jij over een dergelijk gedrag? En over hun motivatie?

Ontkomen aan een dubbel leven

De vraag omtrent 'coming out' is een heel belangrijke vraag. De moeilijkheden die men heeft om zichzelf als homo of lesbienne te aanvaarden, vloeien vaak voort uit het feit dat men in het eigen milieu niet gezien en erkend wordt voor wat men werkelijk is. Dit kan ertoe leiden dat men zichzelf voortdurend tracht te camoufleren of te verbergen, zodat men een dubbelleven gaat leiden en zich te veel terugtrekt in het eigen homomilieu.

Het betekent niet dat de 'coming out' bruusk moet gebeuren. Iedere stap naar openheid vraagt moed en grote inzet, en verdient alle steun. Alleen door een geleidelijkheid, die niet overhaast maar ook niet vertragend moet zijn, kan de innerlijke aanvaarding van eigen homo- of lesbienne-zijn zich verdiepen en versterken.

De zelfaanvaarding hangt echter niet alleen af van de aanvaarding door de anderen. Ze is ook de voorwaarde om naar anderen toe te gaan en door anderen aanvaard te worden. Zichzelf aanvaarden als 'anders', en dit niet alleen omdat men homo of lesbienne is, maar ook in zovele andere facetten van de eigen persoonlijkheid, maakt het naar anderen toegaan veel makkelijker. Wie zichzelf aanvaardt, helpt de anderen jou te aanvaarden. En dat versterkt op zijn beurt de zelfaanvaarding. Wie in zichzelf gelooft durft de 'sprong' naar buiten te wagen!

Info
Werkgroepen ouders van homo's en lesbiennes

Ouders hebben het niet gemakkelijk als ze de mededeling moeten verwerken dat hun zoon of dochter homo of lesbienne is. Ook zij staan voor de opgave de weg naar de aanvaarding te gaan. Daartoe kan de ontmoeting met andere ouders van een homoseksuele zoon of lesbische dochter heel bevrijdend zijn.
Daarvoor kunnen ze terecht bij de Werkgroepen ouders van homo's en lesbiennes (o.m. Elsstraat 9, 9000 Gent (09)2235879 of (09)2265419; Uilenshofstraat 5 bus 11, 2170 Merksem (03)6471858). In het E.J.-jongerenboek *Waar ik van droom* kun je ook de getuigenis lezen van Jeanne Hellinck van de Gentse Werkgroep Ouders van Homo's en Lesbiennes.

Consenting Adult

Een film van Gilbert Cates (1984). Scenario: John McGreevey, naar de roman van Laura Z. Hobson.
De familie Lynd staat model voor een doorsnee, welvarend Amerikaans gezin. Vader Ken heeft een goede baan als verkoopleider bij een grote autohandel. Hij heeft wegens een hartaanval wat problemen met zijn gezondheid gehad maar zijn herstel is snel en voorspoedig verlopen.
Moeder Tess is de spil van het gezinsleven en runt vol overgave het huishouden. Dochter Margie is getrouwd met een voor de ouders acceptabele echtgenoot en is in verwachting van haar eerste kind. Jeff is de veelbelovende zoon: hij studeert medicijnen en is actief in het zwemteam van de universiteit. Het ideale gezin dus.
Maar als Jeff zijn moeder in een vertrouwelijk gesprek zijn homoseksualiteit 'onthult', wordt het hechte gezinsleven ingrijpend verstoord. Tess is geschokt en hoopt dat Jeff zich vergist. Ze wil alles doen om hem te helpen en schakelt een psychiater in die Jeff moet 'genezen'. Dat loopt echter op niets uit. Jeff is vastbesloten zijn ware seksuele aard te accepteren. Als Ken van zijn vrouw hoort wat er gaande is, is hij zwaar teleurgesteld in zijn zoon...

Prikkel

Kleur bekennen?

Tijdens de brainstormsessie *Nu ik je anders zie, zie ik je liever* werd de film Consenting Adult geprojecteerd als vertrekpunt voor een confrontatieronde over Coming out: Kleur bekennen?

De drie vragen, die toen gesteld werden, leggen wij ook jou voor.

☞ Vraag 1: Waarom denk jij dat jonge mensen het zo moeilijk hebben om hun homo- of lesbienne-zijn mee te delen?
☞ Vraag 2: Veronderstel dat jij homo of lesbienne bent. Zou jij het kunnen of durven zeggen aan je ouders, vrienden...? Waarom wel? Waarom niet? Waarom zou je aarzelen?
☞ Vraag 3: Zou je houding tegenover je vriend, kameraad, broer of zus veranderen als hij/zij je zou meedelen dat hij/zij homo of lesbienne is? Heb jij ervaringen, voorbeelden?
Werk per vraag. Lees de vraag aandachtig en neem rustig de tijd om haar eerlijk te beantwoorden. Lees dan enkele antwoorden van jongeren uit de brainstormsessie.

Vraag 1: Waarom denk jij dat jonge mensen het zo moeilijk hebben om hun homo- of lesbienne-zijn mee te delen?

Uit angst, die jammer genoeg nog veel te vaak gegrond is
'Ze zijn bang om door mensen te worden afgeschreven, om een "etiket" opgeplakt te krijgen, en die angst is jammer genoeg nog veel te vaak gegrond. Ze zitten al zo in de knoop met zichzelf als ze ontdekken dat ze homo of lesbienne zijn... En als ze er dan mee naar buiten willen komen, krijgen ze er vaak nog eens afkeuring bij. Gelukkig gaat het steeds vaker anders en staan mensen er meer voor open. Ik heb de indruk dat zoiets dan wel vooral bij de jongeren gebeurt. Maar dat is dan ook al een pluspunt, want zo is er toch verbetering voor de toekomst in zicht.'

Breken met je vroeger imago
'Ik denk dat ze vooral bang zijn omdat ze door de jaren heen aan een bepaald imago voldaan hebben, en nu moeten ze daarmee breken. Door het beeld dat anderen van hen hebben te breken, zijn ze bang dat die anderen gewoon zullen afhaken. Bij anders-geaardheid ligt de zaak nog complexer. Het betreft hier een algemeen gangbaar beeld dat door de maatschappij opgelegd is of dat de mensen zichzelf opleggen: heteroseksualiteit is de norm! Homo's en lesbiennes zijn vooral bang om zich te "outen" omdat ze daardoor in een outcastpositie dreigen gedropt te worden, niet aanvaard door de maatschappij en de intieme kennissenkring. Ze blijven liever in hun veilige positie. Soms willen ze zich ook niet profileren als anders-geaard, gewoon omdat dat een definitieve stap is.'

Je wilt niet alles nog eens doormaken
'Ze zijn bang om afgewezen, gekwetst, uitgelachen of gekleineerd te worden. Of ze vrezen niet ernstig genomen te worden. En omdat de meesten onder hen al een enorm moeilijke en verwarrende tijd achter de rug hebben, denk ik dat zij niet nog eens alles opnieuw

willen doormaken. Ik vermoed ook dat zij de mensen die hen nauw aan het hart liggen, niet willen kwetsen of ontgoochelen. Iets dat bij verschillende ouders nog steeds het geval is. Daarom zwijgen ze maar liever of wachten tenminste zo lang mogelijk met hun "outing".'

Zullen hetero's nog een relatie met mij willen?

'Als kind hoor je vaak: "Je denkt toch zeker niet dat ik van 'de verkeerde kant' ben..." Dat stemt mij vaak tot nadenken... Ik vind dat mijn geaardheid door leeftijdsgenoten wordt geapprecieerd, maar toch blijft dat éne zinnetje vaak door mijn hoofd bonken. Kinderen kunnen elkaar toch pijn doen...! De meerderheid is hetero, ik ben bang alleen te staan. Wat als ze het niet aanvaarden, wat als ze voortdurend grapjes beginnen te maken? Twijfelen bi's niet omwille van de gevolgen achteraf? Zal iemand van het andere geslacht nog een relatie met mij willen? Vanwege van mijn reputatie?'

Angst dat de vriendschap voorbij zou zijn

'Een vriendin van me die lesbienne is, zei me nadien dat ze bang was geweest voor mijn reactie, als ze het mij zou vertellen. En ze was ook bang dat onze vriendschap voorbij zou zijn. Gelukkig voor haar heb ik het goed aanvaard en er geen problemen van gemaakt. Ze is en blijft een beste vriendin. Iemand anders die ik ken is homo, en toen hij thuis vertelde over zijn homo-zijn werd dat niet aanvaard. Ten einde raad is hij toen weggelopen en hij zit nu in een instelling. Als je veel van die negatieve verhalen hoort, denk ik, is het logisch dat je bang

bent om je anderszijn bekend te maken. Ze zijn waarschijnlijk het meest bang om uitgestoten te worden, mensen te verliezen, aangestaard te worden en constant lastig gevallen te worden door domme tieneropmerkingen...'

Je wordt heel kwetsbaar

'Je anders-geaardheid meedelen is moeilijk omdat je je door die mededeling kwetsbaar opstelt. Sommigen kunnen ten onrechte niet aanvaarden hoe je bent. Aanvaard worden is heel belangrijk. Als je niet aanvaard wordt, voel je je eenzaam. Je staat met je rug tegen de muur. Dat is geen positieve ervaring. Je voelt je pas goed als je door de groep aanvaard wordt zoals je bent. Vandaar dat het voor jonge mensen zeer moeilijk is hun andersgeaardheid mee te delen. Ze zijn bang daardoor uit de boot te vallen, anders bekeken te worden, vrienden te verliezen. Het is beslist een zeer moeilijke opgave. Het is als het ware eerst in een diepe put springen en niet weten waar het gaat eindigen!'

Hij wees een deel van mij af

'Ik heb het moeilijk gehad met negatieve reacties van buitenaf. Wanneer mensen in mijn dorp mij van de andere kant van de straat "hé, lesbische" nariepen, scheurde ik vanbinnen open. "Stom kortzichtig gepeupel," dacht ik dan met een klein hartje. Een vriend van mij wou het lesbische stuk in mij niet erkennen. Hij wees een deel van mij af, waardoor ik mij enorm gekwetst en blootgelegd voelde naar hem toe. Misschien was ik bang dat hij die informatie ging misbruiken. Hij heeft het nooit gedaan. De ouders van een ex-vriendin van mij beweerden dat ik hun dochter zo gemaakt

had. Ik denk dat ze een zwart schaap nodig hadden om hun onmacht op af te wentelen. Zij gingen er duidelijk niet mee akkoord dat hun dochter zo was. Hun dochter wist echter wel beter. Maar ja, ik was wel de laatste die hen moest vertellen dat gevoelens hebben voor iemand van hetzelfde geslacht de normaalste zaak van de wereld is. Mijn moeder heeft toen haar gouden hart laten zien door hen een brief te schrijven. Het was een heel mooie brief trouwens, van een moeder die haar dochter graag ziet zoals ze is. Er is nooit reactie op gekomen...'

Ik vecht al zo lang

'Het is een enorme eenzaamheid. Het valt heel hard als je merkt dat je "anders" bent. Je voelt je er helemaal niet goed bij. Je voelt je zo alleen. Het is heel moeilijk om het aan "hetero's" te vertellen. Ze zijn immers niet zo. Je krijgt direct een stempel opgedrukt.

Er zijn zoveel negatieve reacties dat je gewoon geen kracht meer hebt om tegen alles te vechten. Je moet heel hard zijn om ervoor uit te komen. Weet je, woorden schieten tekort om de gestelde vraag te beantwoorden. Ik ben lesbisch en het komt bij mij heel hard over! Maar ik kan het niet verwoorden... het is een marteling, één grote eenzaamheid. Er zijn geen woorden voor mijn groot verdriet... Ik vecht al zo lang...'

The Sum of Us

The Sum of Us is een sympathieke Australische korte film over homoseksualiteit. Met gevoel voor humor, realistisch en zonder enige pretentie. Gevoelig maar niet sentimenteel. De vertolkingen zijn stuk voor stuk uiterst integer. De film benadert het thema homoseksualiteit bovendien wars van valse sensatiezucht en pleit voor verdraagzaamheid en liefde. De verklaring van de titel zegt dienaangaande meer dan genoeg. Onze kinderen zijn de Sum of Us. Ze zijn de som van hun ouders, hun grootouders en alle voorgaande generaties. Wie zijn wij dan om hen te verloochenen, om niet te aanvaarden wie en wat ze zijn? Deze autobiografische film van Kevin Dowling en Geoff Burton is gebaseerd op het gelijknamige toneelstuk dat in 1991 in New York werd bekroond. Hun film is een pleidooi voor tolerantie. De regisseurs beweren zelf dat iedereen recht heeft op een eigen leven. Wie homo is, moet als homo door het leven gaan.

Story

Weduwnaar Harry (Jack Thompson) en zijn zoon Jeff (Russell Crowe) proberen samen het beste van hun vrijgezellenstaat te maken. Jeff is homofiel en daar kan zijn vader best mee leven. Hoewel de twee mannen er vrij aardig in slagen om hun kleine, vrouwloze gezin op de rails te houden, dromen ze allebei stiekem van de nieuwe liefde, die hun toch wel routineuze bestaan meer kleur moet geven. Maar als die liefdes zich eindelijk aandienen, ontdekken ze al snel dat hun leven nooit meer zal zijn zoals voorheen en dat ze onvermijdelijk offers zullen moeten brengen. Via een huwelijksbureau leert Harry Joyce kennen. Zij is geschokt als zij ontdekt dat Jeff homofiel is en dat Harry volledig begrip heeft voor de gevoelens van zijn zoon en vice versa.

Vraag 2: Veronderstel dat jij homo of lesbienne bent. Zou jij het kunnen of durven zeggen aan je ouders, vrienden...? Waarom wel? Waarom niet? Waarom zou je aarzelen?

Je kunt toch niet eeuwig verstoppertje spelen
'Ik zou enorm bang zijn, maar je kunt niet eeuwig verstoppertje spelen. Ik denk dat je het ook alleen maar voor honderd procent zelf kunt leren aanvaarden, als je het kunt delen met anderen en als je door anderen aanvaard wordt zoals je bent.'

Niet iedereen hoeft het uiteindelijk te weten
'Aan mijn ouders zou ik het zeker zeggen, zonder twijfel. Ze staan er ook zeer positief tegenover. In mijn hechte vriendenkring zou ik het gewoon op een geschikt moment laten merken of vertellen. Niet iedereen hoeft het uiteindelijk te weten.'

Er zo lang mogelijk over zwijgen
'Ik weet eigenlijk niet wat ik zou moeten doen. Ik ben er zeker van dat ik lang zou proberen het thuis te verzwijgen. Mijn ouders zijn nogal conservatief en als ik ermee zou thuiskomen, dan hoef ik er niet meer aan denken nog thuis te mogen wonen.'

Haar hele wereld zou instorten
'Ik zou het zeker tegen mijn ouders en mijn naaste omgeving vertellen, omdat dat een deel van mijn persoonlijkheid zou uitmaken en zij ook die kant zouden mogen kennen. Ik zou het niet volhouden om steeds komedie te moeten spelen en de schijn te moeten ophouden. Ik zou het wel eerst aan mijn beste vriendin, die zelf

Mijn vader, dat zou moeilijker zijn, maar ik zou er zeker over kunnen babbelen. Mijn moeder kent enkele homo's op haar werk en ze zal die mensen niets verwijten. Ze schaamt zich niet voor hen. Mijn vrienden? Dat zou veel erger zijn, maar toch zou ik het vertellen!'

Ze hebben mij fantastisch opgevangen

'Aan mijn ouders zou ik het durven vertellen. Toen ik met twijfels zat, hebben ze mij fantastisch opgevangen. Ze zeiden me dat het vooral belangrijk was dat ik mijn gevoel volgde en gelukkig zou zijn. Ik zou altijd hun dochter blijven. Dat was toen een grote steun! Aan sommige vrienden zou ik het ook zeggen. Ik denk dat zij ervoor openstaan. Ik probeer nu ook als "hetero" zoveel mogelijk mezelf te zijn. Dat zou ik dan ook doen.'

lesbisch is, vertellen en aan mijn andere goede vrienden. Dan aan mijn zus en pa. Ik zou het wel enorm moeilijk vinden om het aan mijn ma te vertellen, want haar hele wereld zou instorten, zoals ze al vaker heeft gezegd!'

Ik wil me eerst zelf goed voelen in mijn vel

'Ik zou het eerst zelf willen aanvaarden. Ik wil me eerst zelf goed voelen in mijn vel. Daarna zou ik het wel vertellen, al is het met enige aarzeling. Het is moeilijk om je kwetsbaar op te stellen.'

Mijn vader, dat zou moeilijker zijn

'Mijn moeder heeft het er met mij al eens over gehad. Indien het zo zou zijn, zou ze het vast en zeker aanvaarden, dat heeft ze mij toen gezegd.

Vraag 3: Zou je houding tegenover je vriend, kameraad, broer of zus veranderen als hij/zij je zou meedelen dat hij/zij homo of lesbienne is? Heb jij ervaringen, voorbeelden?

Aanvankelijk voelde ik mij onwennig

'Mijn beste vriendin is lesbisch, dus kan ik uit ervaring praten. In het begin voelde ik mij wel wat onwennig, ik wist niet goed hoe zij wou dat ik reageerde. Maar naderhand werd onze vriendschap weer als tevoren en is haar "lesbisch-zijn" voor mij gewoon een stukje van haar persoonlijkheid geworden. Nu doen wij daar heel "normaal" over en het heeft onze vriendschap een extra dimensie gegeven. Ook het vertrouwen dat zij in mij stelde, door het mij te vertellen, heeft mij enorm geflatteerd en nog meer aangespoord om met haar de "beste maatjes" te blijven. Ik denk ook, dat als er weer eens iemand mij zou vertellen dat hij of zij homo of lesbisch is, ik veel beter zou reageren. Ik zou er helemaal geen punt van maken en ronduit vragen stellen.'

In het begin voel je je geremd
'Er is een periode dat je iets moet overbruggen. Je voelt je in het begin geremd. Maar daarna zou ik er geen problemen mee hebben. Is er iets mooiers dan dat je iemand gelukkig

ziet? Wat is het beste: je eigen mening opdringen, het voorstellen als verkeerd en de ander doodongelukkig maken, of beiden proberen er het beste van te maken?'

Anders kijken naar deze mensen
'Mijn houding zou veranderen, want ik zou alleszins anders naar deze mensen kijken.'

Ik zou eraan moeten wennen
'Mocht iemand het me vertellen, dan zou ik waarschijnlijk eerst een eigenaardige reactie geven. Ik zou er even van moeten bekomen. Maar uiteinde-

lijk denk ik dat ik hem of haar verder doodnormaal zou bekijken. Ik zou het mezelf zeker opleggen om zo gewoon mogelijk te doen.'

Je schrikt er altijd wel wat van terug

'Ik denk dat je in het begin altijd wel wat terugdeinst wanneer je het verneemt. Maar daarom laat je je broer of je beste vriendin nog niet vallen!'

Mijn beste vriend vertelde me dat hij homo is

'Mijn beste vriend heeft mij een half jaar geleden gezegd dat hij homo is. Mijn reactie was onmiddellijk: nou ja, ik vind het best, mij blijft het allemaal hetzelfde. Ik had mij dan ook voorgenomen dat onze vriendschap er zeker niet mocht onder lijden. Nu is onze vriendschap enkel nog sterker geworden, grotendeels omdat hij het me verteld heeft. Het feit dat hij niet meer tegen me wou liegen, maakte me zeer blij.'

Verliefd op een homo

'Ik ben zelf al verliefd geweest op een jongen, die me – toen ik het hem zei – vertelde dat hij homo was. Ik was daar op dat moment heel erg verdrietig om. We hebben er toen uren over zitten praten. Nu ben ik over die verliefdheid heen en is hij een van mijn beste vrienden.'

Ben je niet bang dat zij op jou verliefd wordt?

'Ik heb Sandrina leren kennen op kamp. Zij was een heerlijk spontane meid, die je altijd een lieve knuffel gaf als je haar tegenkwam. Een jaar later leerde ik op hetzelfde kamp Vanessa kennen. Ook zij was een schattig meisje, heel spontaan en heel enthousiast. Tijdens de verschillende kampen had ik zelf ook een hartsvriendin gevonden. Zelf ben ik wel iemand met het etiketje "hetero". Toen Sandrina en Vanessa een paar dagen bij mij in de groep zaten, hoorde ik toevallig dat de twee meisjes een relatie hadden. Geloof het of niet, maar dat was me nog niet opgevallen. Ze waren wel heel vaak samen, en je zag ze heel vaak samen knuffelen, maar ik deed precies hetzelfde met mijn vriendin, hoewel wij allebei een vaste vriend hadden. Het hoorde gewoon bij de sfeer van het kamp: vriendschap, tederheid, houden van mensen. Toen ik eenmaal wist dat Sandrina en Vanessa een relatie hadden, veranderde er voor mij niets. Het was gewoon al te laat voor vooroordelen. Ik vond de meisjes al zodanig sympathiek, dat ik ze gewoon niet anders kon benaderen dan voorheen. Achteraf was ik blij dat ik het niet eerder te weten kwam. Als ik vanaf het allereerste moment geweten had dat Sandrina lesbisch was, dan was ik veel meer op dingen gaan letten. Ik zou haar misschien hebben afgeweerd, ik zou niet hebben durven reageren op haar knuffels en zou heel veel mooie momenten gemist hebben. Voor mij veranderde er dus niets. De problemen begonnen pas toen ik weer thuis was. Onbegrip alom, zeker bij de collega's op het werk. "Ben je niet bang dat ze verliefd op je wordt, dat is toch tegennatuurlijk, dat is toch vies enzovoort." Ik probeerde het uit te leggen, maar sommige mensen willen het gewoon niet begrijpen. Kijk, het gaat niet alleen om het verschil tussen homo en hetero. Het gaat erom dat men in deze maatschappij niet meer gewend is om elkaar spontaan aan te raken, om gevoelens te tonen. Een gewone knuffel, midden op straat, dat kan niet meer, tenzij het je vaste partner is. Zodra je je aan iemand gebonden hebt, mag je andere mensen niet meer aanraken, want dan ben je ontrouw. Dat is toch waanzin! Sinds ik mijn vriendin ken, maar ook Sandrina en Vanessa, geniet ik zoveel van mensen om me heen. Hoeveel ik van mijn verloofde ook houd, ik kan nog steeds intens genieten van een knuffel of een aai over mijn haar, van twee armen om me heen van iemand die me dierbaar is. Tederheid, gewoon eenvoudig lief zijn voor elkaar: het zijn begrippen die verloren zijn gegaan in de huidige maatschappij, en dat is heel erg jammer. Want je mist er zoveel door!'

DÉSIRÉE

Mensen zoals jij en ik

Wanneer je het hele hoofdstuk omtrent homoseksualiteit hebt doorgeworsteld, zoek dan eens iemand op uit je vriendenkring die homo of lesbienne is en tracht met hem of haar aan de hand van deze eerlijke en persoonlijke getuigenis een gesprek te hebben.

Zo kun je ontdekken dat homo's en lesbiennes mensen zijn zoals jij en ik. Ook al voelen zij zich 'anders' dan vele anderen, zij zijn evengoed op zoek naar vriendschap, liefde en tederheid die toekomst belooft. Zoals ieder van ons staan zij voor de opgave zichzelf te leren kennen en aanvaarden zoals ze zijn om de weg te kunnen gaan naar waarachtige liefde: exclusief en duurzaam, door de gemeenschap erkend en gesteund. Voor de verdere uitdieping van relatie mét toekomst, verwijzen wij naar het tweede boekdeel *Van jou mogen houden.*
Wat daar aangebracht wordt over ontmoeting, vriendschap, verliefdheid, tederheid, partnerkeuze en levensverbond, houdt ook voor homo's en lesbiennes een uitnodiging en uitdaging in. De keuze voor een vast levensengagement kan enkel vrij gebeuren, het is wel een sterke mogelijkheid om liefde zinvol en menswaardig gestalte te geven.

Leesportefeuille: Jeugdboeken over homoseksualiteit

Leesportefeuille over homoseksualiteit, samengesteld door prof. Rita Gesquière (KU-Leuven), deskundige in jeugdliteratuur.

Caja Cazemier, *Portret van Sanne,* Bussum, Van Holkema & Warendorf, 1993 (2de druk), 112 p.
Aidan Chambers, *Je moet dansen op mijn graf,* Amsterdam, Querido, 1992 (3de druk), 240 p.
Imme Dros, *De Trimbaan,* Amsterdam, Querido, 1994 (4de druk), 131 p.
Lynn Hall, *Maak me niet kapot,* Rotterdam, Lemniscaat, 1991 (7de druk), 140 p.
Tom Lanoye, *Kartonnen dozen,* Amsterdam, Promotheus, 1993 (9de druk), 150 p.
Tom Lennon, *Wel kleur bekennen,* Haarlem, J.H. Gottmer, 1994, 221 p.

Je bent

Je bent gewoon je bent
gewoon een mens dat is
een warm en
onontwarbaar wezen
en toch kun je gebeuren
als een wonder

want ik heb je geroepen
in mijn slaap
ik riep je liefde

door eigen honger
in de eigen stem ontwaakt
zag ik: ik heb je niet
gedroomd
hier ben je je bestaat

ik heb je liefgehad
dit is de nacht

ik heb je lief
ik heb je niet bedacht

ELLEN WARMOND, UIT: *IK HEB DE LIEFDE LIEF*,
SAMENGESTELD DOOR WILLEM WILMINK, AMSTER-
DAM, OOIEVAAR POCKETHOUSE, 1995, P. 117

HOOFDSTUK 5

Het opgesmukte lichaam

Hou je lichaam aan de praat met supertip nr. 4

Een goede nachtrust

Onlangs werd een onderzoek uitgevoerd onder meer dan vierhonderd jongeren. Daaruit blijkt dat maar liefst twee derde soms of vaak slecht slaapt. De hoofdoorzaak? Piekeren! Problemen op school of thuis, zorgen over vrienden of over de toekomst.

Een goede nachtrust is onmisbaar om goed te kunnen functioneren. We hebben behoefte aan een nachtrust die ons verkwikt, ons van nieuwe energieën voorziet, ons laat wakker worden met allerlei nieuwe creatieve ideeën en plannen.

Hoeveel slaap heb je nodig?

Volgens slaapdeskundigen is zes uur slaap per nacht voor iedereen genoeg. Langer slapen is meer een (lekkere) gewoonte. Het is wel zo dat jonge mensen meer slaap nodig hebben dan ouderen. De behoefte aan slaap verschilt dus.

Slaapproblemen?

Heb je slaapproblemen dan moet je eerst uitzoeken wat de oorzaak is.
- ☛ Heb je last van stress?
- ☛ Lig je te piekeren?
- ☛ Maak je je ergens zorgen over?
- ☛ Of heb je gewoon een gespannen gevoel, zonder te weten waar dat vandaan komt?
- ☛ Zijn er andere situaties die een storend element kunnen zijn voor je slaap?

Denk maar aan: slechte matras, luide, storende geluiden (radio, tv), te fel licht, te hoge temperatuur, te droge lucht, te volle maag, stimulerende dranken (koffie...)

Tips voor een extra nachtrust

- ✔ Zorg dat op de bewuste avond al de bovenstaande elementen positief zijn.
- ✔ Neem dan vóór je in je bed kruipt een warm bad, een glas warme melk met honing.
- ✔ Je kunt ook een aangenaam zacht muziekje opzetten en met gesloten ogen beluisteren.
- ✔ Je kunt iets neerschrijven in je dag-

boek, een paar bladzijden lezen.

✔ Voel je de slaap opkomen, leg je dan te rusten.

✔ Word je toch nog wakker, neem dan een blocnote en schrijf alles op wat door je hoofd schiet.

✔ Blijf niet stilstaan om achtergronden te ontdekken of mogelijke interpretaties te vinden. Dus gewoon doorschrijven. De kans is groot dat het binnen in je hoofd en in je hart stiller wordt.

✔ Slaap wel!

Item 1
Hoe zie ik eruit?

Inleiding

Jong zijn is ook de tijd van de spiegel. We kijken allemaal wel eens kritisch in de spiegel naar onszelf en vergelijken daarbij ons spiegelbeeld met het ideaalbeeld dat we hebben opgebouwd of dat de omgeving en de maatschappij ons hebben aangereikt. In ons leeft dan de stille wens mooier, knapper, groter of kleiner, slanker of robuuster te worden.

Ik observeer mezelf in de spiegel op mijn kamer
'*Ik observeer mezelf heel vaak in de spiegel. Maar dan enkel op mijn kamer, want mijn kameraden zouden me uitlachen als ze het wisten. Soms vind ik mezelf aantrekkelijk, soms helemaal niet. Eigenlijk weet ik het niet zo goed. Daarom besteed ik veel aandacht aan mijn outfit. Ik kleed me*

graag in een zwart leren vest, dan voel ik me beter en sterker. Vooral als ik merk dat de meisjes naar me kijken.' LIONEL, 17 J.

Bang er niet bij te horen

Onrealistische verlangens over het eigen lichaam worden bij heel wat jongeren de bron van veel verdriet en ontevredenheid. Ze zijn teleurgesteld over hun lichamelijke groei, ontwikkeling en verschijningsvorm. De teleurstelling over zichzelf wordt een hindernis voor hun omgang met anderen en voor het aanknopen van relaties. Daardoor krijgen ze te kampen met gevoelens van onzekerheid en minderwaardigheid. Ze worden bang door hun leeftijdsgenoten niet aanvaard te worden, er niet bij te horen.

Ik durf bijna niet in de spiegel te kijken
'*Ik ben een meisje met veel complexen en ik voel me minderwaardig. Ik ben verlegen van aard. Ik heb het gevoel dat ik er nog heel kinderlijk uitzie. Mijn lichaam groeit niet gelijk op met mijn gevoelens. Ik durf bijna niet in de spiegel te kijken. Hoewel ik me altijd voorneem om eindelijk eens mezelf te zijn in een groep, lukt me dat nooit. Als ik eens zeg wat ik denk, luistert niemand naar mij. Ik word enkel geaccepteerd als ik meedoe met de anderen en stomme dingen doe. Dat doe ik dan meestal ook, maar later heb ik er altijd spijt van. Waarom mag ik nooit mezelf zijn? Is dat nu echt te veel gevraagd? Ik heb één goede vriendin die me neemt zoals ik ben.*'
ELISE

Als je jezelf tegenkomt in de spiegel

Daarom is het belangrijk jezelf op een evenwichtige manier te leren 'spiegelen'. Een spiegel toont je immers nooit wat de anderen zien als ze jou bekijken. Een gelaat openbaart enkel een persoonlijkheid, als het erdoor bezield is. Een glimlach kan gelaatstrekken doen oplichten die in hun starre onbeweeglijkheid nietszeggend zijn. Kunstig opgemaakte ogen kunnen enkel een bedrieglijke façade zijn, maar de blik die van binnenuit spreekt en die niet weggeplamuurd kan worden, is veel belangrijker. In de spiegel kijken hoort er niet alleen bij, maar is ook belangrijk als vorm van zelfwaardering. 's Morgens in de spiegel kijken doe je niet alleen voor anderen, maar ook voor jezelf. Je wilt er niet alleen leuk uitzien voor anderen, maar ook voor jezelf. Zorg dat je er goed uitziet en wees trots op jezelf! Durf jij voor de spiegel gaan staan en naar je ware ik kijken en er ook van houden? Het is geen zonde om van je eigen lichaam te houden en het te verzorgen, zodat je er mooi uitziet. Je lichaam is de spiegel van je ziel!

De spiegel werd een obsessie
' *Mijn probleem begon al in mijn kinderjaren. De mensen waar ik het meest naar moest opkijken, stelden mij teleur wat genegenheid, geborgenheid en vriendschap betrof. Andere kinderen uit mijn omgeving kregen die wel. Al gauw rees dan ook bij mij de vraag wat ik niet of wel had, dat mij "anders" maakte dan anderen. Door klasgenoten werd ik*

uitgelachen en uitgescholden voor "neut" en nog meer van die "lieve" woordjes. Ik dacht dat het beter zou worden als ik naar de middelbare school zou gaan. Maar niets was minder waar! Ik werd en bleef door ziekelijke grappen achtervolgd. Alleen wanneer ik voor hen iets moest doen, was ik een van de "goeden". Het was net alsof ik met een bord rond mijn nek liep: "Pas op, besmettelijk!", want iedereen meed me als de pest. Daardoor kreeg ik een enorm minderwaardigheidscomplex. Daarbij werden er ook nog domme opmerkingen gemaakt over mijn uiterlijk: te mager en te spichtig. "Vogelverschrikker" noemden ze mij soms. Daarom ging ik mezelf voortdurend in de spiegel controleren, tot het een obsessie werd. Tot op heden is er nog niets aan mijn situatie veranderd. Ik heb geen vrienden, ga nooit uit omdat ik bang ben uitgelachen te worden. Ga ik dan toch eens uit, dan word ik onwel omdat ik aan hyperventilatie lijd. Ik heb nog nooit een vriendinnetje gehad; ik heb zelfs nog nooit een meisje echt gekust. Ik zit nu werkelijk in een diep dal en ben onder dokterscontrole. Ik weet helemaal niet wat de toekomst mij nog te bieden heeft. Ik ben bang voor de toekomst, bang voor alles en iedereen... Geen dag gaat voorbij of ik denk aan zelfmoord. Gemist worden zal ik alvast niet!'
ANONIEM, 19 J.

Op zoek naar je eigen 'look'

Soms weten jonge mensen zelfs niet meer wie ze zijn, zodat ze ook niet meer weten wat ze van zichzelf willen laten zien aan anderen.
Je voelt je niet op je gemak met je verschijning. De innerlijke verdedigings-

middelen waarover je voorheen beschikte, zijn verdwenen. Daarom ben je op zoek naar een eigen 'look', met eigen haardracht, make-up en kledij. Zo kun je jezelf een beetje uitdrukken en hoef je tegelijk jezelf niet bloot te geven.

Door de 'modetrends' van de groep te volgen loop je niet in de kijker en kun je voor een deel het ongemak over jezelf verhullen. Tot je sterk genoeg bent om jezelf te tonen zoals je bent.

 Getuigenis

Het visitekaartje van je lichaam
' Je kledij is het visitekaartje van je lichaam. Kleren vind ik iets heel specifieks. Het zegt iets over je persoonlijkheid, hoe je je voelt, hoe je denkt, hoe je voor de dag wilt komen. Iemand die zich down voelt zal geen uitdagende kleren dragen. Misschien dragen sommige jongeren wel zwart, omdat ze in de rouw zijn over hun kindertijd die voorgoed afsterft. Sommigen kiezen voor zwarte make-up of schilderen zelfs hun kamer zwart. Drukken ze misschien op die manier hun sombere gevoelens over de toekomst uit? Kleren vind ik iets heel bijzonders, ik besteed er dan ook veel aandacht aan. Ik houd van stijlvolle kleren en ook speciale kleren trekken me aan. Als ik zoiets draag, voel ik me stukken beter dan bijvoorbeeld in een gewone pull.'
ELS D., 17 J.

Jezelf creatief uitdrukken

Door een trend te volgen kun je echter ook nog wel eens je pluspunten verbergen en het minder fraaie van

jezelf tentoonspreiden. Een andere keer ben je 'à la mode' en sluit je toch aan bij je ware aard. Soms staat die mode er kilometersver vanaf, zodat je eronder gebukt gaat en er zelfs onder lijdt.

Vanzelfsprekend kun je ook spelen met de mode en die aan je eigen persoonlijkheid aanpassen en haar in je eigen voordeel ombuigen. Dan ben je geen slaaf meer, maar meester van de mode. Dan vind je er plezier in jezelf op een creatieve manier te beleven en uit te drukken. Je bent het aan jezelf verplicht er zo goed mogelijk uit te zien, niet verwaarloosd maar verzorgd en pittig. Op die manier bouw je ook aan je persoonlijkheid, die van anderen respect afdwingt.

Getuigenis

Hij vroeg of ik me meer wou 'optutten'!
'Je hoeft echt niet altijd rekening houden met het feit of iemand trendy kledij draagt of niet. Er zijn ook leuke

jongens en meisjes die niet steeds met de nieuwe mode meehossen. Het ligt toch niet aan de kledij of iemand tof is of niet. Ik heb in mijn vriendenkring liever jongeren die niet zo "tof" gekleed zijn, dan anderen die wel "mee" gaan met de mode maar een vervelend karakter hebben. Make-up is volgens mij ook niet per se nodig. Een jongen waarmee ik verkering had, heeft me eens gevraagd of ik me méér wou "optutten". Ik zei hem dat hij me moest nemen zoals ik ben en dat ik niet van plan was iets te veranderen, alleen om hem te plezieren. Ook al zou dat ten koste zijn van onze relatie'*
IKKE, 17 J.

Vaak is de verpakking prachtig...
' Ik vind het normaal dat de jeugd wat geld uitgeeft aan mode, make-up, kledij... maar 8000 fr. voor een merkbloes van Pluto of Mickey Mouse vind ik overdreven. Make-up vind ik niet slecht, maar het moet met mate gebruikt worden! Als je er veel van gebruikt, word je er alleen maar lelijker van. Als er jongeren zijn die niet met de mode meegaan, dan vind ik dat hun goed recht. Daarvoor mogen ze niet uitgelachen worden! En niet iedereen heeft het geld om duizenden franks aan zijn uiterlijk te besteden. Aan de "look" zie je meestal ook welke persoonlijkheid iemand heeft. Heel vaak is de verpakking prachtig, maar het karakter dat erachter schuilgaat...? Ik zou zeggen: blijf jezelf en verander je "look" niet om erbij te horen!'
VERONIEK, 16 J.

Item 2
Het 'verbouwde' lichaam

Inleiding

Het is zeker niet gemakkelijk om in onze samenleving als jonge mens de juiste lichaamsbeleving te vinden. Je moet immers opboksen tegen de trends in onze huidige samenleving die een overdreven of eenzijdige klemtoon leggen op het jonge, mooie, erotisch prikkelende lichaam.

Dat heeft te maken met de neiging om alles en iedereen te bekijken en te beoordelen vanuit esthetische hoek. We kunnen het de trend tot esthetisering noemen, waarbij de grote vraag minder en minder de degelijkheid of kwaliteit betreft maar meer en meer de aantrekkelijkheid: 'spreekt het aan?', 'komt het over?', 'klikt het?'.

Die esthetiserende trend geldt op een bijzondere wijze voor het lichaam, dat met alle mogelijke middelen 'opgesmukt' en 'bijgewerkt' wordt, in plaats dat het van binnenuit doorstraald wordt. In onze samenleving tel je blijkbaar alleen maar mee als je beantwoordt aan de schoonheidsnorm, die aan een jeugdige verschijning, aan zachte lijnen en vloeiende vormen als schoonheidsnorm de voorkeur geeft. Het lichaam als uiterlijk vertoon wordt een stalen omhulsel, waaruit men niet meer kan losbreken en waardoor men geestelijk onvruchtbaar wordt.

De look-maatschappij

'Toon mij je lichaam, dan weet ik wie je bent!' In onze huidige samenleving staan image en aankleding sterk in de aandacht. De vraag naar de eigenlijke 'kern' van iemand verdwijnt naar de achtergrond, als 'good looking person' breng je het al vrij ver.

We staan in het publieke leven bloot aan blikken van anderen. Een alziend 'eye' bekijkt en bekeurt ons overal. Elk ogenblik kan de onverschillige blik van een toevallige passant of medereiziger veranderen in een paar taxerende ogen. In een onwaarschijnlijk kort moment maakt de ander zich dan een voorstelling van wie men is, uitsluitend op grond van hoe men eruitziet. Kleding, make-up, haardracht, manier van bewegen of zitten worden bekeken als een manier van overkomen. Een alziend oog bespiedt ons voortdurend.

Make-up-specialistes en diëtistes, de uitbaters en medewerkers van beauty-centers of kapperszaken... deze en andere 'bijschavers' moeten er zelf ook 'goed uitzien'. Voor hen geldt hetzelfde advies als voor de fotomodellen of mannequins: het eigen uiterlijk dient het verkochte product of de aangeboden dienst geloofwaardig te maken.
Afslankadviezen van een al te mollige dame, hoe vriendelijk en deskundig ook — nee, dat kan niet. Bij sollicitaties wordt vaak uitdrukkelijk bijzonder gelet op het voorkomen van de kandidaat: hoe mooier, hoe beter. Hij of zij moet er 'representatief' uitzien!

Paradoxaal is dat deze 'look-maatschappij' veel visuele lichamelijkheid produceert, maar het is tegelijk een koudere lichamelijkheid. De draad met de gevoelens is vaak doorgesneden. De 'look-maatschappij' is bevolkt met mensen die zichzelf en elkaar voortdurend bekijken, keuren en zelfs bekeuren. Juist daarom doen we er alles aan om er goed uit te zien en in de smaak te vallen. 'Leren leven' dreigt herleid te worden tot 'leren leven met blikken'! Geknutsel aan het lichaam is niemand vreemd. De media en reclamewereld helpen ons deze 'opdracht'(!) niet te vergeten.

De schone schijn

Vergelijk jij jezelf met iedere vrouw die de kamer binnenkomt? Bestel jij alleen een nagerecht als je partner dat ook doet? Schaam jij je voor het feit dat je je zorgen maakt over de tijd die je besteedt aan je uiterlijk? Dwalen je gedachten steeds weer af naar het dieet dat je volgt of waaraan je wilt beginnen?
De boodschap die wij allemaal elke dag lezen of horen is dat schoonheid een zaak is om je uiterste best voor te doen. En omdat ons uiterlijk ons gevoel van eigenwaarde verhoogt, zijn we allemaal onderhevig aan de 'schone schijn'.
In haar boek *De Schone Schijn. Overwin het keurslijf van het schoonheidsideaal* (Utrecht/Antwerpen, Kosmos, 1993) schrijft Dr. Judith Rodin van de Yale University in Amerika over de valkuilen, waardoor de opgedrongen boodschap over de 'schone schijn' wordt veroorzaakt, over de misverstanden waarmee ze is omgeven en hoe wij ons eruit kunnen bevrijden.

Lichaamscultuur of lichaamscultus?

In onze samenleving vind je vandaag steeds meer mensen die van lichaamsopsmuk een cultus hebben gemaakt: bodybuilders, klanten van fitnesscentra, schoonheidssalons. In dit verband kunnen we werkelijk spreken over een 'lichaamscultus', die eigenlijk een sterke overdrijving is van een op zichzelf gezonde lichaamscultuur. Je vindt dan ook steeds meer mensen die van deze lichaamscultus hun beroep hebben gemaakt en er ook flink hun brood aan verdienen...

In reclamebladen kun je allerlei slogans lezen die ons op het spoor van de lichaamsopsmuk zetten:

'Plan nu je eigen gewicht', 'Geen ouderdomsvlekken meer!', 'Eksterogen? Dan snel x x x erop!', 'U kunt uw borsten vergroten en verstevigen', 'sterke nagels... onmiddellijk! Lange nagels... nu zonder problemen!', 'Een nieuw leven dankzij de x x x !', 'Vitaliteit op elke leeftijd', 'Probleemhaar? Dun haar? Morgen zal het er dik en vol uitzien!', 'Lelijke adertjes en vlekken onmiddellijk weg!', 'Binnen een uur centimeters kwijt!'.

Het nieuwe gezicht van Michael Jackson

De 'King of Pop', Michael Jackson, werd in het verleden vaak op de korrel genomen voor de herhaalde ingrepen van plastische chirurgie op zijn lichaam.

Maak een fotocollage met de verschillende gelaatsveranderingen (bijvoorbeeld aan de neus) van Michael Jackson.

Tracht te achterhalen welke zijn motieven waren voor deze schoonheidsingrepen. Kun je achter zijn visie staan?

Vergelijk zijn verhaal met dat van Christian, die geboren werd met een wijnvlek, en trek een gezonde conclusie.

Mijn wijnvlek werd een soort frambozentros aan mijn kin
' Ik werd geboren met een ontsierende wijnvlek op mijn gezicht. Pas rond mijn twaalfde werd ik écht geconfronteerd met mijn uiterlijk. Ik ging naar de middelbare school, weg van de vertrouwde mensen die de Christian achter de wijnvlek kenden. Nu zag ik elke dag nieuwe mensen in de tram en ik voelde hun al of niet uitgesproken afkeer. Roodbaard, viezerik of Halve Indiaan noemden ze me! Mensen zijn helemaal niet subtiel! Je ziet al van ver dat ze over je bezig zijn. Na mijn twintigste kwam er meer reliëf in mijn wijnvlek: het werd een soort frambozentros aan mijn kin. Ik

deed alles om de aandacht ervan af te leiden: accentueerde mijn persoonlijkheid, keek mensen altijd recht in de ogen, gebruikte grote gebaren, verzorgde mijn taal, mijn kleren. Hoe ouder ik werd, hoe moeilijker ik ertegen kon. Ik ging alleen wonen, wat automatisch meer rare blikken oplevert: in de supermarkt, bij de bakker. Ik werkte als opvoeder met kinderen die me de hele dag met mijn uiterlijk confronteerden. Ik probeerde zoveel mogelijk te compenseren door mezelf te verwennen. Ik leefde al vechtend, maar won nooit de oorlog. Tot ik de grote stap waagde naar de plastische chirurgie. Ik heb huidtransplantaties ondergaan, mijn gezicht is anderhalve centimeter ingekort, mijn mammoetlip is weggesneden en de rest van mijn lip binnenstebuiten gekeerd. Ik heb littekens laten bijwerken, medische tatoeages ondergaan, drukmaskers gedragen. Maar mijn problemen zijn nog niet over. Nu probeer ik af te kicken van mijn wijnvlekpersoonlijkheid. Ik kan zwemmen zonder dat kinderen me beledigingen naar het hoofd slingeren. Ik loop over straat en iedereen laat me met rust. Maar nu houdt juist dat me weer zo erg bezig, dat ik nog niet geniet. Het is alsof ik in een wereldvreemde stilte beland ben. Heel veel dagelijkse en sociale dingen heb ik nooit geleerd, omdat die wijnvlek altijd in de weg stond. Voor mij een zoveelste ontnuchtering.'

UIT *FIT EN GEZOND*

Opknapbeurten voor het lichaam

Het is niet toevallig dat plastische chirurgie zo'n grote vlucht heeft genomen. Zij is voor veel mensen een zegen. Zij biedt heel wat mensen de mogelijkheid iets te verhelpen of te corrigeren aan een misvorming, die ze door geboorte meekregen (bijvoorbeeld 'wijnvlekken') of die ze door een ongeluk opliepen en waardoor ze enorm gehinderd worden in hun omgang met zichzelf en anderen. Maar tegelijk kunnen we niet ontkennen dat het beroep op plastische chirurgie een soort mode geworden is en soms obsessionele proporties aanneemt. Op aanvraag worden wallen, vetkussentjes en rimpels weggehaald, borsten verstevigd en vergroot (of verkleind), buiken gladgestreken en heupen in een 'aanvaardbaar' model gekneed. Men wil meer gelijken op het heersende lichaamsideaal: een gebruind en energiek lichaam, met lange benen en smalle heupen, overlopend van vitaliteit en bovenal volstrekt rimpelloos en vetloos.

Wij citeren de hoofdpersoon uit een boek van Fay Weldon, *Leven en liefdes van een duivelin*: 'Ruth weet dankzij de wonderen der plastische chirurgie zichzelf te perfectioneren, gelijk te maken aan het gangbare mannequin-ideaal. Maar ze wordt perfect: aan het einde van het verhaal is ze alleen maar beeldschoon en bezit ze geen persoonlijke lichaamstrekken meer. En zo wordt ze dan uiteindelijk van "lelijk vlees" "mooi vlees".'

ELF UUR ONDER HET MES VOOR OPSMUKBEURT

Zomaar een bericht uit de krant

'Om haar bijna vijftig jaar galant weg te moffelen onderging film- en country-ster Dolly Parton geduldig een ruim elf uur durende operatie, goed voor een flink bijgewerkt lichaam. Maar aan haar weelderige blonde haardos, aantrekkelijk gezicht en indrukwekkende boezem werd voor een keertje niet geraakt. Het was niet de eerste keer dat Dolly Parton onder het mes ging. Bij vorige schoonheidsoperaties liet ze onder meer de wallen onder haar ogen verwijderen. Ook haar borsten zijn al een paar keer opgetrokken. En ze is vast van plan ermee door te gaan, zolang ze zingt. Voor haar zijn dergelijke ingrepen een bron van eeuwige jeugd.'

Leesportefeuille: Jeugdboeken over de huidige lichaamscultus

Leesportefeuille bij de huidige lichaamscultus, samengesteld door prof. Rita Gesquière (KU-Leuven), deskundige in jeugdliteratuur.

Steven Levenkron, *Het liefste meisje van de hele wereld*, Amsterdam, De Boekerij, 1993.
Mirjam Pressler, *Bittere chocola*, 's-Gravenhage, Leopold, 1982.
Cynthia Voigt, *Wilhelmina Smiths*, Amsterdam, Querido, 1991 (2de druk), 234 p.

Gezondheidstrend

In tegenstelling tot de plastische chirurgie, die hoofdzakelijk geconsumeerd wordt door een gegoede elite, is de gezondheidstrend veel populairder. Wie denkt er niet aan zijn gezondheid? Onze eet- en leefgewoonten worden meer en meer afgestemd op een goede gezondheid. In ieder dagblad of tijdschrift staat er altijd wel minstens één artikel over dit thema. Er zijn zelfs aparte tv-programma's en weekbladen, zoals Mimi, Goed gevoel, Fit en gezond, Top Santé, Santé Plus enzovoort. Gesprekken en discussies gaan vaak over de gezondheid. Mensen letten op hun gewicht, joggen en sporten, bezoeken zwembaden en fitnesscentra, en praten daarover met anderen. Vaak ruilen ze allerlei gezondheidstips. Gezondheids- en schoonheidsoverwegingen worden met elkaar verstrengeld: schoon is gezond, gezond is schoon. Gezondheid moet ook altijd de wens naar een slank en jeugdig uiterlijk dienen.

Natuurlijk is de zorg voor de eigen gezondheid niet alleen belangrijk, maar ook een plicht. Het is een voorwaarde om ook emotioneel en geestelijk gezond te kunnen leven en onze taken naar behoren te vervullen. Het oude adagium blijft waar: 'Een gezonde geest in een gezond lichaam!' Alleen lijkt het erop dat er tegenwoordig een overdreven bezig-zijn met gezondheid floreert. Dit blijkt uit een nieuw taboe dat zijn intrede deed: een ongezonde levenswijze. Men kan het zich niet meer permitteren niet te letten op zijn gewicht en cholesterolgehalte. Er komen steeds weer 'nieuwe' producten op de markt die vet- en zoutarm zijn (margarine, saccharine, yoghurt enzovoort). Onze voeding wordt alsmaar functioneler, ze moet ons beschermen tegen ouderdoms-ziekten en ons — soms met zachte dwang — helpen aan het slanke, fitte schoonheidsideaal.

Als voorbeeld kunnen we verwijzen naar een van de recente producten, Olestra, dat de normale vetstof ver-vangt en toch ruikt en smaakt als gewone vetstof. Olestra bevat geen cholesterol en zelfs geen calorieën. Het belooft de mensen van een aantal welvaartsziekten te verlossen. En men 'vergeet' de mogelijke nevenwerkin-gen te vermelden: diarree, darmkram-pen, winderigheid, vitaminegebrek... Maar wie droomt er niet van alles te kunnen eten en drinken en toch superslank, bruisend fit en kernge-zond te blijven? Zowat de halve mens-heid fantaseert hierover.

Tatoeages, bodypainting, piercing

De bijzondere aandacht die het lichaam in onze samenleving toebe-deeld krijgt, blijkt ook uit allerlei ver-schijnselen, zoals bodypainting en tatoeages. Er is ook bodypiercing, waarbij ringen door tepels, lip, navel, tong, oren, neus, wenkbrauw, hand of geslachtsorganen geboord worden. Een aanverwante praktijk is het brandmerken ('branding') en het snij-den ('scarification').

ALS JE IN EEN GEKKE BUI EEN TATOEAGE LIET AANBRENGEN

Heel wat mensen laten in een gekke bui een tatoeage aanbrengen, zelfs op intieme lichaamsdelen of ze ver-sieren ze met ringen of andere metalen voorwerpen. Jaren later zit-ten ze met de gebakken peren. De nieuwe partner vindt het helemaal niet prettig om naar dat bewijs van eeuwige liefde voor een ander te kijken. Of een jonge rebel groeit uit tot een deftige burger en zit omhoog met het teken van zijn opstandigheid. Tatoeages kunnen tegenwoordig worden verwijderd door plastische chirurgie. De huid wordt uitgerekt waardoor het stukje huid met de tatoeage kan worden weggesneden. Het is geen gemak-kelijke ingreep en de patiënt is enkele weken uit de roulatie. Een andere methode bestaat erin met de SPTL-laser de ongewenste huid-pigmenten heel selectief te verwij-deren. De laserstralen dringen door de huid en vernietigen alles wat ze tegenkomen, in dit geval de inkt van de tatoeage dus. Bij beide technie-ken zijn littekens niet uitgesloten. Dat er littekens kunnen achterblij-ven wordt door 'kwakzalvers' vaak verdoezeld. Maar de techniek staat niet stil. Voortdurend worden nieu-we methodes ontwikkeld. Er hangt voorlopig een gepeperd prijskaartje aan. Dus kritisch blijven! Zorg in ieder geval dat het 'kunstmatig' lichaam niet de overhand krijgt over je 'natuurlijk' lichaam, waarvoor je goed moet zorgen, zodat je er trots op kunt zijn en blijven.

Bodypainting
of de warme naakte huid
als schilderdoek

Info

In de VS worden speciale wedstrijden, workshops en tentoonstellingen rond deze vorm van lichaamscultuur georganiseerd. Ook in Europa, en hier bij ons, wordt bodypainting of 'huidschilderen' beoefend, hoewel er weinig kunstenaars zijn die in dit vak doorgaan. Het beschilderen van het naakte lichaam als lichaamsversiervorm bestaat echter al sinds mensenheugnis.

Bodypainting bestaat erin de symboliek van kleuren en lijnen van het lichaam te gebruiken om iemand anders te lijken, om een andere gedaante te creëren of een gedeelte van de persoonlijkheid te accentueren. 'Elke naakte huid spreekt haar eigen taal, vertelt over innerlijke kracht. Belangrijk is dat je rekening houdt met de persoonlijkheid van het model. Dat moet je respecteren. Je mag nooit je eigen patroon opdringen, je moet naar de lijnen van het lichaam schilderen en naar de weerkaatsing van het licht op de huid kijken. Dat maakt het juist zo levendig en fantasierijk. Ik laat me beïnvloeden door de lichaamstaal die kunst op zichzelf is. De uitstraling van het model, het samenspel van kleuren, lijnen en vormen bepalen de sfeer die ik meegeef,' aldus Jos Brands die al twintig jaar aan bodypainting doet.

Op aanvraag

Meestal wordt bodypainting, vooral van een vrouwelijk model, aangevraagd voor fotobeurzen. Het vrouwelijk naakt trekt nu eenmaal de aandacht. Soms wordt het 'besteld' voor een extravagant feestje, maar dat komt toch vrij zelden voor. Er heerst nog steeds een taboe op naakt. De toneelwereld vertoont wel belangstelling. Een model beschilderen kost al gauw méér dan duizend frank of vijfenvijftig gulden.

Materiaal

Voor het bodypainting-spel heb je enkel een flinke portie creativiteit, schildergerei (waterverf, een aantal borstels, een potje water) en/of make-up nodig.

Verloop

Denk eerst even na hoe je het lichaam zult inkleuren. Duizend en een ideeën zijn mogelijk. Zoek naar een creatie die grappig is.

Suggesties
Verder achtergrondmateriaal

Materiaal om door te denken of door te bomen over lichaamscultus, plastische chirurgie, homefitness, topsport, bodybuilding, actieve sportbeoefening onder jongeren, bodypainting, tatoeage en piercing, vind je in ons vorige E.J.-boek *Waar ik van droom* (p. 84-91) (te verkrijgen op het E.J.-Centrum, 1702 Dilbeek).

Om je een eigen oordeel te vormen kun je de visie in dit boek ook met andere visies vergelijken. Daarvoor kun je onder meer in het boek *The Body Shop Boek. Alles over huid, haar en lichaamsverzorging* (Warnsveld, Terra, 1995, 216 p.) terecht. Via de vele interessante informatie die het boek biedt, kun je ook kritisch kijken naar de achterliggende visie op lichaamsverzorging en lichaamscultuur.

Wat tatoeages betreft, je vindt heel wat informatie in het boek van Michelle Delio: *Tattoo. Lichaamskunst als spiegel van je ziel* (Alphen aan den Rijn, Atrium, 1994, 80 p.). Vergeet ook hier niet je kritische voelhorens uit te steken en je te verdiepen in de opvattingen over tatoeages en lichaamssculptuur in het algemeen.

Item 3
Schitterende schoonheid?

De 'schoonheidsdwang' geldt in onze samenleving nog steeds op een bijzondere wijze voor meisjes. Ze krijgen nog steeds alle aandacht van de 'opsmukindustrie'. Hen wordt nog steeds de superslanke mannequin als schoonheidsideaal voorgehouden. Alleen de gestroomlijnde puberfiguur kan blijkbaar het vrouw-zijn belichamen, zoals reeds in hoofdstuk 2, item 3: Op zoek naar nieuwe lichaamsbelevingen geschetst werd.

Schoonheidsdwang

Rimpels, pukkels, vlekken, littekens, lichaamsgeuren en beharing moeten 'weggewerkt' worden. En de cosmetische industrie werkt gretig mee aan de verspreiding van de idee van 'cleane schoonheid', waarbij de natuurlijke onvolkomenheden uit den boze zijn. Make-up en maquillage worden door de reclame voorgesteld als dé tovermiddelen om de illusie van een onaantastbare schoonheid te creëren.

Getuigenis

Zelfhulpgroep voor lelijke meisjes?
'Ik ben een meisje van zeventien en, net als vele andere jongeren, zit ik met het probleem dat ik niet mooi ben. Graag had ik contact gehad met jongeren die vanwege hun uiterlijk worden gepest. We zouden een zelfhulpgroep kunnen vormen, om samen onze problemen te bespreken en om samen uit te gaan. Want als je samen over je problemen kunt praten, is het zoveel gemakkelijker om elkaar te begrijpen. We hoeven ons niet af te sluiten van de wereld van de anderen

die zich toch zo mooi en beter voelen. We hebben evenveel recht op respect als een ander. Ikzelf werd ook menigmaal tot het uiterste gedreven en ik ben bijna bezweken onder mijn verdriet. Daarom wil ik de jongeren met hetzelfde probleem oproepen om elkaar te helpen en om zo de anderen te laten zien dat wij ook toffe mensen zijn die behoefte hebben aan vriendschap en liefde. Hoe kan ik mezelf leren aanvaarden? En wat vind je van zo' n zelfhulpgroep?'

EHBO, 17 J.

Prikkel

Wat denk jij van het voorstel om een zelfhulpgroep voor lelijke meisjes op te richten?
Vergelijk je visie met de volgende binnengekomen reactie.

Getuigenis

Ik ben niet lelijk, ik mag er ook zijn!
' Ik vind het ronduit een slecht idee om een zelfhulpgroep voor lelijke meisjes op te richten. Wat moet ik me daarbij voorstellen? Allemaal meiden die zichzelf lelijk vinden en zich bij anderen gaan beklagen, in de hoop dat er nog iemand lelijker is dan zijzelf? Afschuwelijk! Zo' n groep heeft pas zin als men bij elkaar komt met het idee van: "Ik ben niet lelijk. Ik mag er ook zijn!" Heeft men deze instelling niet, dan wordt het een groot opjutten onder elkaar, en heeft zo' n groep totaal geen zin!'

DÉSIRÉE

MOOI KENT GEEN MAAT
MISS BELGIUM BIG LADY

Op vrijdag 24 november 1995 ging in Oostende de eerste verkiezing Miss Belgium Big Lady door. Méér dan duizend volslanke meisjes en dames voelden zich geroepen om aan de voorselecties mee te doen. Er werden 24 'ronde' kandidates uitverkoren op basis van elegantie, uitstraling en welbespraaktheid. Voor velen was het dag van hun leven, een belangrijke stap naar erkenning en minder complexen. De winnares, de 27-jarige Ghislaine Colon met haar 110 kilogram, stelde het zo: 'Eén ding is zeker. Ik zal de boodschap van deze wedstrijd zeker blijven uitdragen: volslank is ook mooi en mollige dames moeten maar eens volledig aanvaard worden binnen de maatschappij. Uw gewicht is een toeval: dik zijn is een gril van de natuur. Vaak kun je daar zelf niets aan doen. Het is net zoiets als blond of bruin haar hebben. Helaas kunnen sommige mensen zeer wreed zijn tegenover dikkerdjes. Ik heb dat vroeger tot tranen toe moeten ervaren. Op school werd ik vaak voor "grosse patat" uitgescholden. Of "dikke koe". Ik heb vaak gedieet, maar dat had een omgekeerd effect. Ik viel eerst tien tot vijftien kilo af, maar daarna kwam ik dubbel zoveel aan....'
Finaliste Catharina: 'Wij worden altijd bespot en in de hoek gedrukt. "Kijk eens naar die dikke billen!" hoor je dan roepen. De mode en de reclame moeten het hebben van superslanke Claudia Schiffer-types. Nooit zeggen de mensen : "Kijk eens naar die mooie mollige"!'

Ik heb last van dikke dijen en benen
'Ik heb last van dikke dijen en benen, terwijl ik toch een slank bovenlichaam heb. Ik durf niet een rokje aan te doen, omdat het dan nog meer zou opvallen. Ik begin ook al spatadertjes te krijgen. Wat valt er tegen te doen? Ik dacht al aan fitness, aerobics of joggen, maar ik weet niet of ik die activiteiten aankan. Of is een dieet misschien de oplossing? Binnenkort is het zomer en ik durf mijn badpak niet meer aan te trekken. Ik ben bang dat ze mij zullen nastaren! Wat moet ik doen?'

ESTHER, 16 J.

Wat zou jij op de vraag van Esther antwoorden?
Schrijf eerst je mening uit en vergelijk die dan met de volgende reactie.

Je levenswijze veranderen
'Ik weet als geen ander wat het is om dik te zijn. In een paar jaar tijd kwam ik ruim 20 kilo aan. Net als zovele anderen heb ik van alles geprobeerd, uiteraard zonder resultaat. Lijnen of pillen slikken helpt niet. Er helpt maar één ding, en dat is je levenswijze veranderen. Want je kunt nog zoveel zijn afgevallen, zodra je vervalt in je oude eetpatroon is alles voor niets geweest. Bij het afvallen geldt ook één gouden regel: doe het niet voor anderen, maar voor jezelf! Als je gaat lijnen omdat anderen je te dik vinden, ben je finaal verkeerd bezig. Dan hou je het ook niet vol. Je moet lijnen omdat je het zelf wil. Eigenlijk zijn er maar twee mogelijkheden. Of je verandert je eetpatroon en je levenswijze (minder eten, meer bewegen), of je aanvaardt jezelf zoals je bent. Met een compromis ben en blijf je ongelukkig. Als je jezelf niet aanvaardt, ben je ongelukkig, en als dan ook de diverse afvalpogingen mislukken, word je nog veel ongelukkiger. En die keuze moet je helemaal zelf maken.'

DÉSIRÉE

Info
'Over-Wegend'

Voor de belangenvereniging voor zwaarlijvigen is het genoeg geweest: zwaarlijvigen worden belachelijk gemaakt, uitgesloten van vele sociale en sportieve activiteiten. Ze kunnen niet deftig plaatsnemen in een bioscoop- of terrasstoel, ze moeten blijven staan in trein of tram, vinden geen kledij die hen past. Bovendien ondervinden dikkerds vaak dat ze niet in aanmerking komen voor een job, omdat zij 'niet in het plaatje passen', zelfs als zij alle capaciteiten hebben. De drie grote doelstellingen van 'Over-Wegend' zijn: zware mensen uit hun isolement halen, wantoestanden aanklagen en verhelpen, de maatschappij wakker schudden en bewust maken van hun problemen.
Adres: Over-Wegend, Berendrechtstraat39, 2020 Antwerpen fax: (03)248 49 60; Postbus 35, 9220 Hamme; Beurtstraat 13A, 3390 Tielt-Winge.

Weegschaal

Zelfs de weegschaal
waarop zij staat
kan wat verdwijnt
niet langer aan,
wil elke ochtend
toch weer zien
hoeveel haar laken
van haar steelt,
heeft heimwee
naar haar molligheid.

O, de weegschaal
weet maar half
hoeveel zij weegt
voor mij, altijd.
Hoeveel maar van me
overblijft
wanneer men háár
aftrekt van mij.

Wie wil, wie wil
een stuk van haar?
Laat mij een bril,
een sjaal, één lok,
laat mij iets.
Zij weegt nog alles
met haar haar.
Kaal weegt zij niets.

L. DE BLOCK, *DE DICHTER IS EEN MOEDER.*
LUUK GRUWEZ, *IK WIL VLIEGEN IN HET LEVEN, MAAR
NIET IN DE POËZIE*, IN: STANDAARD/MAGAZINE,
NR. 39 (SEPTEMBER 1995), P. 24

Schoonheidsverzorging voor mannen

De schoonheidstrend geldt vandaag niet alleen voor meisjes, maar meer en meer ook voor jongens en mannen. De moderne jonge man is steeds meer met zijn uiterlijk begaan en spendeert dan ook ettelijke uren voor de badkamerspiegel.

Vroeger stonden jongeren nog erg sceptisch tegenover verzorgingsproducten. Een aftershave kon nog net, maar welke man waagde zich aan een dag- of nachtcrème, laat staan aan een schoonheidsmasker?

Maar de tijden zijn veranderd. De schoonheidsindustrie heeft de man als consument ontdekt en brengt nu hele gamma's mannelijke verzorgingsproducten op de markt. De mannenhuid is anders dan de vrouwenhuid en heeft behoefte aan andere crèmes.

Op de cosmeticamarkt vind je een massa producten om het scheren te veraangenamen en de huid voor de agressieve effecten van het scheren te behoeden. De overbekende aftershaves verschaffen meer dan een lekker geurtje. Ze werken zelfs licht desinfecterend. Goed om te weten.

Veel bekende mannen in de wereld van parfum en cosmetica zijn zich gaan toeleggen op een verzorgingslijn voor mannen (Falsenhut, het hele Davidoff-programma). Zij combineren hun succesgeuren met allerlei verzorgingsproducten.

En dit gaat samen met een hele mannenmode, die zich de laatste jaren sterk heeft ontwikkeld. Niet alleen de 'look' van vrouwen is belangrijk, evengoed die van mannen. Ook zij worden 'gestyld' en 'gestroomlijnd', aangekleed en 'opgesmukt' dat het een lieve lust is.

MISTER WORLD

België staat in de rest van de wereld niet alleen meer bekend om zijn unieke frieten en lekkere chocolade, maar nu ook om zijn knappe mannen. Dat hebben we te danken aan Tom Nuyens (20). Als winnaar van de eerste editie van de Belgian Goodlooking Men Contest (1996) trok hij naar de internationale Mister World-verkiezing in Istanbul en werd er verkozen tot de mooiste man van de wereld. Tom valt op door zijn charme en elegantie. Zijn atletisch lichaam (85 kg, 1m92) is een streling voor het vrouwelijk oog. Samen met zijn sterke persoonlijkheid hebben deze kwaliteiten de jury overtuigd.
Tom zelf: 'Schoonheid is een relatief begrip. Ik weet dat ik niet lelijk ben, maar je zult mij nooit horen zeggen dat ik de knapste ben. Ik werk wel veel aan mijn lichaam, ik probeer het te perfectioneren. Dat is normaal. En als je je lichaam traint, is het nooit mooi genoeg. Je probeert altijd een stap verder te gaan, zonder bodybuilder te worden.'

 Prikkel

Wat denk jij, meisje die dit leest, over de schoonheidsverzorging voor mannen?
Graag je visie, jongeman die dit leest, over deze tendens?

1. Kun je de moderne schoonheidsverzorging voor mannen volgen?
2. Gebruik jij bij het scheren aftershave? Welke? Gebruik jij bij je uitgaansavondjes parfum? Welke? Gebruik jij voor je acne speciale huidcrèmes? Welke?
3. Wat vind jij van het volgen van mannenmode?

Schoonheidsideaal voor mannen?

Volgens sommigen bestaat er vandaag in onze samenleving niet alleen een schoonheidsdwang voor vrouwen, maar evenzeer voor mannen.

Steeds meer mannen voelen zich niet goed in hun vel en stappen daarom naar een plastische chirurg. Eén op tien van degenen die een beroep doen op esthetische chirurgie, is een man en dat aantal stijgt jaarlijks met vijf percent. Vooral facelifts en haarinplantaties zijn enorm populair. De vraag naar neus- en oogcorrecties neemt toe. Ook liposuctie wordt steeds vaker gevraagd: mannen laten vet afzuigen om een atletisch, jong figuur te behouden. Iemand die er dynamisch uitziet maar geen tijd heeft om aan fitness te doen, kan zo zijn hangbuikje wegwerken! Het fenomeen is overgewaaid uit Amerika. Aanvankelijk bleef het beperkt tot de

modellenwereld, maar de concurrentie in de beroepswereld is enorm.
Velen vrezen de concurrentie van jongere collega's en denken dat een oud
uiterlijk zich tegen hen keert. Om
dynamisch en jong over te komen, zijn
velen bereid enorme bedragen voor
hun uiterlijk neer te tellen. Om een
kaal hoofd opnieuw te beharen moet
de patiënt ongeveer 50.000 frank
betalen. Naast de intellectuele capaciteiten en sociale vaardigheden blijkt
dus ook het uiterlijk een steeds
belangrijker marktwaarde te bezitten.
Toch blijft voor veel mannen zo'n
schoonheidsingreep taboe. Ze zetten
de stap om iets te laten veranderen,
maar willen er niet over praten. Of ze
zijn bang voor de reacties in hun
omgeving. Veel mensen blijven het
een beetje verwijfd vinden of vinden
het ronduit belachelijk.

Prikkel

Een boeiende reportage van Jambers
bevatte onder meer dit accent:
'Spreken over de eigen schoonheid,
zeker onder mannen, blijft nog steeds
een taboe. Men praat liever over zijn
onvolkomenheden dan over zijn
schoonheid. Dat anderen vaak zeggen
dat ze mooi zijn, dat kunnen mannen
nog toegeven. Maar zelf zeggen dat
ze zichzelf mooi vinden, dat durft
bijna niemand.'

Opdracht

Kun jij of durf jij voor jezelf eens
opschrijven wat je allemaal mooi
vindt aan jezelf?
Of kun jij wat anderen in jou reeds
hebben bewonderd of gewaardeerd,
aanvaarden en met een 'dank u'
beamen?

Als het lichaam de geest opslokt

Aandacht voor eigen schoonheid is
niet pervers, tenzij het in uitersten
vervalt. Een dergelijke extreme esthetiserende omgang met het lichaam
kan zo intimistisch worden dat de
geest in het lichaam verdwijnt. Men
vereenzelvigt zich zo volkomen met
de eigen lichamelijkheid, dat alleen
nog het lichaam telt. Het lichaam
wordt dan als het ware vergoddelijkt
en aanbeden.

Toch kan het 'mooi zijn' en het 'mooi
maken' van het lichaam ons ook zicht
geven op de persoon die zich door
het lichaam openbaart. Maquillage,
sportieve training en modieuze kleding kunnen uitdrukkingen zijn van
onszelf, als ze met gezond verstand
en met de nodige kritische zin aange-
wend worden.

Getuigenis

*Ik heb naakte lichamen
anders leren ervaren*
*' Ik kom net terug van een kamp met
gehandicapten. Het is een enorme
verrijking voor mezelf geweest, die
nog lang zal nawerken. Vroeger wist
ik niet hoe ik me tegenover die "mis-
deelden" moest gedragen. Ik wist
niets over hun gedachtegang, gevoelens, ervaringen, reacties... Nu heb ik
echt van hen leren houden. Ik bewonder hen om hun levensvreugde, hun
plezier om elk glimpje geluk dat ze
krijgen. Ik heb geen medelijden
gevoeld tijdens het kamp, dat is niet
nodig! Wij kunnen veel van hen leren.
Ik vind het jammer dat alles wat niet
voldoet aan bepaalde "normen", uit
onze dagelijkse samenleving*

geweerd wordt. Alles wat ziek, oud en gehandicapt is, wordt achter muren gestopt. Wat onbekend is, brengt een scheiding tussen mensen teweeg. Als je hen kent, is het zeer natuurlijk. In het begin had ik het bij het wassen echt moeilijk met hun naakte gebrekkige lichamen, die helemaal niet mooi en aantrekkelijk zijn. Het stond in volstrekte tegenstelling tot de prachtige, gladde en gepolijste lichamen die we voortdurend op tv en in de reclame of op het strand zien. Op de duur gaan wij de lichamen die niet aan de opgedrongen schoonheidsnorm voldoen, niet meer "verdragen" en willen we ze ook niet meer "zien". Door het kamp ben ik de naakte lichamen van gehandicapte mensen gaan zien als heel normaal en evenwaardig aan die van andere mensen. In onze gewone wereld krijg je veel te weinig de kans om dergelijke "ontdekkingen" te doen!'

HEIDI VANDERLINDEN, 18 J.

Item 4
Charme straal je uit

Inleiding

Als je niet meer weet wie je als opgroeiende jonge mens bent, heb je er behoefte aan de aandacht te trekken. Door je te doen opmerken krijg je de indruk echt te bestaan. Je daagt uit om bekeken te worden.

Je benijdt soms anderen die niet mooier zijn, maar die zich wel vol zelfverzekerdheid weten te laten opmerken. Soms krijgt de behoefte om te provoceren, door kledij of make-up, zo sterk de overhand dat het een lachwekkende indruk kan maken.

Mijn favoriete taille
' Ik droom ervan in de modewereld te werken als model. Dan kan ik mijn figuur doen uitkomen. Het streelt me als ik mij bekeken voel. Ik wil dat mijn vriendinnen over mij praten. Daarom tracht ik zoveel mogelijk op te vallen. Smal en slank, dat is mijn favoriete taille. Ik heb daar heel wat voor over. Niet alleen strakke kledij (waar mijn moeder erg op tegen is), maar ook diëten. Ik lees over dieet volgen in allerlei vrouwenbladen. En ik volg alles over mode.'
SYLVIE, 17 J.

Jezelf durven laten zien

Je doen opmerken is op zich niet ongezond: jezelf kunnen laten zien, de blikken van anderen verdragen, weten te antwoorden op opmerkingen. Maar je doen opmerken kan ook 'riskant' zijn. Door de aandacht te trekken op wat je niet hebt of niet bent, loop je het risico te verschijnen zoals je niet bent en jezelf ook niet voelt. Dan gaat je echtheid verloren. Dan wordt alles herleid tot 'schone schijn' ('keeping up appearances').

Schoonheid en charme vallen niet automatisch samen, ze kunnen zelfs totaal verschillen. Sommige gezichten die op een glanzende voorpagina van een geïllustreerd tijdschrift volmaakt lijken, kunnen in het dagelijks leven heel vlug vervelen en vermoeien. Anderzijds kun je je ogen niet afhouden van andere, veel onregelmatiger gezichten die in de loop van een gesprek opengaan en voortdurend veranderen. Daarom zijn sommige 'lelijkerds' zo aantrekkelijk en richten ze zoveel 'onheil' aan...

Ik schaam me niet meer voor hem!
' Mijn vader is fysiek licht gehandicapt, hoewel hij zichzelf nooit gehandicapt heeft genoemd. Tijdens de vakantie zou hij gaan zwemmen in het zwembad van het hotel—dus in het openbaar. Ik wilde er eerst niet bij zijn. Ik zou niet kunnen verdragen dat de mensen naar hem keken of dat de kinderen tegen hun moeder zouden zeggen: "Kijk eens naar die meneer!" Maar toen ik tot dat besef kwam, haatte ik mezelf. Ik schaam me nu niet meer voor hem en wil dat ook nooit doen! Ik houd van hem zoals hij is, met zijn minder aantrekkelijk lichaam, en ik zou mij hem niet anders kunnen voorstellen. Eigenlijk had ik er nooit over nagedacht dat hij "anders" was. Nu doe ik dat wel meer. Maar juist dat maakt de band sterker tussen hem en mij. Ik heb hem er nooit over horen klagen. Ik weet alleen dat het komt doordat hij kinderverlamming heeft gehad. Ik bewonder hem! Ik vergezel hem nu regelmatig naar het zwembad.' VICKY, 16 J.

De charme van de charme

De charme werkt waar je het niet verwacht noch bedoelt. Dat is nu juist de charme van de charme. Ze is iets natuurlijks, een manier van zijn en optreden. Daarom kun je haar beter niet trukeren. Je 'charmant voordoen' kan een gevaarlijke sport zijn: je riskeert de natuurlijke charme te verliezen die iedere mens bezit. Dat is een belangrijk leerproces voor elke jonge mens: met je eigen lichamelijkheid zodanig leren omgaan, dat je aantrekkelijk bent én echt.

De kunst bestaat erin dat je leert jezelf naar voren te brengen zoals je werkelijk bent en met wat je werkelijk kunt. Je staat voor de uitdaging je lichaam, dat opnieuw een beetje een vreemde is geworden en dat je in de spiegel en in de 'blik van de anderen' bestudeert, op een nieuwe, positieve en authentieke wijze te ontdekken en te beleven.

Je charme blijft werken
' Zelfs in mijn dikste periode heb ik steeds gemerkt dat je natuurlijke charme blijft werken. Als ik nu terugkijk naar al die adresbriefjes die ik kreeg op het einde van kampen of weekenden, waar de mensen uit mijn leefgroep nog snel iets liefs bijschreven, dan besef ik nu pas goed dat het uiterlijk niet eens zo belangrijk is. Op zoveel van die briefjes staat: "Dank je wel voor je spontaniteit, je lieve lach, je optimisme", en ga zo maar door. Ik ben altijd te zwaar geweest, maar toch maakte ik indruk op mensen om wie ik was. Het uiterlijk is echt niet het belangrijkste.'
DÉSIRÉE

Zing een levenslied

Zing een lied, een vrolijk lied!
Zing een lied, een levenslied,
ik voor jou, jij voor mij!

Hoor de wind huilt in de zeilen:
trotseren wij de storm!
Kijk niet zo verbaasd, m'n vriend,
vraag niet waarheen we gaan.
Proef het zonlicht op je lippen,
de golven kleuren brons.
Honderdduizend meeuwen
vliegen vrolijk
rondom ons, rondom ons!

Zing een lied, maak je vrij,
een refrein, een medicijn,
tegen moe en treurig zijn!

Elke haven die we aandoen
wacht ons een bloemenkrans.
't Lijkt misschien een sprookje,
toe vooruit! Kom waag je kans!
Kom vergeet de tegenslagen!
Hé, let niet op de wind,
voor je neus staat iemand
die jou aardig vindt, aardig vindt!

Woorden die een mens verwarmen
zingen wij voor jou!
Zing een levenslied!
Zing jouw lied, jouw levenslied!

E.J.-C.D. 9701 'KRIEBELS IN MIJN LIJF' BIJ DIT BOEK

HOOFDSTUK 6

Seksuele zelfbeleving

Inleiding

Een ander facet van de lichamelijke zelfontdekking voor jonge mensen is de masturbatie of zelfbevrediging. Je kunt het ook 'seksuele zelfbeleving' noemen. De klemtoon ligt dan niet zozeer op de handeling maar op de beleving en de betekenis van de gevoelens en fantasieën die met masturbatie gepaard gaan.

Item 1
Seksuele ontdekkingstocht

In een van de brainstormsessies met jongeren van 16-21 jaar in het Centrum De Graankorrel kwam ook het verschijnsel 'masturbatie' ter sprake. Om dit thema eerlijk en zonder taboes bespreekbaar te maken kregen de jongeren een voorbereidingsopdracht toegestuurd met de volgende vragen:

☞ *Wat versta jij onder masturbatie?*
☞ *Waar heb jij je informatie over de feiten en de betekenis ervan vandaan gehaald?*

Het eerste dat opviel was dat jonge-

ren veel gemakkelijker en open denken en praten over lichaamsbeleving en masturbatie. En ook dat zij dat heel anders beleven dan enkele jaren geleden. Het bevestigde een uitspraak van Lieven Vandenhaute, presentator en producer van 'De Lieve lust' op Studio Brussel: 'Met De Lieve Lust willen we een praatcultuur rond seks stimuleren. Jongeren luisteren naar jongeren, vinden het leuk en leren er ook iets van. Ik ben nu enkele jaren met het programma bezig en merk wel een positieve evolutie. Jongeren durven nu meer. Een paar jaar geleden kregen tieners al het schaamrood op hun wangen als je over masturbatie sprak. Ze deden het wel, maar praatten er niet over. Dit is nu heel anders.'

Geen schaamrood meer

Hier zijn enkele flitsen uit hun voorbereidingsopdracht. Verderop vind je nog andere.

Er wordt meer over gelachen
' Over persoonlijke lichaamsbeleving, masturbatie en zo spreken: het hangt ervan af met wie. In de Chiro (jongens) praten we daar wel eens over,

omdat we elkaar kennen. Het zijn niet altijd serieuze gesprekken. Er wordt meer over gelachen. Maar als ik een ernstig gesprek erover zou willen, kan ik altijd nog bij mijn ouders terecht.'
MAARTEN, 16 J.

Soms praat men er
te gemakkelijk over
'Ik vind dat men er zeer gemakkelijk over praat, eigenlijk te gemakkelijk soms. Ikzelf vind het ook niet moeilijk om over seksbeleving met zichzelf te spreken, maar er zijn grenzen.'
LAURIEN, 18 J.

Meer bluf dan ernst
'Als er onder kameraden over lichaamsontdekkingen en masturbatie wordt gepraat, is het meestal bluffend. Er wordt maar weinig serieus over gepraat. Jammer, want je kunt van elkaar heel wat leren.'
CHRISTIAN, 20 J.

De seksuele gevoelens
van ons eigen lichaam
'Vroeger viel het me enorm moeilijk om over seksuele ervaringen, zowel met mezelf als met iemand anders, te spreken. Mijn beste vriendin heeft sinds een jaar een vaste vriend en ze heeft een viertal maanden geleden, na een gesprek met haar vriend, besloten de liefde te bedrijven. Ze heeft er me dan ook over verteld. Ze zei dat het de eerste keer enorm veel pijn deed, maar dat ze dacht dat het wel zou overgaan. Sindsdien praten we er geregeld over, en ook over de seksuele gevoelens van ons eigen lichaam. Ook thuis durf ik er met mijn ouders al over te praten, wat ik eigenlijk heel goed vind.'
NADIA, 17 J.

Masturbatie

De jongeren die aan het brainstorm-weekend deelnamen, brachten allerlei materiaal mee om hun visies en ervaringen te stofferen: artikelen, verhalen, uitlatingen uit jongerentijdschriften (Joepie, Fancy, Tina, Yes, Top 10), ook uit bladen als Goed Gevoel, Flair, Fit en Gezond, uit enkele voorlichtingsboeken en zelfs uit pseudo-voorlichtingsboeken. Uit die lectuur droegen zij o.a. de volgende omschrijving van masturbatie aan:

'Bij de ontdekkingstocht van je eigen lichaam ervaar je al vlug dat je je lichaam heerlijk kunt verwennen en koesteren, zelfs seksueel kunt prikkelen en opwinden. In je lichaam ervaar je een seksuele spanning of aandrang en je wilt die spanning opheffen. Dat ervaar je het sterkst rondom je geslachtsorganen en de erogene zones.
Wanneer je nu jezelf bewust prikkelt om seksuele opwinding te veroorzaken, met de bedoeling ze te ontladen in een orgasme (die bij de jongen steeds gepaard gaat met zaadlozing), dan noemt men dit masturbatie. Je zou het ook kunnen noemen: vrijen met jezelf en daarbij klaarkomen. Jongens noemen het ook wel aftrekken, meisjes vingeren of soloseks.'

Je krijgt zoveel nieuwe dingen
te verwerken
'Over seksuele lichaamservaringen spreken kan soms wel moeilijk zijn, denk ik. Gewoon uit angst om af te gaan. Door media en door vrienden krijg je zoveel "nieuwe dingen" te

verwerken dat je niet meer weet wat waar is en wat niet. Als je dan met die wirwar aan informatie een gesprek moet voeren, is het moeilijk, want de andere lijkt er echt alles over te weten. Zelf zit je daar maar en je bent bang dat je je belachelijk maakt. Ik denk dat er op school meer informatie gegeven zou moeten worden. Niet gewoon een foto van naakte jongens en meisjes, en klaar is kees. Het is al moeilijk genoeg om je lichaam te ontdekken. Zoals het nu is, staan velen er alleen voor. Ik heb niet echt iemand om erover te praten.'
JEFKE, 17 J.

Niets was voor ons taboe
'Over zelfbevrediging en zo zou ik zeker niet zomaar met iedereen praten. Wel zat ik verleden jaar in de klas naast een meisje van wie ik een goede vriendin ben geworden. Toen praatten wij over alles, ook over persoonlijke lichaamsontdekking. Niets was voor ons taboe. Ik wist alles over haar lichaam en zij over het mijne. Ik wist dat ik haar kon vertrouwen en dat ze mij nooit belachelijk zou vin-

den. Ik kan wel begrijpen dat er jongeren zijn die niet gemakkelijk over hun lijf en lichaamsbelevingen praten, omdat het toch wel intiem is en we het thuis meestal niet geleerd hebben.'
KATRIEN, 17 J.

Het is voor ons beiden een nieuwe belevenis
'Sinds ik verkering heb, spreken mijn partner en ik heel open over ons lichaam. Het is voor ons beiden een nieuwe belevenis en ik vind het ook zo fijn en leerzaam om alles samen te ontdekken en vooral om er eerlijk, open en spontaan over te spreken. Daarbij heb ik nog één echt heel goede vriendin, met wie ik enorm goed kan praten over dat soort zaken. Dit komt in de eerste plaats omdat we elkaar door en door kennen en allebei voor elkaar openstaan. Ik denk dat de belangrijkste reden waarom we elkaar zoiets durven te vertellen, is dat we elkaar vertrouwen.'
MIEKE, 20 J.

Verschil tussen jongens en meisjes

Nu kun je gewoonlijk wel een verschil merken in de manier waarop meisjes en jongens de seksuele zelfontdekking doormaken.

Door de zichtbare ontwikkeling van de uitwendige geslachtsorganen, die reeds vóór de puberteit vaak prikkelbaar zijn en in staat tot dagelijkse erecties (= verstijving van het mannelijk lid) en zo uitnodigen tot rechtstreekse genotsexploratie, is de aandacht van de jongen vanzelf meer genitaal gericht, en niet op zijn lichaam in zijn geheel. Bovendien ervaart hij, vooral 's nachts — in half slapende toestand — spontane erecties en zaaduitstortingen (zogenaamde 'natte dromen') die hem tegelijkertijd nieuwsgierig en ongerust maken, vooral omdat ze nogal eens vergezeld gaan van bepaalde prikkelende erotisch-seksuele dromen.

Het meisje daarentegen ervaart eerder een algemeen verspreide beleving van welbehagen aan eigen lichamelijkheid, zoals onder meer blijkt uit de koketterie van zichzelf bewonderen en opmaken voor de spiegel. De minder strikte belangstelling voor het genitale is gedeeltelijk te verklaren door het feit dat behalve de borsten, de vrouwelijke geslachtsorganen zich grotendeels, respectievelijk geheel, ín het lichaam bevinden: namelijk enerzijds de vulva (schaamspleet), bestaande uit de 'mons pubis' (venusheuvel), de grote en kleine schaamlippen (labia), de clitoris (kittelaar) en het 'perineum' (bilnaad); anderzijds de vagina, de baarmoeder en de eierstokken.

Over intieme lichaamsbeleving mag je gerust open zijn
'In het dagelijks leven thuis en ook bij leeftijdsgenoten op school vind ik het niet moeilijk om over intieme lichaamsbeleving te spreken. Ik vind dat men daar gerust open over mag zijn. Wanneer ik met vragen zit, zal ik nooit aarzelen om naar mijn ouders te gaan en het hen gewoon te vragen.'
ELS, 16 J.

Seksuele verkenning van zichzelf
'Ik vind dat jongeren tegenwoordig veel opener zijn. Ze zijn vertrouwd met seksualiteit en worden voldoende voorgelicht. In mijn vriendengroepje praten we vrij gemakkelijk over lichaam en seksualiteit, ook over seksuele verkenning van zichzelf. Het

is soms echt bevrijdend, maar vooral grappig te horen welke misverstanden er zijn over het andere geslacht. Er kunnen natuurlijk altijd vragen zijn die men niet durft te stellen aan iemand in de nabije omgeving. In zo' n geval kan men een beroep doen op een anonieme persoon, bijvoorbeeld via de jongerentelefoon.'
HILDE, 17 J.

Je intieme lichaam

Meisjes worden in heel wat gezinnen en milieu's nog steeds vaker dan jongens ertoe aangezet hun lichaam niet te beschouwen als iets van henzelf, als een mogelijke bron van genot, maar om door een partner bewonderd en gestreeld te worden en om kinderen te baren en te voeden. Dit kan meebrengen dat een aantal meisjes later dan jongens hun seksuele lichaam als een positief aspect van hun persoonlijkheid leren ontdekken, en dan nog vaak in het kader van een relatiebeleving.

Bovendien kan de wijze waarop meisjes masturberen, en die heel anders is dan die van jongens, ervoor zorgen dat vrouwelijke masturbatie niet steeds als zodanig herkend wordt. Masturbatie hoeft niet per se tot een orgasme te leiden om masturbatie te zijn. Bij de jongen is dit noodzakelijk zo, en dat leidt vaak tot een te eenzijdig mannelijke benadering van masturbatie. Alhoewel ook meisjes meestal masturberen door directe of indirecte prikkeling van de geslachtsorganen, met name de clitoris, is een orgasme-ervaring soms ook mogelijk zonder beroering van de genitalia. Dan ontstaat ze door een sterk gelalden zinnelijke gevoelsinleving, gepaard met algemene lichamelijke aanrakingen en streling van andere erogene zones zoals o.m. borsten en tepels.

 Getuigenis

Ik moet het kunnen voelen
' Ik heb er absoluut behoefte aan dat een jongen mij aanraakt, anders voel ik me dood. Ik heb altijd een jongen nodig, soms zelfs verschillende. Sommigen noemen mij een "slet". Dat ben ik niet. Ik heb met die jongens helemaal geen seks! Ik heb het echt nodig dat men van me houdt. En ik moet dat kunnen voelen, fysiek. Eigenlijk weet ik niet goed wat ik wil...'
CARLA, 16 J.

Jezelf lekker verwennen

De deelnemers aan de brainstormsessie droegen ook de volgende flitsen en meningen over masturbatie aan.

☞ *'De huidige visie binnen de seksuologie is dat masturbatie een gezonde vorm van seksuele zelfexpressie is.' (Rik Van Lunsen)*
☞ 'Masturbatie geeft de mens seksueel genot, en seksueel genot is toch het lichaam in feest, het leven vieren.' (Piet Nijs)
☞ *'Men doet het voor de lol of om er lekker bij te kunnen fantaseren.'*
☞ 'Wie vaker masturbeert heeft minder natte dromen en meer genot. Zelfbevrediging is dus niet alleen onschadelijk, maar kan zelfs nuttig zijn.' (Sylvia Schneider)
☞ *'Het is prettig. Het geeft een plezierig gevoel. Ik vind het normaal te masturberen. Het is gratis en dat kun*

je van een hoop andere pleziertjes in het leven niet zeggen. Masturbatie heb je nodig om seksueel actief te blijven. Masturbatie betekent dat je jezelf genot kunt verschaffen. Je hoeft niet afhankelijk te zijn van anderen voor seksueel plezier.' (Dr. Debora Phillips)

☛ 'Het is gewoon een onderdeel van je eigen seksleven, waar je recht op hebt. Het kan heel prettig zijn en je leert er ook veel van over je eigen lijf en je gevoelens.' (Pieter Stegeman)

☛ 'Masturbatie is gewoon iets prettigs dat je met en voor jezelf kunt doen, als je daar zin in hebt.' (Pieter Stegeman).

☛ 'Masturbatie is even normaal als ademhalen, een gezonde methode om je eigen seksualiteit te ontdekken.' (Mary G. Calderin)

☛ 'Jonge mensen leren door masturbatie het best wat hun seksuele gevoelens zijn en hoe ze ermee moeten omgaan. Het is een methode om tot seksuele bevrediging te komen, zonder dat er iemand anders aan te pas komt.' (Diagram Groep)

Mediaseks

Verschillende jongeren van het brainstormweekend hadden op hun kamer een eigen tv en hadden wel eens gekeken naar de programma's: Seks met Angela (Ned), Bed- en andere geheimen, Liefde, lijf en lust, Red Shoe Diaries (VT4), Vanavond niet, schat (Kanaal 2, gepresenteerd door Goedele Liekens).

Over masturbatie zei Goedele Liekens: 'Het is een heel intiem en ontspannen groot worden: jezelf ontdekken, zoeken wat je lichaam lekker vindt. Deze natuurlijke ontdekkings-

reis is niet alleen een vorm van jezelf verwennen, maar ze zal later ook bijdragen in de seksuele relatie die je met een ander aangaat. Trakteer jezelf op fantasieën, op opwindende gevoelens. Voel de kracht naar de penis trekken en ga door met heerlijke gedachten.'

Iedereen weet ondertussen dat in dergelijke programma's of videoreeksen (bijvoorbeeld Lief en lijf, Vriendschap en seks) niet alleen met levende modellen demonstraties gegeven worden, maar ook dat ze je o.m. door spelletjes leren hoe je er meer van kunt genieten. Ze bevelen er zelfs allerlei hulpmiddeltjes voor aan.

Enkele flitsen uit het vloergesprek

■ 'Wij, jongens, praten gemakkelijker over masturbatie dan meisjes, maar die gesprekken hebben vaker plaats in een groepssfeer, en dan nog dikwijls met de nodige dosis schuine moppen.'

■ Laatst nog een goeie gehoord: '80 % van alle mannen masturbeert onder de douche en 20 % zingt een liedje. Ken je dat liedje? Als de andere ontkennend antwoordt, zeg je: "Zo, jij hoort dus ook bij die 80%"!'

■ 'Je hoeft helemaal niet verbaasd te zijn dat wij, jongeren, een ander beeld hebben over de betekenis en de waarde van masturbatie. En ook niet over onze manier van ermee omgaan, als je steeds weer overrompeld wordt door beelden en slogans in de geest van: geniet ervan, het is gratis, direct onder handbereik, en het is heel plezierig.'

SHOWGIRLS

Paul Verhoeven, de Nederlandse regisseur die na pikante Benelux-successen als Turks Fruit en Keetje Tippel naar Hollywood is getrokken, is intussen geen onbekende meer in Amerikaanse filmkringen. Hij scoort er met Robocop, Total Recall en natuurlijk Basic Instinct de ene kaskraker na de andere. Hij regisseerde ook de film Showgirls, een erotische blote-borsten-musical. In Amerika werd de film bestempeld met NC-17, wat betekent dat bioscoopbezoekers ouder dan zeventien jaar moeten zijn. Paul Verhoeven kan maar niet begrijpen dat zijn film voor kinderen verboden is. Zijn reactie: 'Ik denk echt niet dat het veel kwaad kan als een dertienjarige mijn film gaat zien. Het ergste wat er kan gebeuren is dat hij naar huis gaat en masturbeert.'

Afsluiting aan het einde van het vloergesprek

Een positief element is dat jongeren open en rustig over masturbatie en seksuele zelfbeleving kunnen praten en dat ze niet belast worden met schuldgevoelens en valse informatie.

Een nadeel is dat zij, zoals bij meerdere zaken (denk maar aan de ludieke condoomcampagnes), er oppervlakkig en ludiek mee omgaan maar geen tijd meer nemen om ook de andere (waardevolle, ernstige) aspecten te achterhalen en te bespreken. Meestal wordt jammer genoeg niet gepraat over de gevoelens die erachter steken.

Wij pogen met de onderstaande doordenkers samen met jou dit laatste wel te doen.

Eerst jouw visie graag, open en bloot!

Neem je tijd om, voordat je verder leest, de volgende vragen te beantwoorden.

1. Is voor jou je lichaam ontdekken en beleven slechts een kwestie van prikkels, opwinding, ontladingen? Is masturbatie voor jou een puur lichamelijke bezigheid?
2. Zit volgens jou in masturbatie de rijke zin van seksualiteit als kwaliteit van ontmoeting met jezelf en de ander?
3. Zie jij masturbatie als noodoplossing, uitlaatklep, surrogaat voor 'telaatkomers'?
4. Is masturbatie: een feestje met jezelf bouwen, je lichaam seksueel ontdekken en leren bespelen, om een goede minnaar of minnares te worden?

Nieuwe verzinsels

Een jongen vertelt: 'Ik ga geregeld op de solotoer. En nu valt het me op dat er zo weinig uitkomt. Is dat normaal? Ik hoor van mijn kameraden verhalen over borrelglazen vol. En hoe zit dat trouwens met veel eieren eten? Is het waar dat je spul dan witter wordt? Dat zijn verhalen die op school de ronde doen. Ik kan daar moeilijk vragen of het waar is, want niemand zal toegeven dat hij of zij het niet weet!'

Zo ontstaan onder jongeren allerlei nieuwe verzinsels onder meer omdat er praktisch nergens meer over gesproken wordt en zij dus nergens meer hun vragen kwijt kunnen. Preutsheid en banalisering zijn niet alleen elkaars tegengestelde uitersten, maar liggen ook in elkaars verlengde. Ze werken immers allebei 'fantastische verhalen' en nieuwe 'taboes' in de hand.

Item 2
Bouwstenen voor een zinvolle seksualiteit

Inleiding

Masturbatie is volstrekt niet abnormaal, noch ziekelijk of ongezond. Het maakt voor de meeste jongeren deel uit van hun seksuele zelfontdekking. Ook de fantasieën die masturbatie

vergezellen, zijn volstrekt normaal.

Hoe het allemaal moet en hoort, dat kies je als jongvolwassene uiteindelijk zelf. Misschien kunnen de doordenkers hieronder je oriënteren, motiveren en aanmoedigen om te streven naar een eerlijke kwaliteitsverhouding met jezelf. Dan zet je jezelf op weg om te groeien naar een zinvolle seksualiteitsbeleving.

*Ik vind het leuk hierover
met vrienden te praten*
'Of je jezelf bevredigt of niet, maak je volledig zelf uit. Dat is volledig afhankelijk van de persoon in kwestie. Ik bevredig mezelf elke dag, soms tweemaal of meer, vooral als ik geprikkeld door allerlei opwindende beelden of gesprekken thuiskom van school, bij het studeren. Als je jezelf te veel bevredigt, put het je wel uit, maar dat moet je er maar bij nemen. Ik vind het leuk dat ik hierover ook met vrienden kan praten, althans met sommigen... Want niet iedereen staat daarvoor open.'
JONGE DURVER, 17 J.

Tevreden met zelfbevrediging?

Als een vorm van seksuele zelfbeleving houdt de masturbatie een uitnodiging in om te groeien naar een zinvolle seksualiteitsbeleving. In de zelfbevrediging worden bepaalde facetten van de seksualiteit beleefd, die op zich waardevol zijn. Die facetten zijn: het genitale, de zelfbeleving, de fantasie en de seksuele lust. Vroeger

werden ze te veel of zelfs uitsluitend in een negatief daglicht gesteld. Ze zijn echter belangrijke bouwstenen voor een zinvolle seksuele beleving. Als bouwstenen zijn ze natuurlijk niet het gebouw zelf, ze vragen om een evenwichtige inkadering en de verbinding tot een waardevol geheel. Ze mogen daarom niet zodanig opgehemeld of verabsoluteerd worden, dat ze los komen te staan van de andere facetten en een evenwichtige seksuele beleving bemoeilijken of zelfs in de weg staan.

Dan vlucht ik in zelfprikkeling
'Ik ben soms krampachtig op zoek naar mezelf. Wanneer iets me niet lukt, voel ik me min of meer afstotelijk, lelijk. Dan sluit ik me mentaal af, en vlucht ik in dagdromerij en zelfprikkeling...'
PASCAL, 17 J.

Ik moet toch mijn verdriet kwijt
'Ik had in een vrouwenblad over masturbatie gelezen en het leek me toen walgelijk. Maar omdat ik nu zelf mijn vriend verloren heb, moet ik toch op de een of andere manier mijn verdriet kwijt. En mezelf bevredigen is voor mij de oplossing geworden.'
FERNANDA, 17J.

Het genitale en
het affectieve verbinden

In de masturbatie ligt op de eerste plaats een duidelijke klemtoon op het genitale. Het is een teken van het seksueel groeiproces dat jonge mensen doormaken. Het is daarom belangrijk het genitale te beschouwen en te beleven als iets positiefs, zonder angst of gespannenheid. Het sterk bezig zijn met het genitale mag echter geen einddoel zijn, wil er geen blijvende voorrang van het genitale op het affectieve uit voortvloeien.

Iemand die op elke seksuele prikkeling met masturbatie antwoordt, kan zo sterk door het nastreven van orgasme opgeslorpt worden dat een verbinding van het genitale met het affectieve en relationele bemoeilijkt of misschien zelfs onmogelijk wordt. In een relatie kan de ander dan herleid worden tot een middel tot zelfbevrediging. Een (bijna-)uitsluitende betrokkenheid op genitale prikkeling en orgasme kan een handicap worden voor het openbloeien van de veelzijdige lichaamstaal van de erotiek, zowel in de verhouding tot zichzelf als in de relatie met een partner.

Ik moet dat volgens hem
absoluut leren
'Ik was achttien toen ik mezelf voor het eerst intiem echt durfde te betasten en te strelen. Als ik toen niet was aangemoedigd door mijn vriend, zou ik er niet aan begonnen zijn. Mijn vriend en ik hebben een uitstekende communicatie. We kunnen echt over alles met elkaar praten. Ook het praten over zelfbevrediging is geen punt. Maar het zélf doen is voor mij wel een groot probleem. Mijn vriend wil dat ik mijn eigen lichaam beter leer kennen, opdat ik dan wat minder gespannen zou zijn en me meer op mijn gemak zou voelen als hij me streelt. En hét middel daartoe vindt hij mezelf masturberen. Ik moet dat volgens hem absoluut uitproberen om te leren genieten.'
A.M., 18 J.

We legden deze brief voor aan vijftig jongeren op het brainstormweekend *Jezelf in de spiegel*. Hier zijn een paar reacties, als uitdaging om je eigen standpunt te bepalen.

Die jongen heeft geen verstand
van meisjes!
'Ik vind ronduit dat die jongen zijn vriendin helemaal niet begrijpt. Hij toont dat hij geen verstand heeft van meisjes. Hij denkt dat meisjes hun lichaam en seksualiteit op dezelfde manier beleven als jongens. Hij heeft het flink mis. Ikzelf kan heel erg zinnelijk genieten van mijn lichaam, zonder te hoeven masturberen. Dáár denk ik nog niet eens aan. Ik kan bijvoorbeeld zalig genieten van een lekker bad, zodat mijn lichaam daarna tintelt en gloeit. En ik kan helemaal opgaan in mijn make-up, me goed voelen in mooie kleren. Of dicht tegen mijn vriendin aanlopen en me gewoon warm voelen, blij dat ik haar heb. Dát alles is voor mij genieten.'
ROMANTICA, 18 J.

Het kan bij haar leiden
tot nog meer gespannenheid
'Ik vind het voorstel van die jongen heel stom. Het is tof dat je in een relatie met elkaar over heel veel kunt praten, ook over seks. Maar ik vind dat, als je elkaar echt waardeert, je elkaar nergens toe kunt verplichten. Er is toch geen enkele evidentie dat het meisje gespannen is, ómdat ze niet masturbeert! Het enige waar die jongen haar op die manier toe kan brengen is nog meer stress en gespannenheid. Het is een kunst te ontdekken waar je je het beste bij voelt, en hoe dat voelen zich dan uiten kan.'
SANNE, 18 J.

Naar een evenwicht
tussen ik en de ander

Een andere klemtoon in de masturbatie is de aandacht voor zichzelf. Zowel de seksuele als de ruimere zelfontdekking moeten positief beaamd én doorgemaakt worden, om te kunnen doorgroeien naar relatiebekwaamheid. Wie voldoende aandacht en tijd schenkt aan een open en positieve zelfontdekking, vindt veel gemakkelijker de weg naar de ander. Wie de eigenliefde onderdrukt loopt het risico ze achteraf in een partnerrelatie te willen inhalen. Dat gaat dan ten koste van de ander die men opslorpend naar zich toehaalt, om de tekortgekomen eigenliefde aan te vullen. Een positieve seksuele zelfbeleving maakt

een grotere aandacht voor de partner mogelijk. Men heeft de ander dan immers niet 'nodig' voor de eigen bevrediging. Men treedt de partner niet alleen vanuit een 'tekort' maar ook vanuit een 'rijkdom' tegemoet.

De aandacht voor zichzelf mag echter niet verworden tot een overdreven, eenzijdige vorm van behaaglijke zelfkoestering, waarbij men niemand anders nodig heeft. Als betrokkenheid op zichzelf leeft in de masturbatie de wensdroom volledig onafhankelijk en dus almachtig te zijn. Men wil niet erkennen dat men voor een waarlijk bevredigende seksuele beleving van een ander afhankelijk is. Men wil alles zelf in de hand hebben en houden...!

Eenzame gemeenschap

*Ik voelde me ontspannen
en vreemd tegelijkertijd*
'Al een hele tijd maakten allerlei seksuele zaken mij nieuwsgierig en
speelden ze door mijn hoofd. Als ik er
's avonds in mijn bed over fantaseer-
de, kon ik niet voorkomen dat mijn
piemel steevast stijf werd. Zo kwam
het dat ik ermee ging spelen. Ik kreeg
al gauw een zaadlozing. Ik voelde me
lekker, ontspannen, maar vreemd
tegelijkertijd. Ik ging het vaker doen
en ofschoon niemand erover praatte
en niemand mij ooit gezegd heeft dat
het niet mocht, vond ik het toch
geheimzinnig en vreemd. Ik ging wel
door met masturberen, maar bleef het
toch zien als iets wat feitelijk niet
hoorde, al kon ik ook weer niets
bedenken waarom het niet goed zou
zijn. Ik keek wel eens mijn klas rond
en vroeg mij af welke jongens het
allemaal deden. Dat meisjes ook
zoiets kenden was voor mij ondenk-
baar. Tot een vrouwelijke dokter op
school tijdens de voorlichting vertelde, dat meisjes het ook wel doen.'
MARIO

Deze almachtsdroom wordt ook versterkt door de genotsbeleving die de
masturbatie beoogt. Genot is onge-
twijfeld een belangrijke vorm van zelfbevestiging. Het kan de mens echter
ook opsluiten in een voortdurende
vlucht voor het anderszijn van de
ander, waarvoor men bang is omdat
men er te veel door gekwetst zou worden. Zo kan de weg naar ontdekking
van de rijkdom van de ander ver-
sperd, of in ieder geval bemoeilijkt
worden. Als men de voorkeur aan het
genot om het genot blijft geven, kan
de liefdebekwaamheid vertraagd of
zelfs aangetast worden. Het gebeurt
weliswaar niet zo vaak, maar het is
niet onmogelijk dat iemand zo diep
verliefd wordt op zichzelf, dat het toe-
treden naar de ander uiterst moeilijk
wordt. Zelfs indien men erin slaagt de
ander lichamelijk te benaderen, is het
nog niet zeker dat men bij die ander
echt aanwezig is.

Dit maakt duidelijk dat er ook een verschil is tussen bevrediging door masturbatie en door seksuele gemeenschap. Wanneer twee mensen seksuele omgang hebben, speelt precies het verlangen naar elkaar, het samenzijn, samen-voelen en wederzijds genieten een belangrijke rol. Vrouwen spreken in dit verband over een 'emotioneel orgasme', een bevrediging die vooral ligt op gevoelsvlak en voortvloeit uit de innig beleefde verbondenheid met de ander. Dit emotioneel orgasme onderscheiden ze van het strikt 'fysiologisch orgasme', dat ontstaat door manipulatie van de clitoris, hetzij bij masturbatie hetzij bij vaginale penetratie. Uit getuigenissen blijkt dat het emotioneel orgasme ervaren kan worden, zelfs wanneer – bij vaginale penetratie – het fysiologisch orgasme niet optreedt (door gebrekkige of afwezige prikkeling van de clitoris). Daarom ook schatten velen het emotioneel orgasme hoger dan het puur lichamelijk klaarkomen zonder doorvoelde gemeenzaamheid met de partner.

Getuigenis

Ik werd er opgewonden van
' Op een feestje deden we tongzoenen en ik werd er heel opgewonden van. Ik verbaasde mij daarover. Thuis begon ik voor het eerst mezelf te strelen en te bevoelen. Tijdens mijn huiswerk, alleen op mijn kamer zat ik met mijn handen tussen mijn benen of onder mijn truitje, terwijl ik in mijn gedachten wegzweefde naar dat feestje, om fel voort te tongzoenen met die jongen. Ik kreeg steeds meer zin om met dat zelf-voelen door te gaan, tot ik mijn eerste orgasme kreeg, hoewel ik het woord orgasme

nog niet kende. Het betekende een hele sterke explosie in de diepte van mijn bekken, die mijn hele lichaam doorgloeide. Ik durfde er met niemand over te praten. In de bibliotheek zocht ik boeken op het gebied van seks en zo kwam ik het een en ander te weten. Ik bevredigde mezelf steeds vaker. Bijna iedere avond voor het slapengaan. Ik droomde daarbij van jongens en was verschrikkelijk nieuwsgierig om eens bloot met een jongen te vrijen. Ik had wel een vriendje, maar we liepen alleen maar handje in handje en kusten elkaar op de mond. Op een mooie zomerdag fietsten we uit school naar huis en zochten ons bekende plekje op, waar wij altijd even gingen zitten om lekker te knuffelen en te stoeien. Bij het kussen raakte ik in vuur en vlam en besloot er werk van te maken. Ik ging met mijn hand in zijn gulp en voelde voor het eerst een stijve piemel. Mijn vriendje stond plotseling op en onderbrak het spel. Hij wilde niet doorgaan. Met verhitte gezichten fietsten we naar huis. Mijn vriend maakte het de volgende dag uit. Hij zei dat we niet bij elkaar pasten. Ik voelde me erg verdrietig. Ik was toen bijna zestien.'
BETTY

Tussen droom en werkelijkheid

Ook de fantasie speelt een belangrijke rol in de zelfbevrediging. De verbeelding is een heel belangrijk aspect van de seksualiteit, die al te vaak tot een soort fysiologisch functioneren herleid wordt. De seksuele gedachten en dromen verwijzen naar de werkelijkheid én grijpen erop vooruit. Daarom zijn het precies deze fantasieën die ons uitdagen om door te groeien naar de echte wereld. In hun fantasie verkennen jongeren de seksuele wereld, zonder zich telkens al te moeten wagen in de werkelijke wereld, waarvoor ze soms nog bang zijn.

Maar precies dankzij die fantasieën, die enkel verwijzen naar de werkelijkheid en ze niet zijn, kan men zich in een louter gedroomde seksuele wereld opsluiten. De verbeelding heeft een betoverende macht, die tegelijk illusies schept. De erotische fantasiewereld die men bij de zelfbevrediging oproept, kan afsnijden van de reële seksuele ander. Dan richt men zich niet meer naar 'echte' maar naar 'ingebeelde' partners. Dan verkeert men méér in gezelschap van zichzelf dan van werkelijke anderen, vaak gevoed door pornografie. De fantastische seksuele voorstellingen, die zich ontladen in een sterk moment van lichamelijk genot, laten wie masturbeert daarna 'alléén' achter. In de vergezellende fantasieën bij masturbatie stelt men zich tevreden met ingebeelde contacten, die uiteindelijk niet kunnen bevredigen, juist omdat ze niet werkelijk zijn. Masturbatie is daarom ook de tegenstrijdigheid van de 'eenzame gemeenschap'. Men beeldt zich in dat men met iemand gemeenschap heeft, natuurlijk niet enkel seksueel, maar ook met gevoelens en verlangens. Maar het is een eenzame gemeenschap, omdat het bij een droomwereld blijft. Maar juist deze droomwereld daagt uit om zichzelf te verlaten en naar reële en 'gemeenzame gemeenschap' op zoek te gaan.

Getuigenis

Om mijn energie af te reageren
' Ik denk dat het belangrijk is dat je, als je tussen twaalf en achttien bent, je eigen lichaam leert kennen. Volgens mij kan dat een goede voorbereiding zijn voor later. Zelf masturbeer ik veel, misschien te veel, waardoor ik me vaak in mijn eigen wereldje opsluit. Ik ken echter geen betere manier om te genieten: het gevoel dat door je lichaam gaat vind ik zeldzaam. Het is een moment waarop je enkel met jezelf bezig bent en toch flitsen er vriendinnen door je hoofd. Ik vind dat ouders slecht reageren als ze merken dat hun zoon of dochter masturbeert. In de examenperiode kan ik niet zonder masturbatie, omdat ik dan als jongen veel lichamelijke energie overheb. En ik masturbeer dan ook vanwege de stress.'
EEN ALLEDAAGSE LEEUW, 16,5 J.

Porno-amusement
' We zijn goede kameraden en we hadden ons rot geamuseerd met enkele pornoblaadjes. We waren ons te buiten gegaan aan allerlei commentaar en vieze moppen. Dat had mij in de greep, zodat ik thuis op mijn kamer mezelf seksueel moest ontladen om weer tot rust te komen...'
ANONIEM, 16 J.

Item 3
Groeien in zelftederheid

Inleiding

Zelfbevrediging mogen we nooit isoleren van de groei naar een positieve en gezonde lichaamsbeleving.

Wij mógen gevoelig worden en ontdekken dat ons lichaam ons mooiste geschenk is. De eerste stap daartoe is onszelf eens rustig bekijken en stilaan bewust worden: 'Dit ben ik van kop tot teen!'

Opdracht

Hou je lichaam aan de praat met supertip nr. 5

Op reis door je lichaam

We doen opnieuw de relax-oefening (zie hierboven), die een prachtige weg is om een reis door je lichaam te maken.

Ga gewoon languit, ontspannen op de grond liggen. Maak het stil rondom je en binnen in je. Word je dan stap voor stap van je hele lichaam bewust.

Concentreer je op elk lichaamsdeel en zoek er telkens de functie, betekenis, waarde en opgave van.

Besteed evenveel en even rustig aandacht aan de seksuele delen, zones en kenmerken van je lichaam.

Blijf wat langer stilstaan bij de lichaamsdelen waarvan je ontdekt dat je ze verwaarloost, eenzijdig of slechts gedeeltelijk beleeft en gebruikt.

Bijvoorbeeld: 'mijn handen'.

Mijn handen zijn werktuigen. Wat kan ik er allemaal mee doen?

Mijn handen spreken een taal. Ik kan dus met mijn handen spreken?

Zoek eens concreet hoe? Wat kan ik er allemaal mee zeggen?

Ik ben verantwoordelijk voor mijn handen. Verzorg ik ze goed?

Beheers ik de taal van mijn handen? Ken ik alle bewegingsmogelijkheden ervan?

Ontdek concreet de bewegingsmogelijkheden van je vingers, handen, polsen enzovoort.

Mijn handen drukken ook mijn man- of vrouw-zijn uit. Hoe merk ik dat?

Je kunt deze reis door je lichaam ondernemen met of zonder muziek. (Daarvoor kun je bijvoorbeeld *A Saucerful of Secrets*, uit: *Ummagumma* van Pink Floyd gebruiken, EMI 1C 188-04 222.)

Ervaar zo deel voor deel je hele lichaam. Je zult op het einde een heerlijke ontdekking doen: 'Ik ben van top tot teen een levend wonder.'

Jezelf in kaart durven te brengen en jezelf positief ontdekken is heel belangrijk. Doe daarom bovenstaande opdracht geregeld, rustig, ontspannen, intens. Dan zul je op het einde

ook rustig en ontspannen tegenover je eigen lichaam staan en tot de ontdekking komen dat je met je lichaam boeiend en scheppend in deze wereld kunt staan. Zo kom je ertoe mogelijke twijfels en onzekerheden over jezelf weg te nemen en vanuit je lichamelijke zelfaanvaarding ook innerlijk sterk te worden en ontvankelijk naar anderen te gaan.

Intiem met je lichaam

Je lichaam bewust ontdekken wordt een boeiende ervaring! Als je je ogen sluit en je concentreert op je eigen lichaam, op je hartslag, je adem, op het stil worden van je bewegingen of op de ontspanning van je spieren, gebeurt er iets nieuws met je. Je voelt jezelf op een andere manier aan... Je ervaart plotseling heel wat mogelijkheden om jezelf uit te drukken. Deze keer niet meer door van buitenaf opgelegde gedragspatronen, maar vanuit persoonlijke belevingen en verwerkingen!

De langzame bewustwording van je eigen ervaring, van wat je concreet tast, smaakt, ruikt, hoort, ziet en voelt, geeft je het besef van je eigen werkelijkheid, van wat er hier en nu in je omgaat. Door je lichamelijke ervaring kom je tot jezelf. Via de steeds wisselende weg van de lichamelijke zelfuitdrukking leer je wie je bent en leer je ook houden van wie je bent. Je leert in jezelf geloven, en voelt je verantwoordelijk voor hetgeen je doet. Via je lichaam ervaar je het bestaan als een wonderbare gave en als een opgave.

Ik wil niet afgesneden zijn van mezelf!
Ik wil niet opgesplitst zijn,
mijn lichaam tegen mijn verstand,
mijn verstand tegen mijn hart,
ik wil de pijn niet ervaren
van verdeeldheid,
van afgesneden zijn van mezelf.

Dikwijls voel ik een enorme kracht
vanuit mezelf,
een kracht die sterker is
dan alle kleine beelden
die ik van mezelf heb.
Op dat ogenblik ontmoet ik mijn ziel,
bron van mijn leven.
Het is een wegwijzer naar mezelf.
Ik wil me vrij voelen in mijn lichaam,
in mijn geest, ik wil geen machine zijn.

Ik wil leven... dan ga ik maar liggen,
laat mijn hele lichaam in de grond wegzinken,
spreid mijn benen, ontspan mijn handen,
maak mijn kaken los, voel mijn ademhaling,
ga mee met mijn ademhaling,
laat er mij op meedrijven.
Ik geniet ten volle.
Zalige momenten zijn dat.

Ons lichaam vertelt ons eigen verhaal.
We luisteren, we nemen het in onze armen
zoals we met een baby zouden doen,
we koesteren ons lichaam.
Ons verhaal zit in ons eigen vlees,
in onze eigen dode slaphangende armen,
in ons vastzittend bekken,
onze gebalde vuisten,
onze boos opgetrokken schouders,
onze stem die scherp is van angst of woede

Waar en hoe vind ik mezelf dan terug?
Ik hou nochtans van dit lichaam.
Laat het altijd een geheel zijn,
dit ben ik verplicht aan het leven!
Ik wil terug naar het ritme van mijn ziel,
het ritme van mijn eigen hart,
van mijn lichaam,
basis van mijn hele leven!

NICOLE GRYSOLLE

Hou je lichaam aan de praat met supertip nr. 6

Wees sportief

Het is belangrijk je lichaam zoveel mogelijk in beweging te houden. Beweging kan je veerkracht geven, wanneer je je innerlijk onrustig voelt, lusteloos of neerslachtig bent. Beweging helpt ook om je lichaam sterk, slank, beweeglijk, energiek en soepel te houden.
Zoek een tak van sport die je prettig vindt, die bij je past en die ook in je dagelijks leven past.
Bijvoorbeeld: zwemmen, fietsen, wandelen, lopen, dansen, roeien, balspelen...
De vuistregel luidt dat je je na het sporten frisser moet voelen.
Raadpleeg voor je ontdekkingstocht de *Vakantiekrant voor jongeren* (uitgave van Dienst Jeugdpastoraal, Varkensstraat 4, 2800 Mechelen). Je vindt er rijk gevarieerde keuzemogelijkheden om dit terrein te verkennen. Voor uitdieping van 'sport als lichamelijke zelfbeleving' verwijzen wij naar het E.J.-jongerenboek *Waar ik van droom*, p. 80-83 (te verkrijgen op het E.J.-Centrum).

Je lichaamsbeeld verkennen

In de idee die je over jezelf hebt, speelt het lichaamsbeeld een belangrijke rol. Het zelfbeeld is eigenlijk een totaal lichaamsbeeld en niet alleen een verstandelijk beeld. Welnu, een negatief lichaamsbeeld heeft een sterk negatieve weerslag op de gevoelens over aantrekkelijkheid, mannelijkheid of vrouwelijkheid, over fysieke kracht, echtheid of onechtheid, over de aanvaardbaarheid van de persoon in het algemeen.

Daarom is het van wezenlijk belang je rechtstreeks bezig te houden met de gevoelens die je hebt ten opzichte van je eigen lichaam. Het is vooral belangrijk om de gevoelens te onderzoeken, die er eventueel bestaan over lichamelijke gebreken of over dingen waarmee je je niet gelukkig voelt (zie hierboven). Lichaamsdelen of zones waarvan je je vervreemd voelt, waar je een hekel aan hebt of waarover je je schaamt, worden vaak slecht behandeld, verwaarloosd, nonchalant verzorgd of 'verborgen'. Die lichaamsdelen worden dan ingetrokken of gebogen, als het ware om ze te verbergen...

Wanneer je echter in staat bent om je ware gevoelens ten opzichte van je lichaam onder ogen te zien en te verwerken, blijkt de werkelijkheid van je lichaam bijna altijd beter te zijn dan het beeld dat je er persoonlijk van had. Dan ga je je lichaam ook beter aanvaarden. Dit komt dan bijvoorbeeld tot uiting in de rechtere of trotsere houding van je lichaam; of in het feit dat de lichaamsdelen waaraan je voorheen een hekel had, zich nu ontspannen; dat je dieper ademhaalt, dat je je beter gaat verzorgen; dat je je over het algemeen beter voelt.

Running Brave

Running Brave is het waar gebeurde verhaal van Billy Mills, de Amerikaanse Sioux-indiaan, die zijn reservaat verliet om hardloper te worden. Als lid van de Olympische ploeg van Amerika haalde hij tijdens de spelen van 1964 in Tokyo goud op de 10.000 meter. Een boeiende film, waarin niet alleen plaats is voor sportieve hoogtepunten, maar ook voor menselijke dieptepunten.
(Esselte CIC Video BNL 86 160, 1u45')

Doe jij actief aan sport?
Waarom wel? Waarom niet?
Wat vind jij in sportbeoefening?
Wat betekent het voor jezelf?
En voor je relatie met anderen?

Lichamelijke zelftederheid

Er is geen zelfaanvaarding mogelijk
zonder een positieve aanvaarding en
verwerking van ons eigen lichaam.
Die positieve lichaamsbeleving is een
vorm van 'zelftederheid'.

Tederheid veronderstelt een schroom-
volle toeeigende aanwezigheid, ont-
dekten we in het vorige hoofdstuk.
Het is een verwijlend beleven van het
goede dat men ervaart. Toegepast op
het lichaam betekent dit een verwonderd genieten van zijn mooie of
krachtige lijn, zijn zachtheid of leven-
digheid, in zijn kwetsbaarheid en
gevoeligheid, in zijn hele dynamiek en
expressiviteit.

Getuigenis

*Aan haar lach zag je
hoe tevreden ze was*
*'Sommige mensen vinden gehandi-
capten stom: "Ze kunnen niets, ze
leven op kosten van de maatschappij..." Zelf ben ik eens drie dagen
gaan helpen in een dagcentrum voor
volwassen mentaal gehandicapten.
Het was een ervaring die me goed
heeft gedaan! Ze nemen je snel op in
de groep, alsof ze je al jaren kennen.
Wij hebben zoveel vooroordelen over
hen, terwijl zij soms zo'n groot vertrouwen tonen. Na ongeveer een
maand ben ik nog eens een dagje
gaan helpen. Er was een meisje dat
niet kon spreken, maar aan haar ogen
en haar lach zag je hoe tevreden ze
was. Als ik nu iemand negatief hoor
spreken over gehandicapten, moet ik
altijd aan haar denken. Uit haar glimlach kun je veel moed putten! Zij had
helemaal geen woorden nodig om te
laten zien wat ze voelde.'* GRIET, 19 J.

Hé, pak het anders aan,
ja, van nu af aan!
Wacht niet langer meer!
Doe het, wanneer je wakker wordt,
je eerste ochtendsport:
bedenk iets moois voor je geest.
Start de dag als een feest,
al doe je 't voor 't eerst.
Doe het nu! Toe, vooruit!
Keer je glimlach nu naar buitenuit!
Verander je gelaat
in een zomers ansichtkaart!
Pak je zelf eens aan!
Doorwaai je gedachten
met iets aangenaams.
Laat alleen het 'goeie' bestaan.
Pak jezelf voorgoed eerlijk aan!

steek jezelf voorbij

steek jezelf voorbij

En begin met de mens in de spiegel!
En kijk hem aan
en ga dan naar binnen
en leer hem zichzelf ondanks alles
te beminnen.
Hoe kan je anders
van een ander houden
als je niet jezelf eerst aanvaardt,
ja, zoals je bent!

Je bent geen realist,
je bent een pessimist!
't Wordt tijd dat je jezelf aanvaardt.
Pas dan kun je gaan!
Laat de spiegel maar staan...
Doe het nu! Toe, vooruit!
Draag je liefde nu naar buitenuit!
Genees een mens die weent,
gewoon door wie je bent!
Kom en spoor hem aan,
laat enkel schoonheid door zijn
gedachten gaan.

Laat alleen het 'mooie' bestaan.
Pak de mens nu met liefde aan!

Wees levensecht!
Doe het heel oprecht!
't Is de mooiste strijd:
die van tederheid!
Vooruit! Je kan het!
Ook jij!
Steek jezelf voorbij!

E.J.-C.D. 9701 'KRIEBELS IN MIJN LIJF' BIJ DIT BOEK

Leesportefeuille: Leren leven met een gehandicapt lichaam

Leesportefeuille over 'leren leven met een gehandicapt lichaam', samengesteld door prof. Rita Gesquière (KU-Leuven), deskundige in jeugdliteratuur.

Jean Coué,
Ik leef, Rotterdam, Lemniscaat, 1980.
Imme Dros,
De witte boot, Bussum, Van Holkema & Warendorf, 1985. 136 p.
Gil Van Der Heyden,
Uit het water gefloten,
Antwerpen/Baarn, Houtekiet, 1993.
David Hill,
Tot ziens, Simon, Antwerpen-Dronten, Facet, 1993, 123 p.

John Maarsden,
Ik heb je zoveel te vertellen, Hasselt, Clavis, 1991 (2de druk), 127 p.
Mirjam Pressler,
Hinkepoot, Den Haag, Leopold, 1984, 126 p.
Susan Sallis,
Zolang het nog kan, Rotterdam, Lemniscaat, 1993 (4de druk), 175 p.
Jan De Zanger,
Dit been is korter,
's-Gravenhage, Leopold, 1988. 67 p.

Het hangt af van je houding

'Er is geen situatie die niet hetzij door de daad, hetzij door lijden iets verhevens kan krijgen,' zei de dichter Goethe meer dan een eeuw geleden. Niemand kan een onvermijdelijk lijden voorkomen. Wel kunnen wij

elkaar behoeden voor wanhoop. Wanhoop wordt veroorzaakt door een lijden dat zinloos lijkt. Lijden heeft op zich geen zin, maar we kunnen wel een zin geven aan op zich uitzichtloze gebeurtenissen door de houding die we er tegenover aannemen.

Een jonge vrouw was wanhopig omdat ze blind werd. Geholpen door een andere vrouw, die blind geboren was, leerde ze braille en raakte zo geïnteresseerd in deze methode dat ze als vrijwilligster boeken over- schreef in braille. Haar werk bracht haar in contact met andere blinden met wie ze discussiegroepen voor blinden opzette om gezamenlijk over boeken te praten. Toen ze haar gezichtsvermogen ten slotte volledig kwijtraakte, 'was', zo getuigde ze, 'mijn leven zozeer gevuld met zinvolle activiteiten dat ik gewoon geen tijd meer had om me er zorgen over te maken!'.

Harde strijd om zelftederheid

Jongeren hebben de volgende films gesuggereerd. Daarin worden de ver- werking van een handicap en de strijd om zelftederheid en een positieve lichaamsbeleving op een aanspreken- de manier in beeld gebracht:

Rainman, Forest Gump, David and Lisa van Frank Perry.
Crossbar van John Trent (VHS PCV 96007).
Kenny van Claude Gagnon (APA 54 / CPAA).
Amy van Jerome Courtland & Vincent McEveety (Canon VWN 03916).

Voor meer achtergrondinformatie over deze films, kun je terecht bij DOCIP,

Haachtsesteenweg 35, 1030 Brussel (02) 217 00 96.

Je staat er soms versteld van

Je staat er soms versteld van hoe bepaalde zieken en lichamelijk gehandicapten hun gebrek en lijden hebben aanvaard en er positief mee hebben leren leven.

In een van de brainstormsessies met jongeren van 16-21 jaar hadden wij een lijst samengesteld van enkele mensen uit de omgeving en ook van mensen in verzorgingstehuizen en instellingen voor gehandicapten. De opdracht bestond erin gewoon even met deze mensen contact op te nemen, hun spontane levensinge- steldheid in te ademen tijdens het normale gesprek. Indien er gelegen- heid toe was mochten ze hen spon- taan vragen hoe zij dit allemaal kon- den verwerken en hoe zij tot zo'n levenshouding van positieve aanvaar- ding gekomen waren.

Prikkel

Doe-opdracht

Stel een lijst op van dergelijke mensen uit jouw omgeving. Breng hen een bezoek en probeer eerst en vooral naar die mensen te luisteren.

Heb je vragen — en die heb je zeker — leg ze hen voor.
Bijvoorbeeld: hoe kun jij dit aan? Heb jij er nooit aan gedacht om het op te geven? Waarin vind je de kracht om jezelf met die handicap of dat lijden te aanvaarden? Wat betekent voor jou het leven, de toekomst?

Verwerkingsopdracht

Schrijf na dit confrontatiemoment jouw ervaringen uit.
Beantwoord ook deze vragen:
■'Heeft de ontmoeting je iets bijgebracht voor je eigen aanvaardingsproces?'
■ 'Hoe denk jij dat we die mensen moeten benaderen?'
■ 'Wie kunnen wij voor die mensen zijn, zonder hen medelijdend te betuttelen?'

Verwerk dan heel de animatie tot een persoonlijk werkstuk en trek ermee naar je klas, jeugdbeweging, club of gespreksgroep. Probeer de hele groep warm te maken voor de opdracht. Indien het lukt, nodig dan allen uit tot een dieptegesprek, waarin iedereen zijn verwerkingsopdracht naar voren brengt.

Illustratie

Zolang het nog kan

Fran, zestien jaar, zit al haar hele leven in een rolstoel en weet dat haar leven nog maar kort zal zijn. Het weerhoudt haar er niet van vrolijk en spontaan uit het leven te halen wat erin zit. Ze zet van alles op touw en weet zelfs Lucas Hawkins, een jongen die zich voor iedereen verborgen houdt, zijn kamer uit te krijgen. Fran had er alleen nooit aan gedacht dat ze verliefd op elkaar zouden worden. Dat kan niet, dat mag niet, want dan zou ze hem haar geheim over haar onontkoombare aftakeling en dood moeten vertellen. Het boek eindigt als volgt: '"Schat." De stem van Lucas klonk rustig. "Op weg naar beneden heb ik iets bedacht. Ik zal je hand vasthouden aan deze kant. En je kunt er vast op rekenen dat Nell klaar zal staan om je hand te pakken aan de andere kant. Zij heeft haar hele leven nog nooit iemand in de steek gelaten." Fran fluisterde: "Hoe wist je dat ik bang was?" Hij zei: "Omdat ik ook bang ben. Sufferd."' (p. 170)

Je lichaam in vertrouwen nemen

De relatie met ons lichaam is onontkoombaar en onvermijdelijk. De meesten van ons wonen niet echt in hun lichaam... Ons lichaam blijft dan uiterlijk vertoon. We leven te veel buiten ons lichaam, we leven te veel met ons hoofd, in onze herinneringen, met onze verlangens. Wat verlangen we niet allemaal?

We denken te gemakkelijk dat ons lichaam niet belangrijk is. We voeden het, we kleden het, we sturen het naar school, naar de hogeschool of de universiteit; we halen zoveel mogelijk diploma's en daarmee basta! Maar wat zien we in de spiegel? Een vlakke, lege blik, een ingevallen borstkas, een onecht lachje.

We zouden moeten overstromen van vitaliteit, van levenslust... Maar méér en méér mensen haken af, kunnen het leven niet meer aan... Mensen leven met duizenden afwezige zelven. Kijken we maar even rondom ons: in de tram, in de supermarkt, samen voor de tv, we zitten allemaal in hetzelfde schuitje. Velen onder ons vrezen hun eigen lichaam, hebben er nooit mee leren omgaan. We moesten onze impulsen en verlangens overwinnen of 'temmen'. Maar de ziel kan niet alléén bestaan, een ziel zonder lichaam is niets, zoals een lichaam zonder ziel evenmin iets is. Dit is de grond van ons bestaan.

We moeten ons lichaam vertrouwen, niet ons ideale, niet-bestaande lichaam, maar ons werkelijke, onvolmaakte lichaam.

SUPERMAN IN EEN ROLSTOEL

Christopher Reeve (Superman) was een held van het witte doek, op handen gedragen door miljoenen bewonderaars. De man was vroeger sterk als duizend paarden, hij kon vliegen als een raket, en er kwamen rode laserstralen uit zijn ogen.
Nu zit hij gekluisterd aan een rolstoel.
Op 27 mei 1995 kwam hij ten val met zijn paard. Tijdens een wedstrijd naderde Reeve een eenvoudige hindernis. Maar om een nog onverklaarbare reden stopte het paard vlak voor de hindernis en werd Reeve van het dier gecatapulteerd. Hij viel op zijn hoofd.

Een attente toeschouwer maakte onmiddellijk zijn luchtpijp vrij en redde zo zijn leven.
Christopher Reeve is verlamd vanaf zijn schouders.

'Ik heb gevoel in mijn nek en schouders, aan mijn voetzolen en op één plaats aan mijn onderste rib, een plekje dat mijn vrouw vroeger veel aanraakte.'

Het enige wat hij aanvankelijk nog kan is met zijn hoofd van links naar rechts draaien. Bij het ademen wordt Reeve geholpen door een beademingsapparaat, dat zich aan de achterkant van zijn rolstoel bevindt. Om te ademen moet hij wachten op lucht.

Zelfaanvaarding

Zoals zovelen worstelt Reeve met zijn zelfaanvaarding en met de vraag: 'Waarom ík?'
'Ik heb geleerd dat ik daar niet bij mag blijven stilstaan. Je moet naar de mogelijkheden kijken. Ik kan nu op een andere manier van betekenis zijn. Ik heb de afgelopen maanden veel nagedacht. En ik ben me van iets heel ergs bewust geworden. Het zijn de kleine, simpele dingen die geluk brengen. Mijn gezin. Mijn thuis. Ik hoef niets meer.'
Reeve is ervan overtuigd dat er ooit een dag komt dat hij opnieuw zal lopen. Zijn eerste werk is nu om zelfstandig te leren ademen. De revalidatie is zwaar, maar hij is op de goede weg. Ondertussen is hij opnieuw actief en verleende hij zijn medewerking aan de tekenfilm The Quest for Camelot. Superman Reeve leent zijn stem aan de nobele koning Arthur. 'Hij was unaniem de eerste keuze voor de rol van koning Arthur,' aldus Max Howard, de baas van Warner Bros, die de film uitbrengt. 'Chris' stem brengt precies de juiste energie, kracht en warmte in koning Arthur.'
Heel zijn verhaal is een mooie illustratie van zelfaanvaarding, van hoop en wilskracht.

Van jezelf houden

Alleen wie zichzelf en zijn lichaam aanvaardt, kan positief staan tegenover de wereld en de anderen. De lichamelijke zelfaanvaarding bloeit open in een gevoel van verbondenheid met de omgeving, met de natuur, en met de kosmos. Ze bloeit eveneens open in de aanvaarding van de ander. Om de ander te kunnen ontmoeten moet je weten wie je zelf bent: je eigen aantrekkelijkheid kennen, je eigen mogelijkheden, je eigen lichamelijkheid, het vermogen om je in te voelen, je eigen reactiewijzen, je eigen soepelheid en plooibaarheid. Van hieruit kun je inspelen op de ander.

Onbaatzuchtigheid en zelfopoffering gelden voor sommigen eenzijdig als dé idealen, met uitsluiting van een positieve eigenliefde. Vandaar dat zij bang zijn voor zichzelf, voor de eigen neigingen, behoeften en driften. Ze hebben niet geleerd van zichzelf te houden. Dat heeft ernstige gevolgen, zowel voor hun eigen leven als voor het samenleven met anderen.

Alleen een positieve relatie met jezelf, een gezonde eigenliefde, maakt bekwaam tot een scheppende relatie met de ander. Want in relatie met iemand anders vind je ook jezelf terug. Als je houdt van jezelf kun je gemakkelijker waarderen dat de ander van je houdt. Als je positief tegenover jezelf staat, jezelf niet enkel aanvaardt als 'leegheid' en behoefte maar ook als 'volheid' en vreugde, zul je minder jezelf zoeken in de ander; je relatie met de ander zal niet zozeer in het teken staan van je eigen veiligheid, geborgenheid, profijt. Wie van zichzelf houdt zonder het daarbij te laten, kan ook onbevangener van de ander terwille van de ander houden.

Maar ik wil dansen

In het leven van de familie Penny draait alles rond de enige dochter Crystal, die balletdanseres moet worden. Niemand heeft tijd om op het ongewenste nakomertje Doone te passen. Daarom moet hij altijd mee naar de balletlessen van Crystal. Geen mens heeft in de gaten hoe Doone alles in zich opneemt en hoe hij de oefeningen van de meisjes nadoet in de gang. Tenminste, bijna niemand... Gelukkig zijn er in het leven van Doone altijd een paar mensen die zijn talent herkennen, en die hem alle liefde en aanmoediging geven die hij thuis niet krijgt. Dankzij deze mensen en zijn eigen doorzettingsvermogen bereikt hij wat hij wil: hij wordt balletdanser.
Maar ik wil dansen is een roman van Rumer Godden (Hasselt, Clavis, 1992, 286 p.)

Mijn lichaam is mijn levende taal

Zo wordt je lichaam je levende taal, jóuw expressie naar de ander toe. Je lichaam spreekt, vraagt, ontvangt, biedt aan, omarmt en streelt. Koppel je lichaam niet los van de ritmen, de golven, de getijden. Zij maken deel uit van je hele wezen, dankzij je doorleefde lichaam.

Het is een hele kunst om in harmonie te leven met alle ritmen van je lichaam, met al zijn golven en seizoenen. Dit is de kracht van het zijn. Het is een gave en een kunst je te kunnen uitdrukken vanuit een geestrijk lichaam. Geef je lichaam die vrijheid die het zo broodnodig heeft, om te leven en om jóuw unieke 'geest' te worden!

Suggesties over lichaamstaal

In het boek van Susan Quilliam, *Lichaamstaal. Een handleiding voor non-verbale communicatie* (Lisse, Rebo Productions, 1995) vind je heel wat tips om lichaamssignalen te verstaan en zo jezelf beter uit te drukken.
Je kunt ook heel wat inspiratie opsteken uit: M. Argyle & P. Trower, *Mensen onder elkaar. Het gedrag in de omgang*, Amsterdam/Hasselt, Kosmos/Heideland-Orbis, 1978, 128 p.; A. & A. Scheflen, *Lichaamstaal en menselijke relaties. Het aan- en afleren van communicatief gedrag*, Baarn, Nelissen, 1983, 221 p.; J. Fast, *De taal van het lichaam*, Katwijk, Servire, 1978, 160 p.

Wondermooi: een mensenhand
vertelt zo vol avontuur
wat een mens bezielt.
Handen vol leven vertellen
en geven een stuk van zichzelf.
Niets is zo uniek als een mensenhand
die vertelt, niets verzwijgt van
zichzelf.

Handen zeggen veel,
wel honderdduizend keren meer
dan er woorden nodig zijn.
Een hand vertelt het leven!

Wonderzacht doet zij haar verhaal,
zij doet het oprecht
zonder veel omhaal.

Handen genezen, kwetsen
of geven plezier — verdriet,
spelen iets blij of een droevig lied.
Een hand vertelt hoe een mens
van binnen voelt.

Handen zeggen veel,
wel honderdduizend keren meer
dan er woorden nodig zijn.
Een hand vertelt het leven!

Handen zeggen veel,
veel meer dan elk woordenboek,
veel meer dan er talen zijn.
Een hand verwoordt het leven!

E.J.- C;D 9701 'KRIEBELS IN MIJN LIJF' BIJ DIT BOEK

Handen zeggen veel

*Iedere dag dat ik leven mag
is een do-si-la-sol-fa-mi-re-do-symfonie!*

'k Zou vandaag zo dolgraag willen zingen
van: 'luister eens hoe snel mijn hartslag gaat',
maar als ik hiervoor woorden wil verzinnen
dan is de dag voorbij en is 't te laat.

Daarom vandaag geen jacht op mooie woorden,
al wordt het dan geen diepe poëzie.
Wat ik wens is enkel zingen, zingen,
gewoon maar zingen, zingen, anders niet.

Iedere dag dat ik leven mag
is een do-si-la-sol-fa-mi-re-do symfonie.

Zingen maakt de dagen zoveel lichter,
de zwaarste zorgen worden vederlicht,
het meest verstokte hart begint te trillen,
het doodgewoonste woord wordt een gedicht.

En als de andere snaren mee vibreren
wanneer eenzelfde klank hun hart beroert,
dan moet men nooit geen noot van buiten leren,
omdat de toon van binnen wordt gevoeld.

Iedere dag dat ik zingen mag
is een do-si-la-sol-fa-mi-re-do lied!

E.J.-C.D. 9701 'KRIEBELS IN MIJN LIJF' BIJ DIT BOEK

Dit zal je zeker ook interesseren

Van jou mogen houden groeien in tederheid, deel 2

Uit de inhoud

- een ontmoeting kan je leven veranderen
- kameraadschap
- echte vriendschap is uniek
- gemengde relatievorming
- ik wist niet dat verliefdheid zo geestig kon zijn
- mediaverschijnselen 'Liefde op het eerste gezicht', 'Koppels' en 'Ideale Maten'
- liefdesverdriet
- seksueel avontuur
- vaste relatie
- partnerkeuze
- relatie met toekomstmuziek
- heeft het huwelijk nog toekomst?
- en als je kiest voor een religieuze roeping?

Oproep

Je kunt ons je bedenkingen, suggesties, vragen, ervaringen bij deze verschillende thema's toesturen. Ze zijn heel welkom om de items uit te werken op de golflengte van zoekende jongeren vandaag!

Aanbod

Het hele jaar door ontvangt De Graankorrel wekelijks groepen jongeren van zestien jaar en ouder voor een animatiedag over 'groeien in tederheid' (zie het eerste hoofdstuk in dit boek).

Geregeld gaan er ook speciale brainstormweekends door op nieuwe items om de thema's van het boek bij te sturen, verder uit te diepen of naar het concrete dagelijks leven toe te vertalen.

Info en gratis tweemaandelijks contactblad met poster te verkrijgen bij: De Graankorrel, H. Placestraat 44, 1702 Dilbeek. Fax: (02)466 15 98. Je vindt ons ook op INTERNET: www.eigentijdse.jeugd.be.

Informatie over Eigentijdse Jeugd De Graankorrel

Het initiatief Eigentijdse Jeugd

Robert Kino, Ieperling, salesiaan van Don Bosco, startte in 1965 het Don Bosco-initiatief Eigentijdse Jeugd in Sint-Pieters-Woluwe (Brussel).
Zijn doel was, en is nog steeds, om samen met jongeren en via allerlei activiteiten (projecten, publicaties en acties) jongeren uit alle provincies samen te brengen en hen iets méér te laten ervaren en beleven. Dit 'méér' stond en staat nog steeds voor: groeien in tederheid, met zichzelf, de ander, de natuur en wat ons overstijgt.

Centrum De Graankorrel

In 1971 verhuisde Robert Kino van Oud-Heverlee naar Dilbeek. Daar bouwde Paul van Praet (architect en computerspecialist) met de actieve en creatieve medewerking van vele jongeren en volwassenen, een leegstaand klooster om tot het eigentijdse animatiecentrum De Graankorrel. Dit centrum heeft een rijk aanbod van audiovisuele en expressieve ruimtes, waarin de talrijke activiteiten optimaal tot hun recht komen.

Animatiegroep De Graankorrel

In 1971 kreeg het animatiecentrum De Graankorrel een vaste vorm. Robert Kino is coördinator en organiseert de animaties, lichamelijke expressie en is kenner van het audiovisuele en van de media. Ook Paul van Praet werkt er fulltime. Parttime krachten zijn Roger Burggraeve (professor aan de universiteit te Leuven) en John van Meerbeek (technisch ingenieur).
In de ruimere animatiegroepen werken Myriam Thys, André van Praet, Frank Maetens en Winde Thys. Het animatieteam doet vaak een beroep op andere specialisten uit de media.

Activiteiten

1. Themadagen voor schoolgroepen (16-21 jaar) over Groeien in tederheid, elke dinsdag en vrijdag in het schooljaar.
2. Brainstormweekends voor jongeren van 16-21 jaar.
3. Werk- en leef-weekends voor jongeren vanaf 16 jaar.
4. Stapstenen: weekends voor 21-plussers.
5. 'Goe-maere': Dee Bee Matinee op zondagnamiddag voor jongvolwassenen (vanaf 18 jaar), volwassenen en gemeenschappen.
6. Totaalspektakels, musicals, evocaties, familieprogramma's.

Uitgaven

Boeken, cd's, posters, postkaarten, contactblad, animatiesets.

Acties

Onze-Vader-actie; Actie met het metalen kruisje; Vakantie-actie Geniet met volle teugen.

Meer info

Kun je vinden in het tweemaandelijkse contactblad De Graankorrel.
Je kunt het gratis aanvragen op het centrum De Graankorrel,
H. Placestraat 44, 1702 Dilbeek.

bestelformulier

C.D. KRIEBELS IN MIJN LIJF
BIJ DIT BOEK

Bij beide boeken *Als je lijf je lief is* en *Van jou mogen houden* horen twee C.D.'s met telkens een twintigtal illustratieve liederen bij het thema en items van beide boeken. De liederen zijn ook in beide boeken verwerkt.

E.J.- C.D. 9701
Kriebels in mijn lijf
600 BEF

E.J.- C.D. 9702
Van jou mogen houden
600 BEF

Beide C.D.'s samen vormen het 'Groeien in tederheid'-pakket
1000 BEF i.p.v. 1200 BEF

Te bestellen bij
De Graankorrel
H. Placestraat 44
1702 Dilbeek
Telefoon (02) 466 32 34
Fax (02) 466 15 98

NAAM

VOORNAAM

STRAAT   **NUMMER**

POSTCODE   **GEMEENTE**

TELEFOON

FAX

.........EX. E.J.-C.D. 9701 KRIEBELS IN MIJN LIJF   600 BEF

.........EX. E.J.-C.D. 9702 VAN JOU MOGEN HOUDEN 600 BEF

.........EX. GROEIEN IN TEDERHEID-PAKKET (2 C.D.) 1000 BEF

Bestelling opsturen naar De Graankorrel
H. Placestraat 44 1702 Dilbeek Fax (02) 466 15 98
PAS BETALEN NA ONTVANGST A.U.B.

© Uitgeverij Lannoo nv, Tielt, 1997
Omslagontwerp en grafische vormgeving Toon Van Wambeke
Omslagfoto Herman Ricour
Foto's Rik Daze, Jérnos Eifert, John Foxx, Eric De Mildt,
Marcel Minnée, Herman Ricour, Paul Van Wouwe, Zafar
D/1997/45/77 - ISBN 90 209 3118 0 - NUGI 715
Gedrukt en gebonden bij Drukkerij Lannoo nv, Tielt